农村电商运营模式研究

王　娜　马玉萍　著

中国商业出版社

图书在版编目(CIP)数据

农村电商运营模式研究 / 王娜，马玉萍著. -- 北京：中国商业出版社，2023.8

ISBN 978-7-5208-2521-4

Ⅰ.①农… Ⅱ.①王… ②马… Ⅲ.①农村-电子商务-商业经营-研究-中国 Ⅳ.①F713.365.2

中国国家版本馆 CIP 数据核字(2023)第 112478 号

责任编辑:李 飞
(策划编辑:蔡 凯)

中国商业出版社出版发行
(www.zgsycb.com 100053 北京广安门内报国寺 1 号)
总编室:010-63180647 编辑室:010-83114579
发行部:010-83120835/8286
新华书店经销
北京九州迅驰传媒文化有限公司印刷

*

787 毫米×1092 毫米 16 开 11.25 印张 260 千字
2023 年 8 月第 1 版 2023 年 8 月第 1 次印刷
定价:68.00 元

* * * *

(如有印装质量问题可更换)

前言
FOREWORD

随着城市电商市场逐步趋于饱和以及 5G 网络和移动终端的快速发展，农村电商市场发展潜力凸显。农村电商从简单的农产品电商的“信息服务”时代过渡到“在线交易”时代，再到线上线下相结合的集交易、服务为一体的社群化、生态化的电商服务模式是未来电商发展的必然趋势。本书重点梳理了农村电商发展的不同阶段，总结了农村电商不同发展的主要业务类型、模式和特点。同时，还提出了农村电商生态运营体系的构建思路，为未来解决农村电商痛点，促进农村电商发展具有很好的实际操作和借鉴作用。

农村地区有些落后的思想观念，也是阻碍农村电商发展的一个因素。一方面，由于农村的经济水平和生活条件较差，致使农民的思想较为保守封闭。文化水平的限制和网络知识的缺乏，使得他们对电商充满了不确定性和怀疑，购物仍然以实体店为主。另一方面，农村电商缺乏专业的农村信息化建设人才，拥有专业知识的年轻人多数聚集在城市，专业人才的流失大大减缓了农村地区信息化建设的步伐。所以，振兴乡村，推动农村人才建设，通过优惠政策引导、鼓励更多的专业人才投身农村信息建设之中；增强农村人才要素积累；加强农村信息化顶层设计；推动农村地区整体信息化建设，这是开展农村电商的必要条件。

为了提升本书的学术性与严谨性，在撰写过程中，笔者参阅了大量的文献资料，引用了诸多专家学者的研究成果，因篇幅有限，不能一一列举，在此一并表示最诚挚的感谢。由于时间仓促，加之笔者水平有限，书中难免出现不足之处，希望各位读者不吝赐教，提出宝贵的意见，以便笔者在今后的学习中加以改进。

目录
CONTENTS

第一章 电子商务基础知识

第一节 电子商务的概述

一、电子商务的概念

电子商务是指各种具有商业活动能力的实体，包括生产企业、商贸企业、金融机构、政府机构、个人消费者等利用计算机网络先进技术进行的各项商业贸易活动。也即商务活动的各参与方之间以电子方式在互联网上完成产品或服务的销售、购买和电子支付等业务交易的过程。

电子商务的重要技术特征是利用 Web 技术来传输和处理商业信息的。其主要功能包括网上的广告、订货、付款、客户服务和货物递交等销售、售前与售后服务，以及市场调查分析、财务核计和生产安排等商业操作过程。

电子商务不仅涉及信息技术和商业交易本身，而且涉及诸如金融、税务、教育等其他社会层面。完整的电子商务一般包括商情沟通、资金支付和商品配送 3 个阶段，并分别表现为信息流、资金流和物流的发出、传递和接收。简单地说，电子商务是指在互联网上进行的商务活动。

国际商会于 1997 年在巴黎的世界电子商务会议上提出电子商务是指实现整个贸易活动的电子化。从涵盖范围方面可定义为：交易各方以电子交易方式而不是通过当面交换或直接面谈方式进行的任何形式的商业交易。从技术方面可定义为：电子商务是一种多技术的集合体，包括交换数据、获得数据以及自动捕获数据等。从其对电子商务定义的实质来看，也可简单地将电子商务理解为买卖双方之间利用互联网（Internet）按一定的标准进行的各类商务交易，它是旨在实现物流、资金流与信息流和谐统一的新型贸易方式。

电子商务有广义和狭义之分。狭义的电子商务也称作电子交易，主要是指利用 Web 提供的通信手段在网上进行的交易，企业在网上利用电子数据交换方式代替传统的纸介交易方式，通过网上电子转账系统和税收征管系统进行资金支付、划拨和结算。广义的电子商务包括电子交易在内的利用 Web 进行的全部商业活动，如市场分析、客户联系、物资调配等，也称作电子商业。这些商务活动可以发生于公司内部、企业之间及企业与客户之间。企业之间通过互联网和互联网相连，实现在跨国、跨地区之间方便、快捷地收集市场信息、宣传产品和树立企业形象，进行商业洽谈。

电子商务通常缩写为 EC（Electronic Commerce），是一种全新的商务活动模式，它充分利用互联网的易用性、广域性和互通性，实现了快速可靠的网络化商务信息交流和业务交易。电子商务与传统的商务活动相比，具有交易环境的虚拟性、交易活动的低成本性、交易活动的高效率性、交易过程的透明性、交易时间地点的无限性、交易的动态联盟性等特征。

二、电子商务的本质

（一）电子商务的特点

电子商务的特点包括：一是电子商务是各种通过电子方式而不是面对面方式完成的交易，因此，电子商务不是泡沫。二是电子商务是信息技术的高级应用，是现代信息技术与商务的结合，用来增强贸易伙伴之间的商业关系。三是电子商务是一种以信息为基础的商业构想的实现，用来提高贸易过程中的效率。四是电子商务是商业的新模式，其本质是商务，而非技术。电子商务是信息技术在商务活动中的应用，是改良而非革命。五是电子商务是全方位的，既包括前台，也包括后台在内的整个运行体系电子化。不仅是建网站，而且关系企业发展全局。不仅是网上销售产品，而且网站可以用于企业内部沟通，用于树立企业形象，用于售后服务支持等。

综上所述，各行业的企业都将通过网络连接在一起，使得各种现实与虚拟的合作都成为可能。一个供应链上的所有企业都可以成为一个协调的合作整体，企业的雇员也可以参与到供应商的业务流程中。零售商的销售终端可以自动与供应商连接，不再需要采购部门的人工环节，采购订单会自动被确认并安排发货。企业也可以通过全新的方式向顾客提供更好的服务，这不是只有大企业才能实现的构想。互联网为中小企业提供了一个新的发展机会，任何企业都可能与世界范围内的供应商或顾客建立业务关系。信息的有效利用成为新经济模式中企业增强竞争力的重要手段，电子商务必将成为基本的贸易与通信手段。

（二）电子商务的特性

1. 普遍性

电子商务作为一种新型的交易方式，将生产企业、流通企业以及消费者和政府带入了一个网络经济、数字化生存的新天地。

2. 方便性

在电子商务环境中，人们不再受地域的限制，客户能以非常简捷的方式完成过去较为繁杂的商务活动，如通过网络银行能够全天候地存取资金账户、查询信息等，同时使得企业对客户的服务质量可以大大提高。

3. 整体性

电子商务能够规范事务处理的工作流程，将人工操作和电子信息处理集成为一个不可分割的整体，这样不仅能提高人力和物力的有效利用，也可以提高系统运行的严密性。

4. 安全性

在电子商务中，安全性是一个至关重要的核心问题，它要求网络能提供一种端到端的安全解决方案，如加密机制、签名机制、安全管理、存取控制、防火墙、防病毒保护等，这与传统的商务活动有着很大的不同。

5. 协调性

商务活动本身是一个协调的过程，它需要客户与企业内部、生产商、批发商、零售商之间的协调，在电子商务环境中，它更要求银行、配送中心、通信部门、技术服务等多个部门的通力协作，一般来说，电子商务的全过程是一气呵成的。

（三）电子商务的本质

基于新的商业模式，可以看出，纯粹的电子商务企业是组成全球网络供应链中的一个重要环节，其目标是通过提供交易信息和交易平台（主要是交易订单和交易结算）的公共服务，从而提高交易主体之间的交易效率。

如果将 ASP 也列为电子商务企业，则可以将电子商务的本质概括为以下三个方面：公共交易信息服务、公共交易平台服务、公共应用系统服务。电子商务企业的收入来源主要提供上述三类服务而取得应有的收入，主要包括：按交易额提取少量（一般不到 1%）的交易服务费、广告费、社区会员费、深层次信息服务费、应用系统运行平台租赁费、应用系统租赁费、应用系统实施咨询费等。

三、电子商务的历程

（一）电子商务的产生和发展

电子商务最早产生于 20 世纪 60 年代，发展于 90 年代，其产生和发展的重要条件主要如下。

1. 计算机的广泛应用

30 多年来，计算机的处理速度越来越快，处理能力越来越强，价格越来越低，应用越来越广泛，这为电子商务的应用提供了基础。

2. 网络的普及和成熟

由于互联网逐渐成为全球通信与交易的媒体，全球上网用户呈级数增长趋势，快捷、安全、低成本的特点为电子商务的发展提供了应用条件。

3. 信用卡的普及应用

信用卡以其方便、快捷、安全等优点而成为人们消费支付的重要手段，并由此形成了完善的全球性信用卡计算机网络支付与结算系统，使“一卡在手、走遍全球”成为可能，同时也为电子商务中的网上支付提供了重要的手段。

（二）电子商务的发展历程

以欧美国家为例，可以说电子商务业务开发得如火如荼。在法国、德国等欧洲国家，电子商务所产生的营业额已占商务总额的 1/4（图 1-1），在美国则已高达 1/3 以上（图 1-2），而欧美国家电子商务的开展也不过十几年的时间。

（1）欧美国家拥有电脑的家庭、企业众多，网民人数占总人口的 2/3 以上（图 1-3），尤其是青少年，几乎都是网民，优裕的经济条件和庞大的网民群体为电子商务的发展创造了一个良好的环境。

（2）欧美国家普遍实行信用卡消费制度，建立了一整套完善的信用保障体系，这为电子商务网上支付问题的解决提供了出路。细致来说，欧美国家的信用保证业务已开展了 80

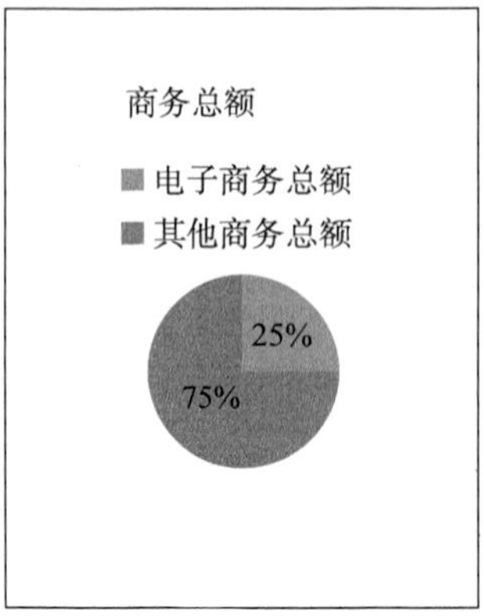

图 1-1　法国、德国等欧洲国家商务总额

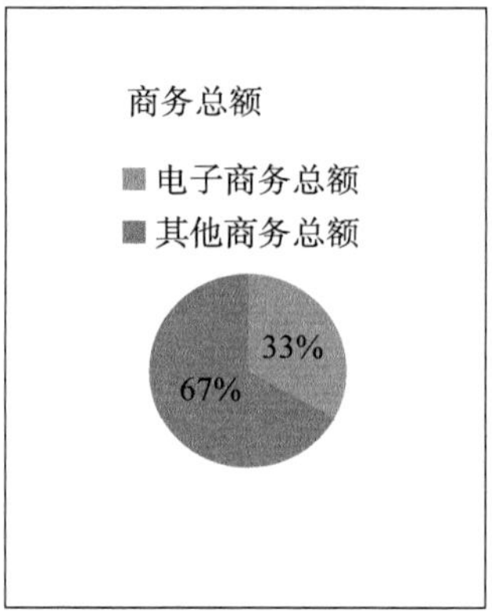

图 1-2　美国商务总额

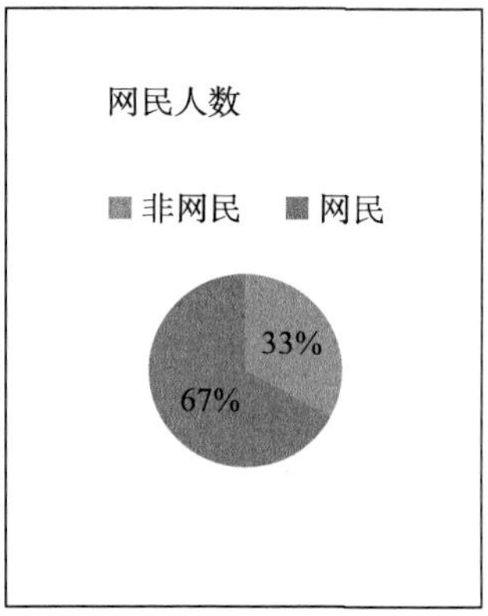

图 1-3　欧美国家网民人数

年的时间。在欧美国家，人们可自由流动，为方便生活起居，每个人都有一个独一无二的、不能伪造并伴随终生的信用代码，持此信用卡进行消费，发卡银行允许持卡人大额度透支，但持卡人需在规定时间内将所借款项归还，如果某企业或个人恶意透支后不还款，那也就意味着他的信用记录上都会有此污点，以后他无论走到任何地方，无论他想贷款买房、购车或办公司，银行都不会贷款给他，这在贷款成风的西方世界是极其可怕的。因此，西方人普遍将讲信用看作自己的第二生命，谁也不愿意贪小利失大义，当在网上购物时，他们会在点击物品直接输入密码，将信用卡中的电子货币划拨到网站上，商务网站在确认款到后，立即组织送货上门。

（3）欧美国家的物流配送体系相当完善和正规，尤其是近年来大型第三方物流公司的出现，使得不同地区的众多网民，往往能在点击购物的当天或第二天就可收到自己所需的产品。这要得益于欧美国家近百年的仓储运输体系的发展史。以美国为例，第二次世界大战后，许多企业将军队后勤保障体系的运作模式有效地加以改造运用到物资流通领域中来，逐渐在全国各地设立了星罗棋布、无孔不入的物流配送网络。即使在电子商务业务还未广泛开展的10多年前，只要客户打电话通知要货，几乎都可以享受免费的送货家政服务。美国联邦快递、UPS（联合包裹快递）等是大型物流公司的典范，专门负责为各个商家把产品送到顾客手中。有了这样庞大的、完善的物流配送体系，当电子商务时代到来后，美国只需将各个配送点用互联网连接起来，即顺理成章地完成了传统配送向电子商务时代配送的过渡，电子商务活动中最重要、最复杂的环节——物流配送问题就这样被轻而易举地解决了。

四、电子商务的功能

（一）电子商务的主要功能

1. 广告宣传

一是电子商务可凭借企业的 Web 服务器进行浏览，在互联网上发播各类商业信息。二是客户可借助网上的检索工具（Search）迅速地找到所需商品信息，而商家可利用网上主页（Home Page）和电子邮件（E-mail）在全球范围内做广告宣传。三是与以往的各类广告相比，网上的广告成本最为低廉，而给顾客的信息量却最为丰富。

2. 咨询洽谈

一是电子商务可借助非实时的电子邮件，新闻组（News Group）和实时的讨论组（Chat）来了解市场和商品信息、洽谈交易事务，如有进一步的需求，还可用网上的白板会议（White Board Conference）来交流即时的图形信息。二是网上的咨询和洽谈能超越人们面对面洽谈的限制、提供多种方便的异地交谈形式。

3. 网上订购

一是电子商务可借助 Web 中的邮件交互传送网上的订购。网上的订购通常都是在产品介绍的页面上提供十分友好的订购提示信息和订购交互格式框。二是当客户填完订购单后，通常系统会回复确认信息单来保证订购信息的收悉。订购信息也可采用加密的方式使客户和商家的商业信息不被泄露。

4. 网上支付

一是电子商务要成为一个完整的过程，网上支付是重要的环节。客户和商家之间可采用信用卡账号实施支付。二是在网上直接采用电子支付手段将可省略交易中很多人员的开销。三是网上支付将需要可靠的信息传输安全性控制以防止欺骗、窃听、冒用等非法行为。

5. 电子账户

一是网上的支付必须要有电子金融来支持，即银行或信用卡公司及保险公司等金融单位要为金融服务提供网上操作的服务。而电子账户管理是其基本的组成部分。二是信用卡号或银行账号都是电子账户的一种标志。而其可信度需配以必要技术措施来保证。如数字凭证、数字签名、加密等手段的应用提供了电子账户操作的安全性。

（二）电子商务的优越性

电子商务提供企业虚拟的全球性贸易环境，大大提高了商务活动的水平和服务质量。新型的商务通信通道的优越性是显而易见的，其优点包括：一是大大提高了通信速度，尤其是国际范围内的通信速度；二是节省了潜在开支，如电子邮件节省了通信邮费，而电子数据交换则大大节省了管理人员环节的开销；三是增加了客户和供货方的联系，如电子商务系统网络站点使得客户和供货方均能了解对方的最新数据，而电子数据交换则意味着企业之间的合作得到了加强；四是提高了服务质量，能以一种快捷方便的方式提供企业及其产品的信息和客户所需的服务；五是提供了交互式的销售渠道，使商家能及时得到市场反馈，改进本身的工作；六是提供全天候的服务，即每年 365 天，每天 24 小时的服务；七是电子商务增强了企业的市场竞争力。

（三）电子商务的社会影响

随着电子商务魅力的日渐显露，虚拟企业、虚拟银行、网络营销、网上购物、网上支付、网络广告等一大批前所未闻的新词汇正在为人们所熟悉和认同，这些词汇同时也从另一个侧面反映了电子商务正在对社会和经济产生影响。

1. 电子商务改变商务活动的方式

传统的商务活动最典型的情景就是“推销员满天飞”“采购员遍地跑”“说破了嘴、跑断了腿、花光了钱”；消费者在商场里筋疲力尽地寻找自己所需要的商品。现在，通过互联网只要动动手就可以了，人们可以进入网上商场浏览、采购各类产品，而且还能得到在线服务；商家们可以在网上与客户联系，利用网络进行货款结算服务；政府还可以方便地进行电子招标、政府采购等。

2. 电子商务改变人们的消费方式

网上购物的最大特征是消费者的主导性，购物意愿掌握在消费者手中；同时消费者还能以一种轻松自由的自我服务的方式来完成交易，消费者主权可以在网络购物中充分体现出来。如果获取方式发生了改变，人们可以从电视、报刊等传统媒体中获取信息，还可以从新媒体中获取信息。购物方式的改变逐渐由开始的线下实体挑选到线上看商品的规格和款式。

3. 电子商务改变企业的生产方式

由于电子商务是一种快捷、方便的购物手段，消费者的个性化、特殊化需求可以完全通过网络展示在生产厂商面前，为了取悦顾客，突出产品的设计风格，制造业中的许多企业纷纷发展和普及电子商务。

4. 电子商务对传统行业带来一场革命

电子商务是在商务活动的全过程中，通过人与电子通信方式的结合，极大地提高了商务活动的效率，减少不必要的中间环节，传统的制造业借此进入小批量、多品种的时代，“零库存”成为可能；传统的零售业和批发业开创了“无店铺”和“网上营销”的新模式；各种线上服务为传统服务业提供了全新的服务方式。

5. 电子商务带来一个全新的金融业

由于在线电子支付是电子商务的关键环节，也是电子商务得以顺利发展的基础条件，随着电子商务在电子交易环节上的突破，网上银行、银行卡网络支付、银行电子支付系统，以及网上链接服务、电子支票、电子现金等服务，将传统的金融业带入一个全新的领域。

6. 电子商务转变政府的角色

政府承担着大量的社会、经济、文化的管理和服务功能，尤其作为“看得见的手”，在调节市场经济运行方面起着很大的作用。在电子商务时代，企业应用电子商务进行生产经营，银行金融电子化以及消费者实现网上消费的同时，将同样对政府管理行为提出新的要求，电子政府或称网上政府，将随着电子商务发展而成为一个重要的社会角色。

总而言之，作为一种商务活动过程，电子商务将带来一场史无前例的革命。其对社会经济的影响会远远超过商务的本身，除了上述这些影响外，它还将对就业、法律制度以及文化教育等带来巨大的影响。电子商务会将人类真正带入信息社会。

电子商务的发展影响了人类的生活习惯，很多人都加入了电子商务这个行业，电子商务让人们感觉到：在网络高速发展的环境下，人们不受时间的限制，不受空间的限制，可以随时随地在网上交易。更广阔的市场：在网络这个世界将会变得很小，一个商家可以面对全球的消费者，而一个消费者可以在全球的任何一家商家购物。更快速的流通和低廉的价格：电子商务减少了商品流通的中间环节，节省了大量的开支，从而也大大降低了商品流通和交易的成本。更符合时代的要求：如今人们越来越追求时尚、讲究个性，注重购物的环境，网上购物更能体现个性化的购物过程。

第二节　电子商务的模式分类

一、电子商务的基本应用模式

（一）电子商务的基本模式

电子商务根据其对参与交易方定位的不同，可以分为 B to B（B2B，企业对企业）和 B to C（B2C，企业对消费者）两种模式。此外，还有政府对企业、政府对消费者以及企业内部的电子商务。

电子商务网站根据功能设置的不同，可以分为电子市场（E-market place）网站、电子销售（E-distributor）网站、电子购买（E-procurement）网站三类。电子市场网站的设计是站在中立的立场，因此在进行核心技术研发时，既要考虑到购买方的不同特点和需求，也要考虑到销售方的利益；电子销售商网站的主要服务对象是销售商，因此它在功能设计时，主要考虑的是消除或替代现存的销售链的某些环节；电子购买网站的主要服务对象是买主，其目的是通过网站聚集网上买主大宗购买降低价格。

对于企业来说，电子商务不仅是获得稳定、诚信、质优价廉、对企业核心能力有促进作用的供应渠道，也是维持和拓展销售渠道、提高企业综合竞争力的必需工具，更为重要的是它应当是高效率、高效益、快速反应的产品创新、技术创新、管理创新的战略联盟。

电子商务是一个大产业，是一场革命，意义极为深远。现在是中小企业大批量应用电子商务的关键时期。重点在于发展模式，而非商业交易模式。在传统方式下，人们用 5 年甚至 10 年才能完成的事情，在互联网状态下也许 1～2 年就完成了；一辈子永远不可能认识的人和事，在互联网状态下，都可能变为现实。这就是“点对点”“N to N”带来的无穷力量，使人类自身的力量在这种工具下得到了更大的发挥和进步。

（二）电子商务的应用模式

（1）企业与消费者之间的电子商务（B2C，Business to Customer）即企业通过互联网为消费者提供一个新型的购物环境——网上商店。消费者通过网络在网上购物、在网上支付。由于这种模式节省了客户和企业双方的时间与空间，大大提高了交易效率，节省了不必要的开支，因此，网上购物将成为电子商务的一个最热门的话题。

(2) 企业与企业之间的电子商务 (B2B, Business to Business)。即企业与企业 (Business to Business) 之间, 通过 IN-TERNET、互联网或专用网方式进行电子商务活动。企业间的电子商务是电子商务三种模式中最值得关注和探讨的, 因为它最具有发展潜力。B2B 包括非特定企业间的电子商务和特定企业间的电子商务。一是非特定企业间的电子商务是在开放的网络中对每笔交易寻找最佳伙伴, 与伙伴进行从订购到结算的全部交易行为。二是特定企业间的电子商务是在过去一直有交易关系或者今后一定要继续进行交易的企业间, 为了相同的经济利益, 共同进行的设计、开发或全面进行市场及库存管理而进行的商务交易。

(3) 企业与政府之间的电子商务 (B2G, Business to Government)。这种商务活动覆盖企业与政府组织间的各项事务。目前在这方面应用还很少, 但随着政府利用自己的行为去促进电子商务的发展, 一定会迅速增长。

(4) 企业内部电子商务即企业内部之间, 通过企业内部网的方式处理与交换商贸信息。企业内部网是一种有效的商务工具, 通过防火墙, 企业将自己的内部网与互联网隔离, 它可以用来自动处理商务操作及工作流程, 增强对重要系统和关键数据的存取, 共享经验, 共同解决客户问题, 并保持组织间的联系。通过企业内部的电子商务, 可以给企业带来如下好处: 增加商务活动处理的敏捷性, 对市场状况能更快地作出反应, 能更好地为客户提供服务。

二、按照交易双方对象分类

按照交易双方对象分类, 电子商务可以分为以下三种类型:

(1) 企业与消费者之间的电子商务, 即 B2C 电子商务。它类似于联机服务中进行的商品买卖, 是利用计算机网络使消费者直接参与经济活动的高级形式。这种形式基本等同于电子化的零售, 它随着万维网 (WWW) 的出现迅速地发展起来。目前, 在互联网上遍布各种类型的商业中心, 提供从鲜花、书籍到计算机、汽车等各种消费商品的服务。

(2) 企业与企业之间的电子商务, 即 B2B 电子商务。它包括非特定企业间的电子商务和特定企业间的电子商务。虽说是非特定多数, 但由于加入该网络的只限于需要这些商品的企业, 可以设想是限于某一行业的企业。不过, 它不以持续交易为前提, 不同于特定企业间的电子商务。特定企业可以使用网络向供应商订货、接收发票和付款。B2B 在这方面已经有了多年运作历史, 使用得也很好, 特别是通过专用网络或增值网络上运行的电子数据交换 (EDI)。

(3) 企业与政府之间的电子商务, 即 B2G 电子商务。例如, 在美国, 政府采购清单可以通过因特网发布, 公司可以用电子化方式回应。同样, 在公司税的征收上, 政府也可以通过电子交换方式来完成。目前, 我国各级政府的许多政府采购清单也开始通过因特网发布, 称为网上公开采购招标。各企业也通过因特网报名投标, 已初步形成制度。

三、按照商务活动内容分类

按照商务活动的内容分类, 电子商务主要包括以下两类商业活动。

（1）间接电子商务，即有形货物的电子订货，它仍然需要利用传统渠道如邮政服务和商业快递车送货。

（2）直接电子商务，即无形货物和服务，如计算机软件、娱乐内容的联机订购、付款和交付，或者是全球规模的信息服务。

直接和间接电子商务均提供特有的机会，同一公司往往二者兼营。间接电子商务要依靠一些外部要素，如运输系统的效率等。直接电子商务能使双方越过地理界线直接进行交易，充分挖掘全球市场的潜力。

四、按照使用网络类型分类

根据使用网络类型的不同，电子商务目前主要有以下三种形式。

（1）电子数据交换商务。按照国际标准组织的定义，电子数据交换商务是“将商务或行政事务按照一个公认的标准，形成结构化的事务处理或文档数据格式，从计算机到计算机的电子传输方法”。简单地说，电子数据交换就是按照商定的协议，将商业文件标准化和格式化，并通过计算机网络，在贸易伙伴的计算机网络系统之间进行数据交换和自动处理。

电子数据交换主要应用于企业与企业、企业与批发商、批发商与零售商之间的批发业务。相对于传统的订货和付款方式，电子数据交换大大节约了时间和费用。相对于因特网，电子数据交换较好地解决了安全保障问题。这是因为，使用者均有较可靠的信用保证，并有严格的登记手续和准入制度，加之多级权限的安全防范措施，从而实现了包括付款在内的全部交易工作电脑化。

（2）互联网商务。按照美国互联网协会的定义，互联网是一种“组织松散、国际合作的互联网络”。该网络“通过自主遵守计算的协议和过程”，支持主机对主机的通信。具体来说，互联网就是让一大批电脑采用一种叫作 TCP/IP 的协议来即时交换信息。互联网商务是国际现代商业的最新形式。它以计算机、通信、多媒体、数据库技术为基础，通过互联网，在网上实现营销、购物服务。它突破了传统商业生产、批发、零售及进、销、存、调的流转程序与营销模式，真正实现了少投入、低成本、零库存、高效率，避免了商品的无效搬运，从而实现了社会资源的高效运转和最大节余。消费者可以不受时间、空间、厂商的限制，广泛浏览，充分比较，模拟使用，力求以最低的价格获得最为满意的商品和服务。

（3）企业内部网商务。它是在互联网基础上发展起来的企业内部网，或称内联网。它在原有的局域网上附加一些特定的软件，将局域网与互联网连接起来，从而形成企业内部的虚拟网络。企业内部网与互联网之间的最主要的区别在于企业内部网内的敏感或享有产权的信息受到企业防火墙安全网点的保护，它只允许有授权者介入内部 Web 网点，外部人员只有在许可条件下才可进入企业的企业内部网。企业内部网将大中型企业分布在各地的分支机构及企业内部有关部门和各种信息通过网络予以联通，使企业各级管理人员能够通过网络读取自己所需的信息，利用在线业务的申请和注册代替纸张贸易和内部流通的形式，从而有效地降低了交易成本，提高了经营效益。鉴于 EDI 商务的特殊性和企业内部网商务的局限性，也由于互联网商务在电子商务中占据越来越重要的地位，下面所提到的电子商务主要指互联网商务活动。

第三节　电子商务的基本流程

一、供需方网络商品直销的优缺点

网络商品直销，是指消费者和生产者或者需求方和供应方，直接利用网络形式所开展的买卖活动，B2C 电子商务基本属于网络商品直销的范畴。这种交易的最大特点是供需直接见面，环节少，速度快，费用低。

网络商品直销的诱人之处，在于它能够有效地减少交易环节，大幅度地降低交易成本，从而降低消费者所得到的商品的最终价格。在传统的商业模式中，企业和商家不得不拿出很大一部分资金用于开拓分销渠道。分销渠道的扩展，虽然扩大了企业的分销范围，加大了商品的销售量，但同时也意味着更多分销商的参与。无疑，企业不得不出让很大一部分的利润给分销商，用户也不得不承担高昂的最终价格，这是生产者和消费者都不愿看到的。电子商务的网络直销可以很好地解决这个问题：消费者只需输入厂家的域名，访问厂家的主页，即可清楚地了解所需商品的品种、规格、价格等情况，而且主页上的价格既是出厂价，也是消费者所接受的最终价。这样就达到了完全竞争市场条件下出厂价格和最终价格的统一，从而使厂家的销售利润大幅度提高，竞争能力不断增强。

从另一方面讲，网络商品直销还能够有效地减少售后服务的技术支持费用。许多使用中经常出现的问题，消费者都可以通过查阅从厂家的主页中找到答案，或者通过电子邮件与厂家技术人员直接交流。这样，厂家可以大大减少技术服务人员的数量，减少技术服务人员出差的次数，从而降低企业的经营成本。

网络商品直销的不足之处主要表现在以下两个方面：一是不良商家的虚假宣传。购买者只能从网络广告上判断商品的型号、性能、样式和质量，对实物没有直接的感知，在很多情况下可能产生错误的判断，而某些生产者也可能利用网络广告对自己的产品进行不实的宣传，甚至可能打出虚假广告欺骗顾客。二是网络交易的不安全性。购买者利用信用卡进行网络交易，不可避免地要将自己的密码输入计算机，由于新技术的不断涌现，犯罪分子可能利用各种高科技的作案手段窃取密码，进而盗窃用户的钱款，这种情况不论是在国外还是在国内，均有发生。

二、供需方网络商品直销流转程式

网络商品直销过程可以分为以下六个步骤：一是消费者进入互联网，查看在线商店或企业的主页；二是消费者通过购物对话框填写姓名、地址、商品品种、规格、数量、价格；三是消费者选择支付方式，如信用卡，也可选用借记卡、电子货币或电子支票等；四是在线商店或企业的客户服务器检查支付方服务器，确认汇款额是否认可；五是在线商店或企业的客户服务器确认消费者付款后，通知销售部门送货上门；六是消费者的开户银行将支付款项传递到消费者的信用卡公司，信用卡公司负责发给消费者收费清单。

三、企业之间网络交易的流转程式

企业之间网络交易是B2B电子商务的一种基本形式。交易从寻找和发现客户出发，企业利用自己的网站或网络服务商的信息发布平台发布买卖、合作、招投标等商业信息。借助互联网超越时空的特性，企业可以方便地了解到世界各地其他企业的购买信息，同时也有随时被其他企业发现的可能。通过商业信用调查平台，买卖双方可以进入信用调查机构申请对方的信用调查；通过产品质量认证平台，可以对卖方的产品质量进行认证。其次在信息交流平台上签订合同，进而实现电子支付和物流配送。最后是销售信息的反馈，完成整个B2B的电子商务交易流程。

四、网络商品中介交易的流转程式

网络商品中介交易是通过网络商品交易中心，即通过虚拟网络市场进行的商品交易。这是B2B电子商务的另一种形式。在这种交易过程中，网络商品交易中心以互联网为基础，利用先进的通信技术和计算机软件技术，将商品供应商、采购商和银行紧密地联系起来，为客户提供市场信息、商品交易、仓储配送、货款结算等全方位的服务。网络商品中介交易的流转程式可分为以下几个步骤：一是买卖双方将各自的供应和需求信息通过网络传递给网络商品交易中心，网络商品交易中心通过信息发布服务向参与者提供大量的、详细准确的交易数据和市场信息；二是买卖双方根据网络商品交易中心提供的信息，选择自己的贸易伙伴；三是网络商品交易中心从中撮合，促使买卖双方签订合同；四是买方在网络商品交易中心指定的银行办理转账付款手续；五是指定银行通知网络商品交易中心买方货款到账；六是网络商品交易中心通知卖方将货物发送到设在买方最近的交易中心配送部门；七是配送部门送货给买方；八是买方验证货物后通知网络商品交易中心货物收到；九是网络商品交易中心通知银行买方收到货物；十是银行将买方货款转交给卖方；十一是卖方将回执送交银行；十二是银行将回执转交买方。

第四节 电子商务的支撑环境

一、电子商务创新了市场规则

电子商务影响的不仅是交易各方的交易过程，它在一定程度上也改变了市场的组成结构和规则。传统上的市场交易链是在商品、服务和货币的交换过程中形成的，电子商务则强化了信息因素的重要性，于是就有了信息商品、信息服务和电子货币。贸易的实质没有变化，但是贸易过程中的一些环节，因为所依附的载体发生了变化，也相应地改变了形式。这样，从个别企业来看，贸易的方式发生了一些变化。从整个贸易环境来看，有的商业机会消失了，同时新的商业机会产生，有的行业衰退了，同时新的行业兴起了，从而使整个贸易格局呈现出崭新的面貌。

二、电子商务的外部支撑环境

电子商务的支撑环境除了传统商业的因素之外，硬件支撑环境主要有：

（一）信息高速公路实际上是指网络基础设施的建设

主要由骨干网、城域网、局域网等组成，它使任何一台联网的计算机能够随时通过网络同世界连为一体。信息可能是通过电话线传播的，也可能是通过无线电波的方式传递的。

（二）电子商务政策法规的制定

电子商务是建立在跨国界的信息网络之上的贸易方式，相关政策法规必须与此保持一致，但是各国国情相差甚远，电子商务的共同要求和各国具体情况间往往会发生冲突，需要国际社会协调解决。

三、电子商务的技术支撑环境

（一）信息的网上发布、查询、检索的实现

像亚马逊公司这样的联机书店，在网站上发布产品目录和存货清单，吸引了网站上数目极为可观的顾客。此外，一个复杂的网站服务器，可以向一个特定的查询者提供符合其个人习惯的目录，其功能比任何用户登记卡能做到的都更好、更持久。

（二）多媒体信息传播的工具开发

网络上传播的内容包括文本、图片、声音、图像等，还得确保它传递的消息是可靠的、不可篡改的、不可否认的，在有争议的时候能够提供适当的证据。网络传播工具以往提供了两种交流方式：一种是非格式化的数据交流，比如我们用传真和电子邮件传递的消息，它主要是面向人的；另一种是格式化的数据交流，电子数据交换贸易（EDI）就是典型代表，它的传递和处理过程可以是自动化的，无须人的干涉，也就是面向机器的，订单、发票、装运单都比较适合格式化的数据交流。

（三）电子商务技术标准的制定

电子商务是建立在跨越整个网络环境，标准对于保证兼容性和通用性是十分重要的。技术标准定义了用户接口、传输协议、信息发布标准等技术细节。目前许多厂商、机构都意识到标准的重要性，正致力于联合起来开发统一标准，像维萨信用卡（VISA）、万事达信用卡（Master Card）的发行商已经同业界合作，制定出保障电子商务安全支付的 SET 协议。

四、改善电子商务环境的措施

电子商务是一项巨大的、复杂的系统工程，不可能一蹴而就。从中长期来讲，应从以下几方面入手加以推动和引导。

（一）做好电子商务的发展规划和宏观指导

电子商务是一项新生事物，其技术发展速度很快，业务方式没有最终定型，给政策的制定带来了一定的困难。这就要求政策制定者对市场的变化保持高度的敏感，加强研究，适时制定鼓励电子商务发展的政策。在这一过程中，相关的中介组织，如行业协会等应充

分发挥自己联系政府和企业的纽带作用，做好企业与政府部门的信息沟通，协助政府做好产业发展规划。

（二）加强基础设施建设

电子商务是基于信息网络的商务活动，需要建设必要的信息基础设施和手段，包括各种信息传输网络的建设、信息传输设备的研制、信息技术的开发等，使电子商务的发展奠定坚实的环境建设基础。要构建一个值得信赖并能够保证信息的完整性和安全性的多层次的开放的网络体系，加强基础网络的建设，改善国内用户环境。

（三）加强电子商务宣传和人才培养

目前，部门、行业信息的电子化方面力量严重不足，而如果没有各个部门、行业信息的电子化，电子商务就只能是纸上谈兵。所以，充分利用各种途径和手段培养、引进并合理使用好一批素质较高、层次合理、专业配套的网络、计算机及经营管理的专业人才，是我国电子商务建设成功的根本保证。

（四）加强政府的示范和引导，开展电子商务示范工程

通过实施政务信息化，提高政府工作效率和透明度，促进政府与社会的沟通；发展政府部门之间的非支付性电子商务，促进有关部门在电子商务实施中的关系协调，推动管理部门联网，实现商务管理电子化；发展政府和企业间的电子商务，实现政府采购网络化。有针对性地扶持重点行业、企业开展电子商务，通过试点总结经验加以推广。同时，面对电子商务的安全问题，政府有关部门组织有关企业和研究单位制定安全技术标准，这是责无旁贷的。

第二章　农村电商概述

第一节　农村电商发展的现状、特征及经验

农村电商全称为农村电子商务，是指通过网络平台嫁接各种服务于农村的资源，拓展农村信息服务业务、服务领域，使之兼而成为遍布县、镇、村的“三农”信息服务站。农村电商平台配合密集的乡村连锁网点，以数字化、信息化手段，通过集约化管理、市场化运作、成体系的跨区域跨行业联合，构筑紧凑而有序的商业联合体，降低农村商业成本，扩大农村商业领域，使农民成为平台的最大获利者，使商家获得新的利润增长。

一、农村电商发展存在的主要问题

（一）专业人才缺乏

一支能力强、优秀的农村电子商务人才队伍是农村电子商务发展的基石。目前，农村电子商务在大部分偏远地区仍然是新鲜事物，导致农村电子商务研究与从业人员严重短缺，农村一些电商方面的资源得不到有效开发。而且农村电子商务从业人员整体素质不高，对现代技术理解和掌握不足，特别是偏远地区不仅人才匮乏，而且人才流失现象严重。农村大部分人员对电子商务本身了解不足，特别是农村电商，仅仅停留在购物阶段。

（二）农村物流发展滞后

物流是电商的基础，但大部分农村物流成本居高不下，一般运费在 8 元/公斤左右，物流成为农副产品上行的最大障碍。近年来，我国农村总体经济发展形势较好，相关农业优惠政策给农村发展带来了巨大的机遇。与现代工厂产品相比，农产品具有易腐烂变质、不易保存等特性。农产品大多是季节性和周期性的自然产品，正是由于农产品自然特性，对其整个生产运作流程提出了更高的要求。但是，与城市相比，农村人员素质不高，物流发展十分滞后。而这些问题的出现与从业人员物流意识淡薄、学习能力不强、重视度不够等有密切联系。而且农村物流基础设施建设滞后，物流技术装备落后，物流运营成本高等；我国农村物流政策供给不足，部分省市区处于未充分发力状态；农村物流操作难以科学规范，农村物流需求者对农村物流加盟商缺乏有效信任，农村物流外包的结果更加难以预测，物流合同难以获得有效保障，导致农村物流的发展短期内难以适应当前新农村发展。

（三）缺乏持续规模化经营条件

很多地方农产品生产未形成规模，与工业生产相比，农业生产存在盲目性、低端化、分散化等问题，特别是鲜活农产品，并不能保证持续运营状态。所以，大多农产品没有标准、没有品牌，部分初加工农产品产量少、包装差，达不到网货标准。网络销售农产品不

成规模，导致无法开通冷链物流，这也是农产品网销面临的很大障碍。

二、农村电子商务发展的特征

（一）普遍存在性

电子商务作为一种新型的交易方式，将生产企业、流通企业以及消费者和政府带入了一个网络经济、数字化生存的新天地，降低了交易成本和对人们认知能力的要求。

（二）方便性

在电子商务环境中，人们不再受地域和时间的限制，客户能以非常简捷的方式完成过去较为繁杂的商务活动，如通过网络银行能够全天候地存取资金账户、查询信息等，大大提高了企业的客户服务质量；电子商务大大降低了在所有市场参与者之间的信息不对称程度。商家可以了解更多的消费者信息，并更有效地利用，制造新的信息不对称，无限细分市场，组成价格联盟。

（三）整体性

电子商务基于统一的 Internet 技术标准，规范事务处理的工作流程，将人工操作和电子信息处理集成为一个不可分割的整体，这样不仅能提高人力和物力的利用，也可以提高系统运行的严密性。

（四）安全性

在电子商务中，安全性是一个至关重要的核心问题，它要求网络能提供一种端到端的安全解决方案，如加密机制、签名机制、安全管理、存取控制、防火墙、防病毒保护等，这与传统的商务活动有很大的不同。

（五）交互性

商务活动本身是一种协调过程，它需要客户与公司内部、生产商、批发商、零售商间的协调。在电子商务环境中，双向沟通效率提高，更要求银行、配送中心、通信部门、技术服务等多个部门的通力协作。

（六）个性化和定制

与传统媒体相比，电子商务提供丰富多彩的沟通方式和定制模式，信息透明化及价格歧视的存在，为消费者提供个性化和定制渠道。

三、农村电商发展的成功经验

（一）丽水遂昌——售卖标准化道路

遂昌模式是通过第三方服务平台加电子商务公司协同运作，借助政府的强大支持和自身体系的巨大聚合力，集合了当地千余家小卖家共谋发展。遂昌模式为千余家松散且不标准不专业的小卖家提供专业的培训服务，对上游货源进行统一整合并拟定采购标准，由专业团队进行统一运营管理，线下则按照统一包装、统一配送、统一售后等标准化操作执行。事实上，遂昌电子商务运营模式更接近地区化的 Shopping Mall，作为服务商而言，出售的就是“标准化”。

"遂昌网店协会"作为公共服务平台，主要工作内容是为广大会员提供专业的电商创业服务，对会员开店进行指导与培训。另外，随着协会快速发展与壮大，相继成立两家公司，分别为赶街网和遂网。其中，遂网的工作内容是为农产品销售提供全方位、高质量电商服务，其运营模式与淘宝基本相同，而赶街网的工作内容是提供及时、最新的农村信息化服务，安排专人对农产品信息进行实时采集与整理，并对农产品外包装进行设计与策划。在农产品运输方面，同样也由旗下的会员仓储配送中心全权负责，切实让广大农户享受到全方位、高水平的农业服务。

借助功能强大的电商平台，遂昌模式先后实现了"农产品进城"和"消费品下乡"。其中，就"农产品进城"这种运营模式而言，有效地解决了农产品与市场对接方面的问题。遂昌县的所有农产品依托遂网为主要上线平台，一端与农产品的供货方进行友好对接，另一端则与在本县做微商、开网店的年轻人进行对接，通过这种渠道模式将农产品推向不同规模的城市。而"消费品下乡"则有效解决了农民无法网上购物的难题。因受文化水平不高、基础设施不全、网络覆盖率低、物流明显滞后等多种因素限制与影响，农村电子商务无法进一步发展与壮大。遂昌县建立的赶街网，为消费品提供了强大的下行平台，在各村的小商品店内划出部分区域建立服务站，并在所有站点装配了计算机和宽带及相关设施，与此同时，还对店主进行了集中培训与指导，为农民在赶街网上成功买到所需物品提供相应服务与帮助。另外，赶街网还设立了县级运营中心，实现了二级配送物流的进一步改进与优化。

如何整合农村地区分散的资源，如何解决农村物流"最后一公里"问题，如何为农产品上行打造完整的供应链体系，都是在农村电商发展过程中必须面临和解决的问题。面对农村电商的发展困局，遂昌模式横空出世。作为一个经济落后的山区小县，遂昌用自己的创新模式成功解决了农村电商面临的问题，将自己的劣势转化为优势，为我国农村电商的发展提供了样板。

（二）白城通榆——品牌化道路

通榆县是我国为数不多的农业大县，拥有种类丰富的农产品，不过因受人才、物流等多方面因素限制与影响，未能全面发挥农业大县优势。针对该问题，当地政府从自身实际情况出发主动对外寻求帮助，与杭州常春藤实业公司建立了战略合作关系，根据当地农产品特色注册了"三千禾"品牌，还成立了相配套的电商企业、绿色食品园区及线下展销店等；一开始与网上知名超市"1号店"签署了原产地直销合同，借助"1号店"等多个强力电商渠道销往各地区，发展到后期开始推行全网营销，通过电子商务全面落实与执行"原产地直销"计划，旨在将当地特色农产品销往全国各地。

除此之外，为打消广大顾客对特色农产品的顾虑和担忧，通榆县县委书记和县长联名书写了一封致全国顾客的公开信，并将其挂在淘宝聚划算的首要位置。这一行为获得了网友的一致认可与称赞，在某种程度上增强了广大顾客对通榆县农产品的信任度。相关部门在对农产品资源进行有效整合之后，将其统一委托给规模大、实力强的公司进行包装设计、销售与线上营销。当地政府与广大贫困农户、电商公司、顾客及平台齐心协力创造并分享价值，不仅能切实满足各方实际需求，还能推动当地经济快速、稳健、持续发展。

通榆县采用品牌化运作，为当地的农产品取了一个名字叫"三千禾"，并直接进驻天猫旗舰店。“三千禾”呈现给消费者的不仅是一个商品品牌，其更重要的魅力是在全程产业链上进行标准化运作，进行统一采购、统一包装、统一运营、统一配送、统一售后等诸多标准化尝试。

（三）徐州沙集——自下而上、产业转型式道路

沙集模式走的是农民自发开网店→细胞裂变式复制→网销带动工业→其他产业元素跟进→激发更多农户网商创新的发展路径。沙集电子商务所依托的产业载体是家具业。在农民网商起步前，当地农村的家具生产还只是那种传统的、局限于本地市场的小手工业，与电子商务发展所形成的面向全国市场的大家具产业不可同日而语。家具网销拉动了生产制造，带来了产业链不断拓展、销售规模迅速扩张和经济社会大发展的结果。

沙集模式的产生和发展，源于农民内在的自发动力。不管是发起者、复制者、转型者，还是兼营者，都受到内生动力的驱动，所有的经营行为都是自发自觉的市场行为，完全按照市场需求运转。第一个环节是由农户到网络，体现了沙集模式是农户自发、主动地应用既有的公共电子商务平台的特点。这是一种来自草根的、自下而上的信息化应用，区别于那种常见的由政府主导、自上而下的电子商务推广模式。第二个环节是由网络到公司，体现了沙集模式由网销带动加工制造，以信息化带动工业化和农村产业化的典型路径特征，区别于那种农村常见的“先工业化，再信息化”的发展方式，或电子商务不改变原有生产结构，只作为辅助销售手段的应用模式。第三个环节是由公司到农户，体现了沙集模式以公司为基础、以市场化的新生态服务并促进农民网商进一步成长的关系，区别于以前公司凌驾于农户之上的不平等关系。

第二节　我国发展农村电商的制约因素及挑战

一、我国发展农村电商的制约因素

随着互联网等信息技术的发展与农村基础设施的建设，我国农村电商得到了迅速发展。作为互联网同“三农”的结合，农村电商通过现代信息技术平台的有效运营，实现了时间和地域上的限制突破，在一定程度上降低了采购成本，为农村地区开展创新创业活动提供了新思路和新方法，有效推动了农村地区的经济发展。

（一）电商服务滞后

我国农村电商的配套服务发展滞后，阻碍了农村电商的前进步伐。具体来说，首先是农村物流体系不健全。我国大部分物流公司已经在城市地区构建了物流配送网络，能够提供良好的物流服务。相比较而言，农村地区物流服务提供方数量少，不仅服务水平低，而且价格高，所以很难满足电商需求。其次是围绕电商运营开展的周边服务缺失。比如，电子商务培训服务、产品包装服务及图片美工设计服务等一系列服务均面临着组织和人才缺失的窘境（图 2-1）。

（二）监管体系落后

农村电子商务正处于快速发展的初步阶段，与之形成对比的是电商监管体系建设滞

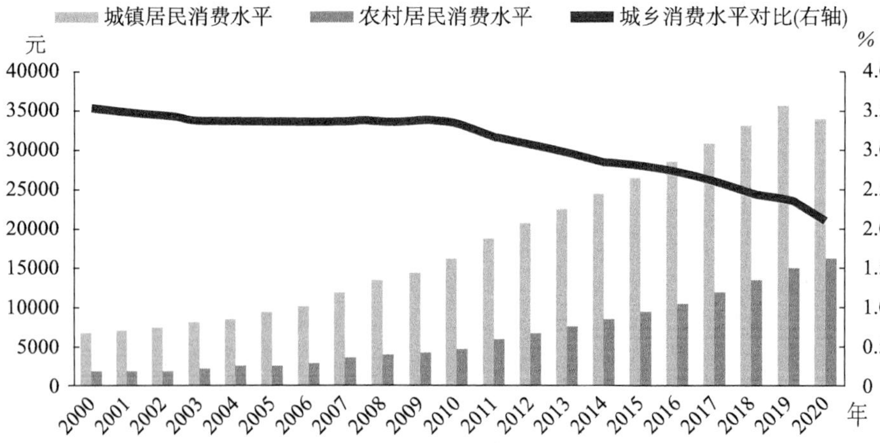

图 2-1　农村、城镇居民物流服务消费水平

后。第一，法律法规的缺失。我国关于农产品的现行法律大多是针对线下的生产、加工和销售等各个环节；线上的经营许可认证及产品质量监督等方面的监管仍缺乏针对性强的权威法律法规。第二，未形成有序性和整体性的监管布局。事实上，农村电商的监管涉及多个部门的协调合作，一方面，由于农村电商呈现出很多新兴特征，导致监管部门尚未来得及对监管任务进行合理有序的分配；另一方面，部门之间存在部分监管工作重复或者缺失等监管不协同的问题，不仅造成了监管资源的浪费，更导致了对于农村电商交易中出现的虚假宣传、产品真伪等难题的监管处理力度大打折扣。第三，以政府为主导的协同监管主体缺失。目前，我国农村电商的监管主要是政府相关部门及电商平台，行业内尚未建立完善的监管协会组织，消费者维权监督渠道匮乏，新闻媒体舆论监督也存在不到位的问题。

（三）产品定位缺失

目前，我国农村电商市场产品种类多、数量大，同质化竞争十分严重，根本原因还是产品定位的缺失。首先，农产品线上销售大多并未进行市场定位规划，因而难以让客户形成对于产品的特有印象。其次，在缺乏市场定位的前提下很难开展准确的产品定位，广告宣传等营销内容千篇一律，基本没有突出产品特色，更难以涉及产品品牌化建设。

二、我国发展农村电商面临的挑战

在中央和地方政府的大力支持下，各地结合自身资源禀赋，因地制宜，大力发展农村电子商务，创造了多种农村电商的创新发展模式。但是，在农村电商发展过程中，遇到了诸多发展瓶颈。

（一）农产品标准缺乏，农产品知名品牌较少，产业面临较大风险

由于农产品质量标准的缺失，在商业利益的驱动下，个别农民网商容易产生以次充好、制假售假等不良经营行为，进而影响当地农产品声誉，破坏整个电商产业的发展，为可持续发展埋下隐患。同时，由于农产品质量标准的缺失，导致名优产品、知名品牌的培育出现一定难度。目前，大多数的农产品电商处于无品牌的经营状态，产品同质化严重，互相模仿程度高，消费者无法辨认优良农产品，损失了大量的潜在市场。此外，由于农产

品质量标准和品牌缺失，农产品鱼目混珠，容易出现“劣币驱逐良币”的经济学现象，导致劣质产品淘汰优质产品，劣质品充斥市场，影响农村电商的健康发展。

（二）农村高端电商人才缺乏，导致农村电商发展后劲不足

我国大多数地区的农村电商是由农民网商自发形成的，主体是农民网商。由于农民自身素质和禀赋条件，农民网商会面临后劲不足，尤其是在品牌化运营、高端设计等发展环节，表现乏力。另外，由于农村现有的生活物质条件和发展环境，又难以吸引外面的高端电商人才进驻，导致农村电商专业化、品牌化、高端化发展面临挑战。大多数地区的农村电商仍处于产品同质化、低质量竞争的发展阶段，产业升级和品牌提升，遭遇发展瓶颈。在浙江遂昌、江苏沙集和河北清河等地，均遇到了农村电商高端人才匮乏的局面。

（三）农村土地资源缺乏，制约了农村电商生产经营规模的扩大

土地是最基础的生产要素，随着农村电子商务的发展，很多网商需要扩大经营规模，增加建设用地，但是现有的农村土地政策无法满足农村电商的发展。在浙江遂昌、江苏沙集等地区，农村电商对土地和标准化厂房建设的需求日益增长，但是受制于现有的土地政策，往往难以实现。这一现状，使农村电商仍处在小规模经营和手工作坊生产阶段，无法实现规模化生产和经营。

（四）农村电商金融手段单一，无法满足电商创业者多样化需求

农村电商的发展需要金融支持。农村电商“最初一公里”的农产品上行问题依然是限制农村电商发展的主要问题，而资金问题也困扰着农村电商发展。当前农村电商主要的融资渠道依然是银行贷款，银行网点较少且都集中在乡镇，在一定程度上限制了农村电商创业者在资金方面的操作。

与生活在大城市的人不同，农民在办理金融业务方面存在诸多不便。部分银行机构对电商业务认知不足、特点把握不明，在“重资产、轻信用”的贷款条件下，缺乏可抵押资产的农村电商从业者很难获得贷款支持。完善农村金融体系，降低农村地区创业难度和风险，从而将创业者留住。电商巨头积极布局农村电商，也应妥善运用自身资源，帮助农村地区加快建设成熟可靠的电商金融体系。

（五）农村高端电商人才缺乏，导致农村电商发展后劲不足

农村电商发展起步较晚、基础设施不完善、薪资待遇不佳等因素，导致农村电子商务人才匮乏。相关教育没有及时跟进，导致农村电子商务知识断层。随着网商规模的不断扩大，日益壮大的电子商务规模使人才缺乏的矛盾越来越突出。农村电商在营销、运营、设计等各个岗位，在高中低各个层次，尤其是高端复合型人才，都有不同程度的人才缺口。

农村基础设施建设落后，发展空间不明朗，在很长的时间里难以吸引人才入驻、工作、创业和发展。在电商运营维护过程中，需要具有专业知识和技能的专业人员。而在农村地区，这些人员不但要具备一定的销售、网络、技术知识，还要熟悉农业生产、有农产品相关的销售经验。

（六）农村电商认知不成熟，制约了农村电商生产经营规模的扩大

农村电商认知发展不成熟，还缺乏一些必要条件，如农村群众的消费观念和平台的诚信问题。由于缺乏对电商的了解，多数农民对电商平台持怀疑态度，宁愿到实体店购物，

也不愿在网上购物。农村地区对电商理念缺乏了解，是电商推广的一大障碍。

农村互联网、电商教育层面的缺失导致农民对电商的认知不足，这也和农村地区教育资源与城市地区不平等有关。农村居民本身触网时间较晚，地方教育机构和器材设施都没有到位，导致了一辈人对互联网一知半解的认知，这对电子商务发展是极为不利的。农村电商除了要依靠外来人员创业和引入资本，更要靠当地人民认识到如何将自身需求和电商结合，进而发展和致富。

第三节　乡村振兴战略下发展农村电商的路径选择

乡村振兴战略提供的宏观政策层面的强化，为农村电商提供了全新的发展机遇，农村电商的发展成为乡村振兴战略的一个重要抓手。如何在乡村振兴战略中寻求到适合的创新路径就成为农村电商发展的关键节点。

与城市人口密集型以及电商高度成熟不同，目前的农村电商还处于起步阶段且高速发展期，相对还比较零散，但农村经济体的增长已经非常值得大家重视。农村市场无论是生产物资、家用电器还是快消品，都还有非常大的空白市场可以去挖掘。而随着农村商业环境的改善，也将会吸引更多的企业与商家去关注这个领域的机会。我国农村市场的特性，也决定了农村市场开发难度大、成本高，需要一个很长的培育周期，尤其是对于工业品下行、农产品上行两个大供应、大流通层面仍存在难点。

另外，无论是在经营成本、物流成本还是规模化供给或采购等方面，都存在一定的难度。同时，被大家高度关注的农产品进城，在目前阶段，干货系列、耐运输类水果相对还好，但其他方面难度较大。主要存在几个方面的问题，如品质化、品牌化、标准化、供应链配给四个方面是制约发展的根本难点。尤其是散户经营的模式，无法持续稳定地确保产品品质，更不可能实现品牌化、标准化，而在运输过程中的专业化与特殊化也是提高产业效率的关键所在，但目前仍不成熟。在冷链供应链的效率、供应链的配比以及供应链的方式方法方面，还有待改进。

一、我国农村电商未来的发展趋势

（一）多方合作升级农村电商

政府将在政策层面继续强化，为企业、创业者提供更好的发展环境和空间。目前，电商建设直接体现了政府在电商发展农村经济方面的肯定，有利于农村电商发展的政策条款将会越来越多。在农村电商政策环境的优化下，多方合作将能有效解决以往农村经济短板，如基础设施、教育、金融支持等使发展受阻而留不住资金、人才的问题。

（二）农村电商上下行加速完善

农村产品上下行难依旧是农村电商整体发展难题，但随着农村基础设施建设加快，农村电商发展所需条件和资源上的短板将逐渐缩小。地方政府也将积极参与引导、科学规划农产品生产。电商在参与进来的同时，充分发挥在移动互联、大数据、云计算等方面的技术优势，与政府、农户一起，提前做好打开农产品销路的工作。

（三）渠道下沉、巨头加力布局电商扶贫

电商巨头对农村电商扶贫布局，用技术和资金改造农村经济体系，构建农产品上游供应链体系，将农村地区高质量产品资源整合。巨头资本加码农村电商，吸引更多创业者和投资者入局，进一步加大行业热度，发展农村新经济。

（四）农村生产体系迎来深度改造

农村地区商业体系将向发达地区靠近，电商巨头布局农村带动农村经济发展的同时，还将结合自身技术、改造农村地区生产销售体系，建设线上电商和线下实体融合渗透的农村电商新零售体系。

（五）农村电商产业链转型

为避免同质化竞争，农村电商拓展产业链，逐步建立以品牌商、批发商、零售商为主体的电商纵向产业链层级。农村电商交易类型开始从单一的网络零售向复合模式转变。基本模式升级，继续向标准化、品牌化方向迈进，提升农村产出质量提升。产业链升级提升商品及服务质量，促进农村电商良性发展。

（六）农村电商生态系统逐步完善

电商服务平台做好渠道延伸、开放、完善生态等，全方位为企业及创业者赋能；电商群体主要是做好推广运营、新媒体宣传、大众创业等；参与电商的传统企业主要是做好本地服务、产品开发、带动农户等。未来农村电商物流体系将由国家和企业共同完善，在完善农村地区交通条件和互联网设施建设的同时，构建农村电商供应链生态体系。

二、乡村振兴战略下发展农村电商的路径选择

（一）完善农村流通基础设施建设

1. 加快农村信息基础设施建设

缩小城乡之间互联网普及率的差距，重点解决宽带进村入户、信息覆盖、网络通畅问题，研发和推广一些适合农民操作和使用的信息终端设备，降低信息资费标准，让广大农民都能够用得上、用得起、用得会，为推进农村电商发展提供坚实的保障。

2. 健全农村物流配送设施

加快实施快递下乡工程，这是农村电商发展的重要关卡。加强农村物流配送体系建设，建立物流配送大数据中心，提升农村物流配送能力，做好农产品的配送与销售，让农民能够真正开展电子商务，培育现代服务业新增长点。整合利用多方资源，积极探索促进农村电商发展的物流配送模式，优化农村物流配送方式，降低物流配送成本。

3. 重视交通基础设施的建设

加强农村道路建设，交通基础设施的改善能够促进农村地区及边远地区的经济社会发展。习近平总书记指出："交通基础设施建设具有很强的先导作用，特别是在一些贫困地区，改一条溜索，修一段公路就能给群众打开一扇脱贫致富的大门。"通畅的交通网络，为实现农村电商发展提供稳固的交通运输保障，能够提高农产品的运输效率，提升农产品的附加价值，带动农业农村经济的发展。

（二）健全农村电商发展的信息共享平台

信息共享平台是发展农村电商的“晴雨表”，有利于打破农村地区信息闭塞的不良状态。因此，有必要健全农村电商发展的信息共享平台，加强对农业信息的采集、发布和传播，建立健全信息网络，提高市场透明度，这样有助于克服市场信息不对称带来的弊端。在农产品生产信息方面，要完善农产品生产系统，及时发布与传递产品信息，避免同质产品的再度开发，实现产品的优化配置。在农产品销售信息方面，农民需要根据有效的信息及时对产品的销售、供给、营销战略做出调整，精准销售，满足消费者的需求。在农产品服务信息方面，电商需要通过消费者反馈的信息以及物流信息，及时调整和改善自身的产品和服务，打造“互联网+”时代下更符合消费者需求的产品。

（三）加强农村电商人才的培养

一是转变农民的思想观念。农村电子商务的发展，首先必须转变农民的思想意识，提高农民使用信息技术的意识，让他们认识到电子商务带来的益处，破除农产品通过传统交易方式获得收入的固化意识，强化对农村电商的认识。二是要加强对农民的教育培训。政府应鼓励相关技术人员进村对农民进行电商培训，帮助农民认识电商、使用电商交易。政府也要与各大电商加强合作，对从事电子商务的农民进行免费培训，可以免费使用一些农村电商交易平台，让他们真正会操作和运用电商，培养他们成为农村电商人才，实现电商对农民生活方式、农村面貌的改造。三是鼓励年轻人回乡创业，发展电子商务。鼓励农民工、大学毕业生回乡创业、众筹众创，积极培育农村新一代电子商务人才，带动农村电子商务的发展。

（四）推进农产品的品牌化和国际化战略

完善符合农产品电商发展的标准体系，建立和培育农产品品牌，成为我国农业产业化和现代化进程中不能回避的重要环节，它是农产品提升市场竞争力的重要支柱，也是农村电商发展的重要利器。在“互联网+”时代下，借助互联网技术，建立农产品质量安全追溯平台，保证农产品质量和安全，树立农产品品牌，着眼于国际化标准。通过农村电商、跨境电商，不断提高农产品的国际竞争力。

（五）扩展农业产业的延伸价值

扩展农业产业的延伸价值与发展农村电商互为推动，共同促进。利用电子商务，深度挖掘农业的商业价值、生态价值、文化价值，推进农业与其他产业的深度融合，大力发展休闲农业、民宿旅游、森林康养，打造富有文化特色的乡村旅游线路。例如，秦皇岛市北戴河艺术村落“一弦一住”，形成了颇具特色的专业村。要不断丰富乡村旅游业态和产品，推动农产品的发展适应个性化、多元化与服务化的农业新业态，进一步推动农村地区现代化电子商务的发展，创新“互联网+”现代农村电子商务模式，奋力实现乡村振兴。

第三章　农村电子商务的发展对策

第一节　完善电子商务法规体系

一、完善农村电子商务的法律法规

电子商务是一种全新的革命性的商务模式，它绝不仅限于技术和经济领域，其在法律领域的影响也是很重要的。电子商务相关的法律规范主要有：买卖双方身份论证法、电子支付系统安全措施、信息保密规定、知识产权侵权处理规定、税收征收以及广告的管制、网络信息内容过滤等。电子商务以先进的技术作为基础，是一种全球化的商务模式，要与国际接轨，必须遵从相关的技术标准规范。我国在标准的制定上仍然是弱项，这与我国的发展水平有关，我国更多的是采取跟随策略。技术方面有数字签名、认证等标准。农村电子商务要结合农业特点，完善相关的法律法规、标准规范。

建立健全农村电子商务的法律法规体系，要加强电子商务法律法规的研究。充分借鉴在信息立法以及其他的一些体制和做法比较完善的国家的经验，逐步建立起适应我国国情的农村电子商务发展方面的法律法规，用法律的制度来规范和保障农村电子商务的健康发展。

二、加强农村电子商务活动的监管

发展电子商务要建立健全电子商务的法律法规体系，加强市场监督管理，规范市场秩序，改善信用环境，使电子商务得到健康、有序的发展。充分借鉴在信息立法以及其他法规上比较完善的国家经验，逐步建立适合我国国情的农村电子商务法律法规，用法律规范农村电子商务的健康发展。同时，加强农村网上市场的监督机制，以保证网上正规渠道技术、产品、市场信息的可靠性，保证网上交易渠道的正规化，形成良好的网上市场环境。

三、打击电子商务的违法犯罪行为

为保证电子商务活动得以正常进行，政府需要提供一个透明的、和谐的商业法律环境。目前我国急需制定的有关电子商务的法律法规主要有：买卖双方身份论证法、电子支付系统安全措施、信息保密规定、知识产权侵权处理规定、税收征收以及广告的管制、网络信息内容过滤等。另外，建议国家司法部门加大网络犯罪的侦查、追究力度，严厉打击电子商务领域犯罪，营造电子商务的一片净土。

四、用好电子商务相关的法律法规

一是要建立农村网上红盾维权站。及时指导农民防范网上交易风险，解决农民在网上交易中遇到的实际问题，维护农民专业户网上交易的合法权益。二是要引导农民专业户诚信经营。积极支持建立农村电子商务网站，开展网上亮照经营，引导农民诚信经营。三是要加强网上经营行为监管。与特色村网上交易主要的卖家区域所在地管理部门建立协查机制，及时为专业户核实卖家身份，查处网络经营违法行为，降低农民网上交易风险。

第二节　健全农产品标准化体系

一、加强农业品牌化标准化

电子商务的一个重要特征就是商品的品牌化和信息标准化，而我国在农产品尤其是鲜活农产品的品牌和标准化生产体系建设上一直相对滞后，这制约了农产品网上流通的发展。为了适应农村电子商务发展的需要，引导我国农产品更好地走向世界，政府行业协调机构应当尽快引导广大农民加快执行国家的有关农产品质量等级标准、重量标准和包装规格等标准体系，以减少不必要的资源浪费，为实现农产品的电子交易奠定基础。

二、建立统一的农产品标准

农产品作为特殊的产品，其生产受到多种因素的影响（如天气、水、土壤、地形等），而这些特殊性，加大了其在特征和质量方面的度量标准的制定的难度，而标准是农村电子商务得以广泛开展的一个先决条件，没有标准，就不能对产品进行比对，就没有衡量产品质量的准绳。因此，首先要对农产品进行标准化管理和相关内容的研究，只有解决了农产品的标准化问题，农村电子商务才能做到质的飞跃。所以说，农产品难以标准化一直是制约农产品流通的瓶颈，也是实现农村电子商务的瓶颈。应加快对各类农产品及其加工品的标准化工作，制定标准和规范，实现各类产品标准化，并提供相应标准描述，使农村电子商务得到顺利的开展。

三、解决农产品标准化问题

农村电子商务要求网上交易的农产品品质分级标准化、包装规格化以及产品编码化。从长远来看，解决问题的办法应是在全国建立规模化生产的农业生产体制，规模化生产不仅是提高劳动生产率的需要，也是保证农产品规格化、标准化生产的基础；还应建立以加工和食用品质为中心的质量检查评价系统和农产品市场体系和市场价格系统；研究开发适合我国国情，符合我国消费特点的农产品规格标准系统。

四、加快农产品标准化建设

加快农产品标准特别是主要农产品的内在品质、加工性能、分等分级、包装保鲜和安全卫生等标准的制定和修订。在制定标准的同时，还要充分发挥质量监测体系的监督管理作用，做好标准实施情况的监督，重点突出农产品中农药残留、兽药残留和其他有毒有害物质的监督，确保农产品的安全性。

第三节　构建网络支付物流体系

一、加强农产品物流体系建设

完善的物流体系，能够提高电子商务的效率与效益，从而支持电子商务的快速发展。发达国家的农村电子商务，不仅有专业化的电子服务平台，而且农产品物流服务的社会化程度也很高。我国农产品生产分散，规模小，流通效率低，应逐步建立起以信息技术为核心，以储运技术、包装技术等专业技术为支撑的现代化农业物流体系，促进农村电子商务发展。

（一）建立相应的供应链系统

农业具有明显的地域性、季节性特点，要将不同区域、不同季节的农产品联系起来，需要在农业与电子商务平台之间建立行之有效的供应链系统以及为农业供应链服务的农业物流系统；还要利用现有的配送企业，充分发挥分工的优势，实现客户所需要的资料、信息、品种、农业物资的及时配送。

（二）建立农产品物流配送体系

我国农产品种类繁多，生产单位小，组织化程度低，法制不健全，配送需求属多点次，物流技术难度较高。正如人们所讲的：我国农村电子商务“真正实现物流配送体系的极少，几乎等于零”。因此，需要我们认真研究农产品的配送问题，建设现代化物流配送体系，利用先进的信息手段和网络技术改造传统的农产品流通模式。优化流通机制和过程，优化资源配置，降低流通成本，提高生产经营效益，并大力发展第三方物流，它们是发展农村电子商务的重要保证。大力建设和提升现有的农产品批发市场，将市场网络覆盖到各个区域中心城市。重点培育一批有发展实力和潜力的农产品物流企业，进行物流设备、物流技术和人才等方面的资助和指导，尽快将它们培育成农产品物流行业的支柱企业。扎实地建设和培育一批产区大型重点专业市场，并在此基础上发展大宗农产品电子交易中心。

（三）利用乡邮完善农产品与农资产品配送体系

由于农村流通基础较差，投资回报率低，农产品流通成本高，企业到农村投资的意愿不强。因此，要在财政、税收等方面给予必要的支持，引导和鼓励社会资本、商贸流通企业、邮政系统和其他各类投资主体，通过兼并、联合或发展加盟连锁等方式，发展农村现代流通业。目前邮政系统遍布全国城乡，分布在农村的邮政支局（所）和服务网点 5.9 万处，农村乡邮员 8 万余人，从而为邮政系统发挥自身优势，按照现代流通业的要求，发展服务于农村市场的连锁经营、物流配送和电子商务，完善流通网络，切实为提高服务“三农”的能力和质量打下了坚实的基础。通过邮政网络体系，全面提升农产品流通水平，创新流通方式，畅通流通渠道，缩短流通时间，降低流通成本成为可能。

二、打造科学快捷的物流平台

农产品物流是现代物流的重要组成部分。在我国，专业从事农产品物流配送的企业，往往不注重电子商务活动。在建设社会主义新农村的过程中，要促进农业经济的发展，实现农产品物流的畅通，应对“入世”后国外农产品对我国农产品的冲击，就必须加快农产品流通体制改革，优化、重组传统的农产品物流体系。农村电子商务能够打造新型的农产品物流供应链，对农产品的产、供、销各环节提供数字化的交易、拍卖、支付、配送等服务。

在适当的时候建立若干农产品物流中心，增加对农产品储藏、加工和信息开发利用的能力。物流发展水平低下，物流设施总量不足，物流配送中心不完善，运作效率不高，已经成为经济欠发达地区农村电子商务发展的一大瓶颈。顺利发展农村电子商务，一方面应着力建好和提升现有的农产品批发市场。将市场网络覆盖到各个区域中心城市；另一方面，应该建设大型的全国范围内的农业物流信息平台，建立和加强农业物流行业协会，积极培育和发展冷链运输等现代物流体系，在条件成熟的地区发展现代化的农业物流企业或者物流基地。

三、完善网络营销的支付系统

构建完善的农村电子商务体系需要简单、安全、高效的在线支付解决方案。这方面有很好的例子，如支付宝、Yeepay 等第三方支付平台。这些平台提供先进的技术、风险管理与控制能力，目前已和国内工商银行、农业银行、建设银行、招商银行、上海浦东发展银行等商业银行以及中国邮政、VISA 国际组织等机构建立了战略合作，成为金融机构在网上支付领域极为信任的合作伙伴。农业具有明显的地域性、季节性，农产品易腐、易变质、难包装，针对这些特性，需要为农村电子商务平台建立有效的供应链系统，以及为此服务的物流配送体系。

（一）建立统一网络支付体系

随着电子商务的发展，近几年我国网上支付的发展十分火爆，通过手机支付的“掌上通”等数十种支付工具。但由于支付工具的繁多，不利于支付信用的共享和监督。实现网上支付必须要建立一个全国统一的网上支付清算体系。网上支付清算体系应属于中国国家现代化支付系统的重要组成部分。建立我国统一的网上支付体系可以联合电子商务网站开发出统一的电子商务支付工具。

（二）建立安全的网上支付体系

农村电子商务是一种基于互联网的商务活动，其核心内容是信息的相互沟通和交流，支付和交货是最终目的。而网上支付是农村电子商务一个非常重要的环节。此时，银行等金融机构的介入是必不可少的。因此，我国金融机构建立一个国际化、信息化、高水平的，被国际认可的支付网关十分重要。

（三）建立良好的信用体系

面对虚拟化电子商务市场，农村用户尚不具备高深的判断能力，所以农村电子商务能直接体现信用值，这对于电子商务的普及和应用将起到决定性的作用，用信用标志让农村用户直接识别企业的电子商务信用；用信用星级积分，表明信息本身的信用程度；用信用星级工具，为企业提供了评估、信用等级的工具。

四、构筑第三方电子商务交易平台

目前，我国主要还是以单个农户作为农业生产经营的基本组织单元。规模小、实力较弱的农业生产经营单位和市场之间缺少有效的连接机制。

（一）第三方电子商务交易平台的功能

第三方电子商务交易平台从交易的角度出发，能够从实质上解决农业市场化的问题。第三方电子商务模式最基本的功能是提供买卖双方的信息服务。一是买方或者卖方注册，发布采购或销售信息；二是可以提供行业、市场等附加信息；三是提供与交易配套的服务，如电子合同、网络支付服务；四是提供客户管理功能，客户可以管理自己的交易信息。

（二）第三方电子商务交易平台的构筑途径

一个比较好的第三方电子商务平台方案是采取官办民营的模式，为农户和企业提供大量的供求信息、产品展示、质量认证、网络营销、在线交易服务。官办民营可以有效解决与政府系统的对接，使资源集中使用及推广，按照标准的业务模式面向经济全球化建立统一的电子商务执行平台。第三方电子商务平台将众多生产经营单位聚集到一个平台，为电子商务联盟中的成员带来新的采购、计划和决策优势。一是发挥农业龙头企业的作用。农业龙头企业是农业产业化经营的主体，它一头连着农户，一头连着市场，在资金、技术、加工、储运信息和销售渠道等方面都有明显优势。应有选择地扶持一批龙头企业，给予资金、政策等方面的支持，通过龙头企业迅速带动农产品电子商务业务的发展，并为其他企业起到示范作用，从而在全行业取得成功。二是发挥典型的示范作用。要有效推动农村电子商务的发展，应采取以点带面、先行试点、再行推广的方式。选择一批有一定的文化和商务知识，接受新技术比较快，比较富裕的农户作为试点，给予技术上的支持和物质上的扶持，让他们率先开展电子商务并取得经济效益。通过他们的示范作用，影响和带动周围农户开展农村电子商务。三是全力发挥特色村实体经济的主体优势。其一是要鼓励支持特色村产品深度开发，扩大利润空间。鼓励特色村专业大户带头进行产品深度开发，逐步向多样化、品牌化发展，借助网络优势扩大产品销售渠道，提高知名度。其二是要将发展农村电子商务列入政府重要工作议程。政府牵头整合各相关部门职能，设立农村电子商务发展办公室，依法出台特色村网上交易税收优惠政策，着重在实体扩大经营的用地、用电方面给予支持。其三是要鼓励支持成立行业协会。利用特色村实体经济集中的优势，鼓励、支持网络商品经营者成立行业协会，发挥行业协会自我服务功能。其四是实施网上商务宣传，扩大市场机会。网络建成后，要积极开展网上广告信息发布，宣传新农村文化、企业面貌、农产品信息，提供丰富全面的信息资料，吸引外商投资办厂，充分利用现有的各种电子商务平台来实现优质农产品在世界各地市场间的流动。

第四节 建设农村电子商务平台

一、加强农村网络基础设施建设

鼓励各种社会力量参与，构建保证信息完整性和安全性的多层次的开放的网络体系。把网络连接到种植、养殖大户，农民经纪人，农业企业和农民的家中。在农村网络基础设施建设上，应具有针对性。在经济发达、农民素质较高的地区，应积极采取各种措施，鼓励和帮助农民上网；在经济不发达、农民知识水平较低的地区，可以依托目前较为普及的电话网、电视网、广播网，大力发展广播电视和通信工程。

加强农业基础信息资源系统建设。农业基础信息资源系统主要包括农业市场信息系统、农业生产信息系统、农业科研教育信息系统、农业资源环境信息系统、农业管理信息系统、农业企事业单位信息系统、农业政策法规信息系统等。要加大收集各方面的信息，以充实现有数据库的内容，给农村电子商务从业人员提供全面、丰富、准确、及时的科技、市场信息服务。

建立农业信息服务体系。逐步建立农业生产资料的生产、供应体系；农产品加工、销售体系；农业科研、教学、技术推广体系；农作物种子、家禽畜种的培育、繁殖、加工、销售体系及农产品质量检测、监督体系等一系列的农业信息服务体系。

真正实现网上在线交易。新农村电子商务网站要深入地、比较完善地为会员提供整套必要的交易服务，突出农产品的交易功能，实现在线查询、搜索、发布、展示、洽谈、反馈、订购、招标、拍卖等商务功能，着力构建一个以信息流来驱动物流和资金流的网上信息港和交易社区。

移动通信运营商应更多地参与到农村信息化和电子商务建设。因为手机相对电脑是价格较为低廉的信息化终端，语音、短信、WAP上网已经是目前运用较为成熟的信息化手段。如果相关费用降至农民均可以承受的程度，则移动电子商务灵活、简单、方便的特点，简单、易于操作的界面，再辅以安全可靠的电子支付平台，将给更多的农民带来福祉，也必将对农村的信息化和电子商务建设产生极其深远的影响。

利用电子商务平台推进农村电子商务发展。目前，我国已经建立卓有成效的电子商务平台，例如阿里巴巴等。农民利用这些平台，在不用建立自己的网站的情况下就可以和外界联系，出售农产品，做电子商务。通过利用平台涉足电子商务领域从而带动更多农户开展电子商务活动。

二、加强农村电子商务人才培养

（一）加快培养农村电子商务人才

发展农村电子商务离不开具有现代农产品知识、商务知识和掌握网络技术的复合型人才。因此政府应发挥指导作用，鼓励各级教育机构开设农业信息化专业，并给予一定的政策倾斜和资金资助，培养从高等教育到职业教育等多层次的农业信息化人才。还应大力发展当地的农业信息服务机构，制定和完善选聘生、选调生政策，吸引优秀人才从事农村电子商务工作。

（二）提升新型农民的素质

这是实现我国农业现代化的关键，也是农产品电子商务发展的重要因素。要从实现农业现代化的长远目标出发，制订详细的规划，采取具体措施，有步骤、分阶段，踏踏实实地提高农民的文化知识水平和农业技术水平。充分利用计算机网络的优势，结合其他通信手段，大力实施远程教育，不断提高劳动者素质，强化农民信息意识，培养高素质的新型农民。另外，还应把懂业务的各种专业人才充实到农业信息化队伍中来，形成一支结构合理、素质良好的为农村提供信息服务的队伍。

（三）大力扶持电子商务“农村经纪人”

由于大多数农民经济条件有限，很难购买和使用现代化网络设备，而且文化素质不高，难以掌握计算机终端的使用与互联网功能，同时居住分散、交通不便、信息渠道不畅通也给建立与维护现代信息系统带来了相当大的难度。在这种情况下，指导、培训并扶持一批具有电子商务操作能力的农民首先致富，并通过这些“农村经纪人”先富的示范效应，将互联网、电子商务平台、农民有机地联系起来，带动区域内农民共同致富。只有高素质的农村电子商务经纪人，才是带领农民真正走向富裕的“领头羊”。

（四）加强电子商务知识的宣传普及

对农民进行信息技术和电子商务培训，教育农民使用和掌握检索网络信息和网上交易的方法和技术，提高农民的信息素质和技术水平。通过各种舆论宣传工具，如“三下乡”活动等形式面向大众进行电子商务宣传，普及电子商务常识，提高农民电子商务意识，在农村营造良好的电子商务氛围。让农民真正看到电子商务便捷、高效、省时的特点，调动他们参与电子商务的积极性。

（五）采取各种措施培养农村电子商务管理与服务人才

一是要在农村普及电子商务知识。建立电子商务培训点，培训电子商务基础知识和简单的应用技能，逐步普及电子商务知识。二是要推行大学生村官本土化。鼓励大学生回到自己的家乡创业，担任特色村的村官，或本村大企业的高级管理人员。三是建议建立村校联合人才培养基地。与本地区的电子商务专业院校合作，积极吸引外来人才入村创业，建立农村电子商务管理人才培养基地，培养村里的网络经营能人。

三、建设高效农村电子商务平台

建设农村电子商务平台，为农业产业化提供大量的多元化信息服务，为农业生产者、经营者、管理者提供及时、准确、完整的农业产业化的资源、市场、生产、政策法规、实用科技、人才、减灾防灾等信息；同时，为企业和农户提供网上交易的平台，支持 B2B、B2C、C2C 等多种交易模式，降低企业和农户从事电子商务的资金门槛，培育、扶持农村电子商务企业。

（一）选择适合的电子商务切入模式

应根据各地区农业经济发展的特点，采用适应本地区发展的农村电子商务切入模式。经济发达地区可通过电子商务平台实现接洽、合同和货款支付的电子化交易，除物流之外，商流、信息流、资金流都在网上进行，以真正体现电子商务的优势。不发达地区可以采用通过农业信息网的信息发布平台在网上发布供销信息，网下完成交易的初级电子商务模式。

（二）加强农业产业化数据库建设

应统筹规划，协调指导，加强农业产业化数据库建设，提高数据库资源的拥有量和开发利用水平。同时，应在各地区、各部门结合本地农业产业化发展的实际情况建设各具特色的数据库的基础上，实现数据交换的及时通畅，共享信息资源。

（三）建立高效的、规范的信息数据库系统

信息时代，谁最先获得信息、谁最先运用信息，谁就能获得市场、获得利润。要发挥农村电子商务的巨大潜力，一定要建立一个高效的、规范的信息数据库系统，即建立一个良好的、高效的收集信息、分析信息的数据库系统。从而优化自身的资源配置，降低成本，提高效率，增强市场占有率。

（四）农村电子商务平台的功能设置

当前，不少涉农电子商务平台只有静态的浏览信息，这显然是不够的，还应该具备如下功能：产品信息发布、产品信息快速查看、在线客户咨询、订单查询、在线商务谈判、在线交易支付、物流配送、客户反馈、客户服务、投资机会、产品知识、常见问题解答（FAQ）、全球销售网络分布、全球采购、新闻中心、产品中心、人才中心等。只有功能完备的电子商务平台才能赢得更多的商业机会。

（五）农村电子商务平台的宣传和推广

不管采取哪种方案搭建电子商务平台，都要做好网站的宣传和推广工作，扩大访问量，赢得社会关注和认可。对此，应注意：平台设计应具有农业特色；具有较好的安全性和交互性；在各种公共媒体上发布网站信息；在互联网的相关网站上发布广告条，设置友情链接；给潜在的客户发送电子邮件，寻找可能的贸易机会；在搜索引擎中设立自己的位置，让潜在客户发现自己。

四、农村电子商务平台构建方案

对于实力雄厚、信息化基础设施条件较好的发达地区，农业企业可选择构建自有的电子商务平台，并通过互联网实现国际化的电子商务；对于一些中小型企业，可依托第三方电子商务平台来实现电子商务；对于业务联系紧密、集约化经营的企业联盟，可通过协同集成的方法构建协同电子商务平台；对于力图开拓国际市场、具有较强市场竞争力的企业或企业联盟，可通过构建国际化的电子商务平台，参与国际市场竞争。

（一）创建农村电子商务平台

农村电子商务平台大体上可分为三类：第一类是起宏观指导作用的政府农业网站。此类网站的特点是农业信息服务和管理。第二类是起农业信息中介作用的非政府组织网站，此类网站的特点是提供综合性农业信息或专业化信息。第三类则是直接用于农产品交易的网络，这是农村电子商务的最终表现形式，此类网站的特点是能够提供农产品网上订购和网上支付的网络。除此之外，还可以根据各地的特点搭建特色农产品交易平台。

（二）加快软件服务平台构建

应重点扶持几个综合性农业网站，重点扶持的对象是具备相当规模的，集农业信息资源与电子商务等多功能服务于一体的，信息齐全、功能强大的综合性农业网站；为顺应网络经济时代农产品贸易电子化的趋势，必须大力发展适合我国国情的农产品电子商务，以促进农产品产供销网络化，提高农产品流通效率。

（三）培育网上交易的客户群

加强电子商务有关知识的宣传与培训，提高电子商务在农户中的可信度。通过举办形式多样、生动活泼、图文并茂的电子商务科技宣传和培训，传播电子商务的应用方法和注意事项，扩大农村居民对电子商务的了解和认识。此外，对于大多数人有顾虑的网上交易安全、货物质量、付款、送货等方面问题，政府应该从立法、执法方面加以规范，减少风险。

第四章　农村电商运营的流程

第一节　农村电子商务网站设计

一、农村电子商务网站的系统分析

（一）电子商务网站设计的名词

网站目标。是电子商务网站发展的定位和远景描述，是指导网站设计的宏观依据。

网站定位。就是确定网站到底要做什么，它的主题是什么，就如同写一篇文章首先要确定立意。网站定位的准确与否直接影响网站的质量。网站定位要解决的问题是确定网站的主题和网站的规模。

网站栏目。是网站要体现的主要内容，其功能是将网站的主题明确地显示出来。

网站的目录。是指建立网站时创建的目录。目录结构的好坏，对浏览者来说并没有什么太大的感觉，但对于站点本身的维护、未来内容的扩充和移植有着重要的影响。

网站的链接结构。是指页面之间相互链接的拓扑结构。它建立在目录结构的基础之上，但可以跨越目录。形象地说：每个页面都是一个固定点，链接则是两个固定点之间的连线。一个点可以和一个点连接，也可以和多个点连接。更重要的是，这些点并不是分布在一个平面上，而是存在于一个立体的空间中。网站的链接结构一般有树状链接结构和星状链接结构两种形式。

局部导航。一般包括网站的次要栏目或二级以上目录内容所对应的页面。这些页面的链接会出现在一些相关联的页面上。用户只有在这些相关页面上通过局部导航链接进入这些页面。

全面导航。包括网站的主要栏目或一级目录内容所对应的页面，这些页面的链接出现在网站的每页上。这样，用户在浏览网站的任何时刻和任何地点，都可以由全局导航链接直接抵达相应的页面上。使用网站导航图是目前一种比较流行的做法，通常用于大型网站，即把网站的主要栏目在一个网页中集中体现。

页面布局。也称页面构图设计，其主要任务是将 Web 页面合理分割成用于安排文字、图像等各种屏幕元素的区间。良好的页面布局设计应该做到结构清晰，趣味盎然，并且易于用户操作。

信息。是通过数据形式来表示的，是加载在数据之上，对数据具体含义的解释。

数据文件。是同类记录集合的、计算机内部的一种存储和管理形式。

配送。本质是现代化送货和交货。包括三大部分：备货、配送和交货。配送是物流进入最终阶段的活动。配送作为一种现代物流方式，已经集经营、服务、社会集中库存、分拣、装卸、搬运于一身。

（二）电子商务网站的功能定位

电子商务网站所能提供的功能一般受限于技术因素，主要功能有如下几类。

1. 产品展示

一是分类和索引目录。目录、子目录有时在组织上很方便。例如，一个农产品供应品商，会有成千上万种被分类的产品，像这样的企业，在建立电子商务网站时，对农产品分类展示是很重要的。二是产品的搜索引擎。网站可以利用数据库和信息检索技术为用户提供对产品及其他信息的查询功能。查询功能可以包括关键字查询、分类查询、组合查询等。通过搜索引擎的查询功能，用户可以方便、快捷地在网站上找到所需要的产品及服务方面的信息。三是自动推荐。自动推荐是一种可以按照客户购买商品的历史自动交叉销售的技术。这是一种自动推荐的合作过滤工具，通过使用这个系统，可以基本上实现让有相似兴趣的客户互相推荐购买的产品，他们买的越多，推荐的准确性越大。

2. 售后服务

一是自动回答和建议。利用人工智能中的机器学习、知识表示及自然语言翻译技术，使网站能奇迹般地回答用户提出的各种问题，包括一般性服务和销售查询问题，不管问题是如何表达的。它还能把回答不了的问题转交给客户服务部，让他们来回答。这种技术也被用在农业企业，用来决定客户的需求，然后主动地推荐一种准备好的方案。二是网上培训。在网站发布培训信息，提供培训教材及资料，用户可以在网上申请培训，预订培训日期，甚至可以以农业远程教学的方式直接为用户提供网上培训。

3. 网上订购

网上订购包括网上采购及填写订购单等功能。这一功能是电子商务网站极其重要的功能，没有这一功能，电子商务网站是不完整的。

4. 网上结算

网上结算是指通过信用卡实现用户、商家与银行之间的结算。只有实现了网上结算，才标志真正意义上的电子商务活动。

（三）电子商务网站主题与需求

1. 电子商务网站的主题确定

一是主题要与电子商务网站本身所从事的业务相关。主题要始终贯穿于电子商务网站所从事的业务，否则就会喧宾夺主，失去建电子商务网站的意义。二是主题定位要专，内容要精。如果想制作一个包罗万象的站点，把所有认为精彩的东西都放在上面，往往会事与愿违，给人一种没有主题、没有特色的感觉。据调查，网络上的主题网站比“高大全”式的网站更受人们的喜爱。三是主题要新颖。一个成功的网站，与它新颖的、与众不同的主题是分不开的。网站定位中最主要的，也是最有价值的部分，就是它一定有创新的主题，因为主题是网站的灵魂，如果没有新颖的主题，网站也就失去了生命力。

2. 电子商务网站的需求分析

需求分析阶段最好涉及企业所有的部门，以便在开始时就能得到每个人的需求和建议，网站的设计才能尽可能地合理，符合实际需求。需要收集的需求信息涉及全部销售和市场周期的各个阶段和内容，它们包括：一是客户。谁是目标客户，他们需要什么？二是广告。如何让客户第一次进入网站？如何让他们再一次进入网站？三是销售。网站能提供什么产品？如何放置它们并展示给你的客户？四是销售服务。如何回答客户的问题和解决这些问题？五是市场促销。如何促进销售和服务来激励客户的购买？六是事务处理过程。如何处理订单和付费过程？七是执行方式。如何把订单交给执行中心？八是售后服务。如何在售后提供客户服务和回答订单状况？九是市场数据和分析。需要收集什么样的关于销售、客户和广告趋势的信息？如何利用这些信息做决定？十是品牌。在与客户联系的过程中，如何增强客户对公司的印象？要知道一个深刻而又十分浅显的道理：一切网站，包括电子商务网站都是为网民（客户）服务的，所以只有充分了解这一群体的真正需要，再来为了满足这些需要而做网站。

（四）电子商务网站导航与链接

1. 电子商务网站的导航系统

不管网站的系统多么复杂，网站都必须让浏览者觉得它既直接又简单。事实上，许多浏览者都是以一种跳跃的方式来访问网站的内容。为了使浏览者不在网站中迷失方向，最好的办法是为网站设计导航系统，最低限度应该保证每个网页中至少有一个指向主页的链接。导航的形式一般有全面导航和局部导航两种。

（1）导航策略。一是导航条，实际上是一组链接，它可以告诉浏览者目前所处的位置。而且使浏览者既快又容易地转向网站的主要网页。一般来说，我们应该在网站的每个网页上都显示一导航条，导航条在帮助浏览者确定自己在网站中的位置有很大的作用。二是网站导航图。是目前一种比较流行的做法，通常用于大型网站，即把网站的主要栏目在一个网页中集中体现。建立网站导航图的好处是：在一个大型和复杂的网站上提供快速导航、浏览都可以得到关于网站系统的内容和设计的概要，为网站的回头客提供参考点等。但是网站导航图只能作为一种从属的导航方式，而不能作为主要的导航方式。这是因为它只能提供有限的内容，而且很难帮浏览者确定自己的位置。一般来说，可以把希望浏览者看到的网页放在导航图中，而无须把所有内容都在导航图中体现出来。

（2）导航技巧。一是抓住能传达主要信息的字眼作为超链接，这样可以有效控制超链接的字串长度，避免字串过长或过短，而不利于浏览者的阅读或点取。二是如果使用图形导航按钮或图像导航图，那么同时也应该采用文本链接，以保证让浏览者看得更明白。三是要为图形导航按钮提供替换文本，因为有的浏览者为了节省时间有可能会取消图形显示，这时替换文本就显得非常重要。四是超文本的颜色应该与单纯叙述文本的颜色有所区别。五是不要在短小的网页中提供太多的超链接。适当、有效地使用超链接，是一个优良的导航系统不可或缺的条件之一，但过分滥用超链接，会损害网页文章的流畅性与可读性。六是暂时不提供超链接到尚未完成的网页。

2. 电子商务网站的链接结构

一般地，建立网站的链接结构有以下两种基本方式。

（1）树状链接结构（一对一）。类似 DOS 的目录结构，首页链接指向一级页面，一级页面链接指向二级页面。立体结构看起来像蒲公英。这样的链接结构浏览时，一级级进入，一级级退出。树状链接的优点是条理清晰，访问者明确知道自己在什么位置，不会迷路。缺点是浏览效率低，一个栏目下的子页面到另一个栏目下的子页面，必须绕经首页。

（2）星状链接结构（一对多）。这种结构之下每个页面相互之间都建立有链接。这种链接的优点是浏览方便，随时可以到达自己喜欢的页面。缺点是链接太多，容易使浏览者迷路，搞不清自己在什么位置，看了多少内容。

这两种基本结构都只是理想方式，在实际的网站设计中，总是将这两种结构混合起来使用。希望浏览者既可以方便快捷地到达自己需要的页面，又可以清晰地知道自己在什么位置。所以，最好的方法是：首页和一级页面之间有星状链接结构，一级和二级页面之间有树状链接结构。如果站点内容庞大，分类明细，需要超过三级页面，那么建议在页面里显示导航条，可以帮助浏览者明确自己所处的位置。

随着电子商务的推广，网站竞争越来越激烈，对链接结构设计的要求已经不仅仅局限于可以方便快速浏览，更加注重个性化和相关性。例如，一个农产品主题网站里，有一个绿色食品问题在页面上，你需要加入绿色食品的定义、绿色食品的认证程序、绿色食品的管理、绿色食品的生产技术等一系列链接及相关信息，网民可能找到需要解决问题的方法后就离开网站了。如何尽可能留住访问者，是网站设计者未来必须考虑的问题。

二、农村电子商务网站的实现设计

（一）电子商务网站开发的原则

1. 内容为主原则

电子商务网站的内容是吸引顾客的重要因素。电子商务网站归根结底要通过内容来吸引客户。电子商务网站的内容和更新速度都是要考虑的因素。

2. 效率优先原则

电子商务网站的效率也必须受到重视。在众多电子商务网站中，客户往往会选择访问等待时间短的网站，这对电子商务网站的效率提出了要求。高效率的电子商务网站会使客户青睐有加。

3. 可扩展性原则

考虑电子商务网站的可扩展性。在开发电子商务网站时，必须考虑设想中网站规模的大小和将来发展过程中需要升级或改动时可能存在的问题，预测对于网站未来发展可能做出的改动所需付出的代价。尽可能以最小的代价升级网站。必须明白一个道理，网站升级会沿袭历史，网站重做会切断历史。

4. 数据安全原则

考虑网站的可用性和可维护性。一个好的网站必须注意控制因故障或者技术维护而造成的下网时，保护重要的数据，使网站的可用性较好。特别是对于承担至关重要任务的电子商务网站，任何停机下网都可能会造成重大的经济损失。一个网站，想做到绝对不停机下网是不可能的，这时就要求网站有较好的可维护性，可以对故障进行尽早检测，尽快排除和恢复。

（二）电子商务网站开发的流程

1. 域名申请

在选择、设计好网站域名以后，商家为自己的电子商务网站向域名注册机构申请全世界唯一的域名，从而在广阔的互联网世界上占有一席之地。网站域名就像人的身份证号码一样，既是终身的，也是世界上唯一的，一个网站可能会与另一个网站同名，但其域名是绝对不相同的。

2. 确定主机位置

注册域名以后，必须进一步根据自身情况确定主机的放置方式。通常主机的放置方式可以有虚拟主机、服务器托管、专线上网等几种方式，商家根据自身的情况进行选择。

3. 硬件选择

如果需要商家自己购置硬件时，商家应该根据自身情况购买适合自己的网络设备和服务器主机。

4. 软件选择

与购买的硬件配套，商家也应该根据自身情况购买包含操作系统、服务器程序、安全软件以及开发软件等在内的软件产品。

5. 网站建设和推广

在硬件选择和软件选择之后，要进行网站本身的建设，采用静态页面和动态页面相结合的方式，突出网站的内容特色。网站建立之后，必须采用多种有效的方式对网站进行宣传和推广。比如在著名的搜索引擎上发布或者在重要的门户网站建立友情链接等。

（三）电子商务网站的域名选择

1. 域名申请的重要性

一是从技术上讲，域名只是一个互联网中用于解决地址对应问题的一种方法。它可以减轻人们的记忆负担，可以说只是一个技术名词。但是，由于互联网已经成为全世界的互联网，域名也自然成为一个社会科学名词。从社会科学的角度看域名已成为互联网文化的组成部分。从商界看，域名已被誉为“企业的网上商标”。通过域名，商家可以在互联网世界中占有一席之地。二是域名为现代企业 Web 策划中重要的组成部分，和企业的名称一样举足轻重，不容忽视。好的域名与企业形象相互辉映。三是域名和商标一样，存在各自领域。一旦别人申请便不可再申请。现实世界中已经出现许多商家的著名商标被别人注册成域名的例子，给商家带来了很大损失。

2. 域名申请的基本流程

一是域名设计。即设计符合自己要求的域名，并且该域名未被别人注册。在许多在线域名注册的网站上，都可以扫描当前的域名库，确定某个域名是否已被注册。二是在线注册或者通过代理机构注册域名。通常的过程都是通过填写一些表格确认域名申请单位的详细信息、域名申请的用途等信息，双方互相确认以后，域名申请者交纳一定的费用即可完成域名申请。国内域名只能由单位注册，而国际域名没有这个限制。

3. 域名设计的各种方法

当前国内的域名虽然令人眼花缭乱，但其设计思路大致可以分为商标型、模仿型、数字型、地域型、拼音型及混合型。一是商标型：就是利用已有的商标名、机构名或者简称来形成自己的域名。特别是一些知名的企业和机构常常采用该方法形成自己的域名。比如中央电视台 cctv. com、联想电脑公司等。二是模仿型：是接线员借鉴国外著名的网站的域名，对其做了细微更改来形成自己的域名。三是数字型：域名也是国内域名设计的一种重要思路，比如著名的 8848. com、3721. com、163. com 等。四是地域型：是指以国家、地区的名称作为域名，比如著名的中华网 china. com 的域名给其网站带来了很高的知名度。五是拼音型：汉语拼音是中国语言文字的重要财富，在设计域名时，它也成为重要的工具之一，比如人人网站 renren. com。六是混合型：是指各种方法兼而有之，字母和拼音、字母和数字等可以混合使用，比如无忧职网站 51job. com。

4. 域名设计的基本原则

一是简洁明了：一个冗长复杂的域名，会加重用户的记忆负担，从而降低对用户的吸引力。而一个简洁明了的域名，用户只访问一次可能就留下深刻的印象。比如著名的网易公司为了抓住用户，就将自己的最初域名改为现在的 163. com，取得了较好的效果。二是对用户有吸引力：在浩瀚的域名海洋里，用户可能对某个域名的访问概率微乎其微。如何让用户对网站感兴趣，域名起着极其重要的作用。三是域名要有内涵和商业价值：一个新颖的域名可能会引起用户的初始兴趣，而真正最终抓住用户的域名要有自己的内涵，特别是商务网站，一定要与网站的商业活动真正联系起来。

（四）电子商务网站的实施方案

1. 电子商务网站的主机放置

一是虚拟主机方式。如果企业不想设自己的主机，便可以采用很多网络公司提供的“虚拟”的方式。采用这种方式建立主机，主机的位置是在网络服务提供商处。显然，这种方式不仅节省了购买相关软硬件资源的费用，而且无须招聘或培训更多的专业人员，因而开发成本较低，比较适合于中小型企业快速开展网上业务。二是服务器托管方式。企业自行购买、配置、安装 Web 服务器后，托管在某个网络机构，自己远程维护，每年向该网络服务商支付一定数额的费用。用这种方式建立和放置主机，避免了企业自己申请专线的过程。但是自己配置主机服务软硬件，招聘和培训技术人员所花去的费用不菲。三是专线上网：企业自行购买、配置、安装 Web 服务器以后，通过自己申请相应速率的 DDN 线路将服务器连接到互联网上。通过这条专线，企业的服务器就可以被互联网用户访问了。在这种方式下，用户在租用 DDN 专线后，可以把自行配置的服务器放置在任何易于维护和管理的位置上。

从价格角度看，这三种方式的成本投入是依次增加的。虚拟主机方式由于不需自己购买软硬件设备和招聘培训人员，在价格上最为经济，每月只需支付几百元的租用费，采取远程登录的方式就可以实现对站点的维护和更改，自己的网站就可以被访问，而且速度与浏览互联网中的其他网站没有太大的区别。而在后两种方式下，企业都必须购买自己的设备，而且需要专业人员的维护，因此建设成本大大高于虚拟主机的方式。除此之外，服务器托管的托管支付费用价格介于虚拟主机和专线入网之间，一般月租几千元，而专线入网的费用每个月要上万元。从易维护和管理角度来看，专线上网方式中由于主机位置放在易维护的位置，因此其易维护性也最好。在服务器托管和虚拟主机方式中，主机维护必须通过远程登录来实现，易维护性相对较差。

2. 电子商务方案的实施方式

实施一个电子商务方案，必须考虑一些基本的问题，最主要的就是实施方案时要将网站的长远目标和付出的代价相结合考虑，从而确定在以下的几种电子商务实施方案中进行选择：一是买一个现成的方案。在购买现成的方案时，要选择与自己要求相吻合的方案。购买可以使商家快速地、低价地进入市场。但是，这种方案不适于长远目标。二是在一个基于网络的电子商务方案中租用空间。这种方案可以避免安装和配置的复杂性。但是，难以保证商家需要的视觉效果和特殊要求。三是用不同的组件和部分构建自己的系统。这种方案需要经验、时间和相当大的预算，可以获得具有特色的竞争力。

三、农村电子商务网站的安全管理

访问控制。访问控制是通过一组机制来控制不同级别的主体对受保护的网络资源客体的不同级别的授权访问。

SSL。Secure Socket Layer 的简写，是 Netscape 公司为 TCP/IP 套接字开发的一种加密技术，它是基于通道的加密方法，用于提高应用层协议等的安全性，增强通信应用程序间的保密性和可靠性。

S-HTTP。Secure http 的简写，是 VERIFONE 公司应 commercenet 要求开发的一种问答式交易协议。它是 HTTP 协议的扩展。S-HTTP 是使用 HTTP 的 MIME 的网络数据包进行签名、验证和加密。

SET。Secure Electronic Transaction 的简写，是由 VISA 和 Master Card 两大信用卡公司于 1996 年 2 月联合推出的规范。SET 主要是为了解决用户、商家和银行之间通过信用卡支付的交易而设计的，以保证支付信息的机密、支付过程的完整、商户及持卡人的合法身份，以及可操作性。

VPN。Virtual Private Network 的缩写，中文译为虚拟专用网。VPN 是利用公共网络基础设施，通过“隧道”技术等手段达到类似私有专网数据安全传输的一种技术。

入侵的审计追踪。审计追踪是通过自动记录一些重要的安全事件来达到检测入侵的重要措施。

入侵检测技术。入侵检测是通过从计算机网络或计算机系统中的若干关键收集点收集信息并对其进行分析，以发现网络或系统中是否有违反安全策略的行为和遭到袭击的迹象。

攻击签名。入侵检测中所用的一种用特定方式表示已知攻击方式的方法。

入侵陷阱技术。是通过设置诱饵，将入侵者引入圈套，从而捕获入侵者的技术。

基于网络的 IDS。使用原始的网络分组数据包作为进行攻击分析的数据源的 IDS。

基于主机的 IDS。通过监视系统的日志文件以及其他相关安全文件来发现入侵行为的 IDS。

“诱饵”服务器。在入侵陷阱技术中，用于模仿数据服务器来诱使入侵者上当的服务器。

网络病毒。可以自动通过网络传播的计算机病毒。

电子现金。又称为数字现金，是一种能被客户和商家接受的，通过互联网购买商品或服务时使用的一种交易媒介。

系统安全。是指网络系统安全的备份和灾难的恢复。它的目的在于最大限度地降低网络系统的风险，保护网络的重要资源，在系统发生灾难后，能够提供一种简捷、有效的手段来恢复整个网络。

四、网上交易安全的设置

利用电子商务进行商品交易，人们越来越倾向于网络支付，这是因为网络支付具有方便、快速的优点。但是受经济利益的驱动，在电子商务数据的网络传输过程中信息经常遭到不法之徒的拦截、窃取、篡改、冒用甚至恶意破坏，给电子商务活动带来重大的损失。可以说，网络支付的安全性是影响电子商务使用的主要障碍。

电子商务网站网络支付的安全性包括以下三个方面。

（1）对交易双方身份的认证，基于可信的第三方 CA、数据签名和认证协议等技术。因此，电子商务网站中负责交易的服务器必须支持数字证书的管理、查询、申请等功能。

（2）保障交易信息的保密性和完整性；电子商务网站中负责交易的服务器必须支持电子商务安全加密和信息完整性协议。

（3）保证交易双方对交易的不可否认性，电子商务网站中负责交易的服务器必须支持双向的身份认证，通常是利用 CA 的数字证书和数字签名技术实现交易的不可否认性。

第一项主要是保证交易在真正的交易者之间进行，防止假冒和欺骗；第二项保证交易双方正常的交易，防止交易信息的泄露和修改；第三项防止交易双方事后抵赖。

五、网站安全技术的应用

（一）访问控制

1. 访问控制的基本原理

访问控制是通过一组机制来控制不同级别的主体对受保护的网络资源客体的不同级别的授权访问。具体地，主体可能包括网络用户、用户组、终端、主机或应用程序等对网络资源进行访问的实体。网络资源客体可能包括主机、设备、程序、数据、目录等受访问的实体。访问控制就是要在这些主体和客体之间建立可否访问、如何访问的关系，将绝大多数攻击阻止在到达攻击目标之前。

2. 访问控制的基本功能

一是防止非法主体进入受保护的网络资源；二是允许合法用户进入受保护的网络资源；三是防止合法用户对受保护的网终资源的非授权访问。总之，访问控制的中心内容就是实现对主体身份的认证和识别以及客体对于主体的授权访问两个环节。

3. 访问控制的基本实现策略

一是入网访问控制：入网访问控制为网络访问提供了第一层的访问控制。它控制哪些用户能够登录到网络并获取网络资源，控制准许用户入网的时间和准许他们在哪台计算机入网。通常入网访问控制是通过用户名和用户密码来控制用户的第一层访问。二是网络的权限控制：网络的权限控制是针对网络非法操作所提出的一种安全保护措施。用户和用户组被赋予一定的权限。网络控制用户和用户组可以访问哪些目录、子目录、文件和其他资源。可以指定用户对这些文件、目录、设备能够执行哪些操作。三是目录级安全控制：网络允许控制用户对目录、文件、设备的访问。用户在目录一级指定的权限对所有文件和子目录有效，用户还可进一步指定对目录下的子目录和文件的权限。四是属性安全控制：当用文件、目录和网络设备时，网络系统管理员应给文件、目录等指定访问属性。属性完全控制可以将给定的属性与网络服务器的文件、目录和网络设备联系起来。属性安全在权限安全的基础上提供进一步的安全性。

4. 防火墙应用

(1) 防火墙的设计原则。一是防火墙的角色从根本上阐述了机构对安全的看法。互联网防火墙可能会扮演两种截然相反的角色。其一是拒绝没有特别允许的任何访问。这种角色假定防火墙应该阻塞所有的信息，而每一种所期望的服务或应用都是实现在特定应用的基础上。这个方案建立的是一个非常安全的环境，因为只有审慎选择的服务才被扶持。当然这种方案也有缺点，就是不易使用，因为限制了提供给用户们的选择范围。其二是允许没有特别拒绝的任何访问。这种角色假定防火墙应该转发所有的信息，任何可能存在危害的服务都应在特定应用的基础上关掉。这种方案建立的是一个非常灵活的环境，能提供给用户更多服务。缺点是，由于将易使用这个特点放在了安全性的前面，网络管理程序处于不断的响应当中，因此，随着网络规模的增大，很难保证网络的安全。二是互联网防火墙并不是独立的，它是机构总体安全策略的一部分。机构总体安全策略定义了安全防御的方方面面。为确保成功，机构必须知道所保护的是什么。安全策略必须建立在精心进行的安全分析、风险评估以及商业需求分析基础上。如果机构没有详尽的安全策略，无论如何精心设计的防火墙都会被绕过去，从而整个内部网络都暴露在攻击者面前。三是考虑防火墙的经济费用。简单的包过滤防火墙的费用最低，因为机构至少需要一个路由器才能连入互联网，并且包过滤功能包括在标准的路由器配置中。商业的防火墙系统提供了附加的安全功能，而费用相对就要高一些，具体价格要看系统的复杂性和要保护的系统的数量。如果一个机构有自己的专业人员，也可以开发、构建自己的防火墙系统，但是仍旧有开发时间和部署防火墙系统等的费用问题。还有防火墙系统需要管理、一般性的维护、软件升级、安全上的补漏、事故处理等，这些都要产生费用。四是选择特定的组件或构件来完成防火墙系统。在确定了防火墙角色、安全策略、预算问题之后，就能够确定防火墙系统的特定组件。典型的防火墙由一个或多个构件组成。

(2) 防火墙产品的选择原则。一是防火墙的管理难易度是防火墙能否达到目的的主要考虑因素之一。若防火墙的管理过于困难，则可能会造成设定上的错误，反而不能达到其功能。一般企业之所以很少用已有的网络设备直接当作防火墙的原因，除了先前提到的包过滤并不能达到完全的控制之外，设定工作困难、要具备完整的知识以及不易出错等管理问题更是一般企业不愿意使用的主要原因。二是防火墙也是网络上的主机之一，也可能存在安全问题。防火墙如果不能确保自身安全，则防火墙的控制功能再强，终究不能完全保护内部网络。如果防火墙控制机制失效，则一个黑客可能取得防火墙上的控制权，然后几乎可以为所欲为地修改防火墙上的存取规则，进而侵入更多的系统。三是防火墙具有不同级别的安全等级规范。最著名的就是美国国家安全局的国家电脑安全中心颁布的官方标准——橘皮书，其正式名称是“受信任电脑系统评价标准”，它将一个电脑系统可接受的信任程度予以分级，依安全性由高到低划分为 A、B、C、D 四个等级，其中这些安全等级不是线性的，而是以指数级上升的。选择防火墙时要注意其安全等级规范指标。四是好的防火墙必须能弥补操作系统的不足。一个好的防火墙必须是建立在操作系统的底层而不是操作系统的上层，所以操作系统的漏洞可能并不会影响到一个好的防火墙系统所提供的安全性。相反，一个好的防火墙系统可以弥补操作系统的不足。五是一个好的防火墙不但本身要有良好的执行效率，还应该提供多平台的执行方式供使用者选择。由于防火墙并非完全由硬件构成，所以软件所提供的功能以及执行效率一定会影响到整体的表现，而使用者的操作意愿及熟悉程度也是必须考虑的重点。毕竟使用者才是完全的控制者，应该选择一套符合现有环境需求的软件，而非为了软件的限制而改变现在的环境。六是一个好的防火墙就必须有一个完善的售后服务作为使用者的安全后盾。由于有新的产品出现，就有人会研究新的破解方法，所以一个好的防火墙提供者就必须有一个庞大的组织作为使用者的安全后盾，也应该有众多的使用者所建立的口碑为防火墙作见证。七是企业安全政策中的一些特殊需求也要作为选择防火墙的一个标准。企业安全政策中往往有些特殊需求不是每一个防火墙都会提供的，这方面常会因此成为选择防火墙的考虑因素之一。

5. VPN 应用

（1）VPN 的工作原理。VPN 是利用公共网络基础设施，通过“隧道”技术等手段达到类似私有专网数据安全传输的一种技术。VPN 可以建立在 IP、DDN、X、25、PSTN 和 ATM 等网络上，其中基于 IPSEC 的 VPN 是目前研究和开发中的重点。不论是基于 IP 还是基于其他网络的 VPN，其基本原理都是相似的。以下通过 IPSECVPN 来叙述 VPN 的基本工作原理。

在 IPSECVPN 中，报文传输流程如下：当发送端的明文进入 IP-VPN 设备，首先由访问控制模块决定是否允许其进入公网，若允许进入，应根据设定的安全规则，确定是直接明文进入还是应该加密而进入安全隧道。对于需要加密传递的报文，一般需要进行加密和摘要、签名等认证处理，保证报文的完整性和可鉴别性。然后按进入公用 IP 网的要求，重新对报文进行 IP 封装。最后，经 IP 封装以后的报文通过公网上传至目的端。因为这些包经过加密、认证和再封装，所以数据就像通过一个加密“隧道”而直接送入接收方，其他用户不知道，也不能篡改或伪造仿冒所传递的内容。接收方通过相反的过程对报文进行解密。

从上面的工作原理可知，构建 IPSECVPN 最关键的就是“隧道”技术和安全协议。

（2）VPN 的优点以及发展前景。VPN 综合了传统数据网络的性能优点和共享数据网络结构的优点（简单和低成本），能够提供远程访问，外部网和内部网的连接，价格比专线或者帧中继网络要低得多。而且，VPN 在降低成本的同时满足了对安全性、网络带宽、接入和服务不断增加的需求，因此，可以预测 VPN 必将成为未来企业传输业务的主要工具。

6. Web 应用

（1）Web 的主要安全威胁。一是 Web 服务器的重要信息被泄露。二是 Web 服务器受到有意无意的破坏，严重的会造成信息的丢失甚至服务器的崩溃。三是浏览器端计算机资源被破坏。四是浏览器和 Web 服务器之间的重要会话信息被窃听和伪造。

（2）造成 Web 安全威胁的安全漏洞。一是许多操作系统在设计和实现时具有不少的安全隐患，给入侵者以可乘之机。入侵者利用系统的漏洞可以获得系统的重要数据和信息，甚至可以更改这些重要数据，更严重者可以导致系统瘫痪。二是 Web 服务器的设计和实现时也具有不少的安全隐患。入侵者同样可以通过这些漏洞来非法获取系统的重要信息，或者篡改、破坏 Web 服务器。三是服务器脚本的非法执行也会造成服务器的崩溃和信息泄露。服务器端脚本在编写时就可能存在严重的安全隐患。四是客户端脚本的安全漏洞甚至会造成客户端的安全威胁。

（3）Web 安全的管理办法。一是针对可能的 Web 安全漏洞，做好 Web 安全预防措施，尽量不给入侵者入侵的机会。这需要不断地培养安全意识、学习安全知识、追踪最新的安全报告。二是做好 Web 安全的管理、日志记录工作，便于堵住 Web 安全漏洞并对入侵者进行追踪。通过安全日志，可以发现安全隐患，堵住安全漏洞，并可以对入侵者进行追踪。

7. 入侵检测

（1）入侵检测的不同分析技术。入侵检测技术通过对入侵行为的过程与特征的研究，使安全系统对入侵事件和入侵过程能做出实时响应，从分析方式上分为两种：一是异常发现技术。建立系统正常行为的轨迹，把所有与正常轨迹不同的系统状态视为可疑企图。对于异常网络与特征的选择是异常发现技术的关键。比如，通过流量统计分析将异常时间的异常网络流量视为可疑。异常发现技术的局限是并非所有的入侵都表现为异常，而且系统的轨迹难以计算和更新。异常发现技术可以发现未知的攻击。二是模式发现技术。将所有入侵手段表达为一种模式和特征，通过匹配的方法发现入侵。模式发现的关键是如何表达入侵的模式，把真正的入侵与正常行为区分开来。模式发现的优点是误报少，局限是它只能发现已知的攻击，对未知的攻击无能为力。目前，国际顶尖的入侵检测系统 IDS 主要以模式发现技术为主，并结合异常发现技术。

（2）入侵检测的不同实现手段。IDS 一般从实现方式上分为两种：基于主机的 IDS 和基于网络的 IDS。一个完备的入侵检测系统 IDS 一定是基于主机和基于网络两种方式兼备的分布式系统。一是基于网络的 IDS：使用原始的网络分组数据包作为进行攻击分析的数据源，一般利用一个网络适配器来实现监视和分析所有通过网络进行传输的通信。一旦检测到攻击，IDS 应答模块通过通知、报警以及中断连接等方式对攻击作出反应。二是基于主机的 IDS：一般监视 Windows NT 上的系统、事件、安全日志以及 UNIX 环境中的 syslog 文件。一旦发现这些文件发生任何变化，IDS 将比对新的日志记录与攻击签名以发现它们是否匹配。如果匹配的话，检测系统就向管理员发出入侵报警并发出采取相应的行动。

8. 计算机病毒

（1）计算机病毒的基本特征。计算机病毒本质上是一段程序，判断一段程序是不是计算机病毒必须抓住计算机病毒的几个基本特征：一是传染性。这是病毒的基本特征，是判别一个程序是否为计算机病毒的最重要条件。二是隐蔽性。病毒通常附着在正常程序中或磁盘较隐蔽的地方，也有个别的以隐含文件形式出现，目的是不让用户发现它的存在。一般在没有防护措施的情况下，计算机病毒程序取得系统控制权后，可以在很短的时间里传染大量程序。而且受到传染后，计算机系统通常仍能正常运行，使用户不会感到任何异常。三是潜伏性。大部分的病毒感染系统之后一般不会马上发作，它可长期隐藏在系统中，只有满足其特定条件时才启动其表现模块，这样它才能进行广泛的传播。四是破坏性。任何病毒只要侵入系统，都会对系统及应用程序产生程度不同的影响。轻者会降低计算机工作效率，占用系统资源，重者可导致系统崩溃。

（2）网络病毒的新特点。网络病毒不仅具有单机病毒的一切特征，而且具有自己的新特点：一是破坏性强。网络病毒可能导致网络服务器无法启动，从而导致整个网络瘫痪，造成不可估量的损失。二是传播性强。网络病毒普遍具有较强的机制，一旦接触就可通过网络扩散与传染。根据有关资料介绍，在网络上病毒传播的速度是单机的几十倍。三是潜伏性和可激发性更强。网络病毒与单机病毒一样，具有潜伏性和可激发性。在一定的环境下受到外界因素刺激，便能活跃起来，这就是病毒的激活。激活的本质是一种条件控制，此条件是多样化的，可以是内部时钟、系统日期和用户名称，也可以是在网络中进行的一次通信。一个病毒程序可以按照病毒设计者的预定要求，在某个服务器或客户机上激活，并向各个网络用户发起攻击。四是针对性强。网络病毒并非一定对网络上所有的计算机都进行感染，有的病毒则专门感染使用 UNIX 操作系统的计算机。五是扩散面广。由于网络病毒通过网络进行传播，所以其扩散面很大，一台 PC 机的病毒可以通过网络感染与之相连的众多机器。由于网络病毒造成网络瘫痪的损失是难以估计的，一旦网络服务器被感染，其解毒所需的时间将是单机的几十倍以上。

（二）网站系统安全重要性

1. IDS 技术的发展趋势

基于网络和主机的 IDS 都各有自己的优势，两者相互补充。这两种方式都能发现对方无法检测到的一些入侵行为。

IDS 用于分析的数据源于主机系统，主要包括主机网络连接、主机审计数据、主机应用日志等。许多基于 IP 的拒绝服务攻击和碎片攻击，只能查看它们通过网络传输时的包首标才能识别。基于网络的 IDS 可以研究负载的内容，查找特定攻击中使用的命令或语法，这类攻击可以被实时检查包过滤的 IDS 迅速识别。而基于主机的系统无法看到负载，因此也无法识别嵌入式的负载攻击。

联合使用基于主机和基于网络的这两种方式能够达到更好的检测效果。比如基于主机的 IDS 使用系统日志作为检测依据，因此，它们在确定攻击是否取得成功时与基于网络的检测系统相比具有更大的准确性。在这方面，基于主机的 IDS 对基于网络的 IDS 是一个很好的补充，人们完全可以使用基于网络的 IDS 提供早期的报警，而使用基于主机的 IDS 来验证攻击是否取得成功。

在下一代的入侵检测系统中，将把现有的基于网络和主机这两种检测技术很好地集成起来，提供集成化的攻击签名、检测、报告和事件关联功能。相信未来的集成化的入侵检测产品不仅功能上更加强大，而且部署和使用上也更加灵活方便。

2. 网络环境下的病毒防范

在实际应用中，防范网络病毒应从两方面着手。第一，加强网络管理人员的网络安全意识，有效控制和管理本地网和外地网进行的数据交换，同时坚决抵制盗版软件的使用；第二，选择和加载保护计算机网络安全的网络防病毒产品。随着网络技术的不断发展，网络反病毒技术将成为计算机反病毒技术的重要方面，也是计算机应用领域中需要认真对待的问题，这将成为网络管理人员及用户的长期任务，只有做好了这项工作，才能保证计算机网络长期、安全、稳定地运行。

要有效地在整个网络环境下防病毒应该遵循以下几个原则：一是防重于治。如果网络感染病毒后，再去杀毒，只能起到亡羊补牢的作用。病毒即使不破坏数据和文件，也减慢网络的运行，浪费时间和资源，这种防范方法必须改变，网络的时代应以防为主，以治为辅。杀毒只是一种被动的方式，防毒才是对付计算机病毒积极而又有效的措施，远比等待计算机病毒出现之后再去扫描和清除更能有效地保护计算机。二是防毒不能停。有了防毒的产品网络就安全了吗？不，防病毒是一个“道高一尺，魔高一丈”的动态实时的斗争过程。杀毒软件必须进行不断的升级，不能及时升级的杀毒软件，面对有目的的病毒攻击很可能为用户带来意想不到的麻烦。网络杀毒软件在防杀病毒的同时，在网络上更扮演着无上权限的超级用户的角色，所以它要是得不到必要的维护和升级，便可能引起副作用。三是与网络管理集成，形成多层防御体系。网络防病毒最大的优势在于网络的管理功能，如果没有把管理功能加上，很难完成网络防毒的任务。管理与防范相结合，才能保证系统的良好运行。建立新的防毒手段应将病毒检测、多层数据保护和集中式管理功能集成起来，形成多层防御体系。四是网络防毒防治是整个安全体系的一部分。计算机网络安全威胁主要来自计算机病毒、黑客攻击和拒绝服务攻击方面，因而计算机的安全体系也应从防病毒、防黑客、灾难性恢复等几个方面综合考虑，形成一整套的安全机制，这才是最有效的网络安全手段。

3. 系统安全技术的重要性

电子商务网站的运行不会是一帆风顺的，可能会由于各种各样的原因（软硬件故障、人为失误、外界攻击等），导致网站发生系统崩溃、数据丢失等灾难性的事件，给电子商务网站的运营造成极大的不便。此时，如何尽快恢复数据，恢复系统的运行是电子商务面临的首要问题。系统安全便是解决此类问题的关键技术。

系统安全是指网络系统安全的备份和灾难的恢复。它的目的在于最大限度地降低网络系统的风险，保护网络的重要资源，在系统发生灾难后，能够提供一种简捷、有效的手段来恢复整个网络。

网络系统安全备份是指对整个网络系统的重要数据和系统信息进行备份。它不仅在网络系统软硬件故障或者人为失误的时候起到保护作用，也在入侵者对网络攻击及破坏数据完整性时起到保护作用，同时也是系统灾难恢复的前提之一。灾难恢复措施能够保证系统在经历灾难后迅速恢复。

4. 网站建设中安全的重要性

电子商务是互联网爆炸式发展的直接产物，是网络应用技术应用的全新发展方向。互联网本身所具有的开放性、全球性、低成本、高效率的特点，也成为电子商务的内在特征，但与此同时，互联网本身具有的开放性也不可避免地带来安全性问题。电子商务网站的安全与否，是决定其成败的关键因素之一。

处于互联网之中的每个网站，将会受到来自外部或者内部的各种安全威胁。例如，合法或非法用户对网站的非授权访问，可能造成网站重要信息有意或无意的泄露；用户还可能会非法删除或者修改网站的重要信息；非法入侵可能会干扰系统的正常运行，甚至使系统发生崩溃；入侵者还可以通过网站散布病毒，造成更大规模的破坏。因此，建设电子商务网站必须重视网站本身的安全性。

在进行网络交易时，客户和商家的重要信息可能会被泄露或者更改伪造。非法分子可以利用这些信息进行违法犯罪活动，给客户和商家造成重大的损失。所以，在建设电子商务网站时，必须重视网络交易的安全性。

六、农村电子商务网站的日常运行

（一）电子商务网站运营的名词

1. 标志广告

在其他网站建立链接大多采用非常醒目、独特的图标方式，通常将这种方法称为标志广告，这些标志广告的图标设计和制作应当非常精致，色彩要鲜明，并有经过高度浓缩的广告语句使目标网站的特点一目了然，从而具有强烈的视觉吸引力，诱使浏览者把鼠标放上去点击。

2. 广告自由交换

实际上是一种相互无偿提供广告服务的方式，可以由此来实现不同网站间访问者资源的共享。这也是一种提高网站知名度的有效方式。

3. 网站的硬件升级

是指对网站所采用的硬件设备以升级换代。其中主要包括对网站所有的各种服务器的处理能力和存储容量进行升级和扩容。另外，对内部网络的升级也是网站的硬件升级的一项重要内容。

4. 网站的软件升级

包括网站的系统软件和支撑软件的升级、网站结构的调整和升级、网站应用软件的升级等几个方面。

5. 网站的用户界面升级

主要是针对网站用户界面进行改造。这种升级针对用户界面中出现的各种问题加以调整和解决，使用户界面使用起来更方便、更友好。

6. 网站的全面升级

主要是指对网站的整体进行升级，它不仅包括后台的升级，也包括用户界面的升级，将对网站的整体形象、风格和处理能力作出较大的调整，大幅度地提高网站的性能。

（二）电子商务网站与搜索引擎

1. 电子商务网站关键字选择

在把农业网站登录到搜索引擎之前，挑选恰当的关键字对于提高站点在关键字搜索中的命中率起到非常关键的作用。在选择关键字时应本着以下几个角度：一是从检索者的角度出发来设想他究竟会采用什么样的关键字来进行搜索；二是关键字必须是与农业网站主题和内容密切相关的，通常是农业或某领域中通用的词汇；三是对于人们的一些习惯性用语应当考虑到，不仅要考虑到专业性、准确性，也要兼顾通用性；四是对于表达相同或相近意思的同义词或近义词也应考虑，数量越多越全越好，总之，要尽量逼近检索者的选择范围；五是要同时准备中文和英文两套关键字。在选择关键字时也可以采用如下方法：首先，可以借鉴农业类其他网站的选择，看它们使用的关键字，这样会对思考有一定的启发。其次，归纳形成自己的关键字表。另一方法是设法了解人们最常用的关键字，从中来加以选择。在互联网上可以找到这样的资源。结合这两种方法，加上自己认真考虑，就能够得出一个比较完备的关键字集了。

2. 搜索引擎的一般方式

一类被称为目录式服务，著名的雅虎就是采用这样的运作方式的。它的后台是一个关于各种网站分类的大型数据库，在新网站中加入数据库之前，先要通过人工审查，然后再通过管理界面手工加入库中。另一类搜索引擎的后台除了数据库，还要有所谓的“蜘蛛”系统，即能够从互联网上自动收集网页的数据搜集系统。蜘蛛将搜集所得的网页的标题，描述和关键字等内容交给索引和检索系统处理，最终形成搜索引擎的检索结果。

3. 提高网站在搜索引擎中排名的技巧

一是选好关键字，这是最重要的一点；二是将定义关键字的 META 标记项放在定义描述的 META 标记项之前；三是将最常用的关键字放在最前面，并让相关的关键字相邻；英文关键字的全小写与首字母大写的并存，因为有的搜索引擎对字符的大小写敏感；四是首页尽量避免使用 FRAME 结构，因为对 FRAME 结构，有些搜索引擎不能智能地选择正确的页面进行标引。总之，要改善农业网站的排名，最根本的还是要自身多做文章，把农业网站办出特色，势必能在任何一种搜索引擎中脱颖而出。

（三）电子商务网站的宣传推广

建设好一个电子商务网站之后，必须大力进行网站的宣传和推广工作，尽可能地提高网站的知名度。这对于电子商务网站而言是极其重要的。人们常说互联网经济是注意力经济、“眼球经济”，谁的网站吸引更多的注意力、更多的眼球，谁就能在新经济中占据有利地位。要想在互联网上开展电子商务，最重要的是要能够吸引大量的用户参与，例如在网上开设一个商场，假如来访者寥寥无几，就如同商场没有顾客临门，那就无法进行所谓的电子商务活动。从某种意义上讲，电子商务网站的知名度是否高、人气是否旺，将在很大程度上决定它的兴衰存亡。

1. 门户网站链接

很多网民都习惯首先访问自己喜欢的门户站点，这类门户站点的访问量一般很大，在这些门户网站上建立自己的链接，通常可以吸引到较多的访问者。因此，这也是一种扩大网站影响和进行自身宣传的方式。一是它的访问量很大，是比较受欢迎的站点，当然，在这样的网站建立链接的代价也是比较高昂的。二是在该网站的访问人群中，属于网站服务对象的比例较高。这一点需要重视，否则大多数人对链接视而不见、毫无兴趣，那么花费巨资在这样的网站上建立链接就没有多少实际意义了。一般来讲，在较受欢迎的搜索引擎网站上建立链接的效果比较好。最好选择在首页，因为这一页的访问者最多。不过，在农业网站所属主题的页面建立链接则更经济实用，因为访问这些页面的人通常也正是所想要吸引的对象，链接被点击的概率要比首页大得多。

2. 网站标志广告设计

这种标志广告图标设计的成功与否往往决定了农业网站的点击率，必须认真和精心地加以准备。要设计一个好的标志广告，通常要注意以下几点：一是要使用具有震撼力的词汇，广告词简洁、明了、直截了当。二是广告图标的色彩、动画等的设计要与文字相协调。三是图像文件的大小要控制，通常要把文件的大小控制在几千字节的范围内，在能实现所要求的表现力的前提下越小越好。

3. 举办各种相关竞赛

要在互联网的茫茫海洋中“出人头地”是相当困难的，开展抽奖、竞猜等市场运作活动也是一种非常重要的推广手段。无论是直播在线竞赛还是通过传统媒体进行，都必须注意如下的一些事项：一是明确目标。首先是明确市场运作的目标，即通过这些市场运作所要达到的目的，是提高网站的访问量还是征集对某种产品甚至网站本身的反馈意见；同时也要明确市场运作的目标参与群体，做到有的放矢。二是所设立的奖品要与所确定的目标参与群体的喜好相一致。三是确定活动的规则和实施办法。活动者的组织工作一定要做好，要事先制定明确的规则和细致周密的实施办法。四是利用活动开展自己网站的宣传推广。要抓住一切可能的环节和机会向参与者并通过参与者向社会公众宣传自己，突出自己的形象。另外，通过在农业网站上设立有奖竞赛等方式，收集到的参与者的诸如年龄、行业、需求偏好、光顾本网站的频度等信息，对它们进行分析处理就可以得到访问者的统计资料，这些将是一笔非常宝贵的财富，可以供调整网站设计和内容更新时使用。

4. 加入广告自由交换网

现在出现了一种被称为“广告自由交换网”的广告交流形式，这是一种相互无偿提供广告服务的一种方式，对于迅速提高网站知名度效果很好，而且成本极低，同时有利于农业网站访问者资源共享。

5. 加入相关的新闻组或者电子公告板

BBS 也是一种很有效的方式。新闻组和电子公告板都是网民们在网上进行信息、知识、情感等交流的场所，而且都有非常明确的兴趣群体的划分，在这样的场合利用适当的方式来介绍和宣传自己的农业网站，或者利用自己的网友资源来吸引和号召更多的网民访问，是相当有效的。

6. 利用传统的方式推广

网络虽然是一种新兴的媒体，但也不能将它同传统传媒对立起来，因此利用传统的媒体，欢迎所有人参观同样是一种十分有效的方法。例如，通过报纸、杂志等的宣传，做电视广告，在各种公众场合竖立农业网站的广告牌以及各种公交车辆上的广告标志等，都是很好的宣传推广方式。

除此之外，通过员工的口头宣传，首先影响员工的家人、朋友，其次不断扩展开去。这种推广方式的作用有时也是不可低估的。

（四）电子商务网站维护与升级

1. 网站维护

农业网站维护的必要性。农业网站的维护工作是农业网站投入运营后必须面临的长期任务，这项工作对于保证农业网站可靠、高效运营具有非常重要的意义。对农业网站进行维护的必要性具体体现在以下几个方面：一是由于硬件设备故障、软件出错等原因，任何建好的网站都可能会出现这样或那样的错误从而导致不能被正常访问，这就需要进行网站的日常维护。另外，无论多精彩的农业网站，如果长期不更新，总是一副老面孔，就会令浏览者望而生厌。只有不断更新和丰富网站的内容，才能为农业网站增添活力和吸引力。尤其对于农村电子商务网站来讲，随时保持高可用性和可浏览性，这是至关重要的。二是对农业网站进行定期维护能够帮助提早发现和解决问题，使这些问题被扼杀在萌芽阶段而不致造成严重的危害。三是对农业网站进行定期维护还能够帮助网站管理与维护人员将工作量分散，不必在短时间内集中处理大量的事情，从而大大降低了工作的强度和压力。四是对农业网站进行定期维护还能方便以后必须进行的升级工作。

农业网站维护需要注意的主要问题。维护工作在保证农业网站长期稳定而且高质高效地运行方面起着非常关键的作用。在农业网站的维护中，主要需要注意如下几个问题：一是维护农业网站的基本结构和既定风格。在精心设计的农业网站上，各个页面都是按照一定的结构设计有机地组织起来的。因此，在需要增添或删除某些页面时必须全盘考虑，不能破坏整体的良好结构。二是保持农业网站内容的时效性。对于农业网站内容，尤其是那些时效性强、变化快的内容，必须做到定期更新，保证用户看到的内容都是及时、有效的。三是检查并保证链接的有效性。维护链接的有效性是检验一个农业网站管理是否严谨的一个很重要的尺度，必须加以重视，定期进行检查，保证质量。四是随时监控服务器的运行情况。农业网站上直接与用户打交道的是各种服务器，它们的运行情况关系到农业网站提供服务质量的好坏，因此必须随时监控，尽早发现问题，并将问题解决在萌芽阶段。五是重视用户的意见反馈。

2. 网站升级

（1）农业网站升级时机。当农业网站的服务功能和运营效率满足不了需求时，就需要对农业网站进行升级。可以通过下述的方法来确定农业网站升级的时机：一是通过一些外部征兆来判断应当在什么时机进行农业网站的升级工作。应当不断关注竞争对手的情况，注意他们发生的变化，当竞争对手的网站进行了大规模的改进或升级以至于可能对自身网站产生强大的威胁时，就应该仔细考虑升级的问题了。二是促使考虑对农业网站进行升级的更多是因为一些农业网站自身内部的因素，包括：其一是当集聚了大量的新内容，而且容纳这些新内容需要对农业网站的结构进行调整，也就是说，无法在不改变原有的农业网站结构的情况下将这些重要的内容吸纳入网站之中时；其二是当出现了能大大丰富网站的服务内容，提高农业网站的服务质量的新的技术手段或方式，采纳这样的新技术或方式，将会大大增加农业网站的竞争力时；其三是当软硬件设备出了升级换代，而农业网站现有的软硬件已经严重老化或已经无法承受日益增长的业务量的需求时。

（2）农业网站升级内容。网站的硬件升级是指对网站所采用的硬件设备加以升级换代。其中主要包括对网站所用的各种服务器的处理能力和存储容量进行升级和扩容。另外，对内部网络的升级也是一项重要内容。农业网站的软件升级包括以下几方面的内容：网站系统软件和支撑软件的升级，网站结构的调整和升级，网站应用软件改进和升级。

（3）农业网站升级形式。网站的升级有后台升级、用户界面升级以及全面升级等形式：一是后台升级。这种升级能够显著提高网站后台文件、数据和代码的运行效率，它的目的在于大大提高后台服务器的处理能力和效率，使农业网站运行更加流畅，各种任务完成得更加迅捷。二是用户界面升级。这种升级主要是针对用户界面进行改造。这种升级将针对用户界面出现的各种问题加以调整和解决，使用户界面使用起来更方便、更友好。三是全面升级。这种升级是指对农业网站的整体进行升级，它不仅包括后台的升级，也包括对用户界面的升级，将对农业网站的整体形象、风格和处理能力作较大的调整，大幅度地提高网站的性能。

（4）农业网站的软件升级。一是农业网站系统软件和支撑软件的升级。这包括对农业网站的操作系统平台、数据管理软件、Web 服务器软件等系统软件的升级换代。这些软件大多是通过购买得到的，因此要密切保持同采购厂商或其代理商的联系，及时进行到其最新的版本或者得到对原有系统的改进，切实保证网站运行平台的先进性和稳定性。二是网上结构的调整和升级。这包括农业网站各项内容和服务的组织框架和结构形式，这一部分内容大多是自主进行开发或者进行委托开发完成的，因此具有较大程度的自主可控的特性，要在充分利用原有架构的基础上，根据新的内容的需要对结构加以调整和创新。在进行调整和创新的过程中，要充分注意保持农业网站既有风格的连续性。三是网上应用软件的改进和升级。具体对于农村电子商务网站而言，实际上是对农村电子商务应用软件的改进和升级。这一部分可能是自主组织开发完成的，也有可能是通过定制购买完成的，因此要根据不同的情况进行处理。对于自主开发的部分，可以针对实际过程中发现的问题对症下药地加以改进，增添或者删除部分功能模块；而对于定制购买的部分，则要通过同采购厂商的密切合作，对现有版本采取改良或者完全升级等不同的策略。这一部分的升级要密切关注市场上的各种动态，以及用户的各种需求走向，把这些特点反映成具体的需求并融入应用软件的开发之中。

第二节　农村电子商务网上开店

一、网上开店的概述

（一）网上开店的概念

网店，顾名思义就是网上开的商店。网店是相对于实体店来说的一种电子商务形式，卖家通过网络展示和宣传其产品或者服务，并把产品或者服务卖给消费者（购买者）的经营方式，这样的商务活动就叫作网上开店。网上开店是一种能够让人们在浏览的同时进行实际购买，并且通过各种支付手段进行支付完成交易全过程的行为。网上开店是一种在互联网时代的背景下诞生的新销售方式，区别于网下的传统商业模式，与大规模的网上商城及零星的个人品网上拍卖相比，网上开店投入不大、经营方式灵活，可以为经营者提供不错的利润空间，成为许多人的创业途径。

（二）网上开店的优势

1. 开店成本极低

网上开店与网下开店相比综合成本较低：许多大型购物网站提供租金极低的网店，有的甚至免费提供，只是收取少量商品上架费与交易费；网店可以根据顾客的订单再去进货，不会因为积货占用大量资金；网店经营主要是通过网络进行，基本不需要水、电、管理费等方面的支出；网店不需要专人时时看守，节省了人力方面的投资。

2. 经营方式灵活

网店的经营是借助互联网进行经营，经营者既可以全职经营，也可以兼职经营。网店不需要专人时时看守，营业时间也比较灵活，只要可以及时能给浏览者的咨询回复就可以不影响经营。网上开店不需要网下开店那样必须要经过严格的注册登记手续，网店在商品销售之前甚至可以不需要存货或者只需要少量存货，因此可以随时转换经营其他商品，可以进退自如，没有包袱。

网上开店基本不受营业时间、营业地点、营业面积这些传统因素的限制。网上开店，只要服务器不出问题，可以一天 24 小时、一年 365 天不停地运作，无论刮风下雨，无论白天晚上，无须专人值班看店，都可照常营业，消费者可以在任何时间登录网站进行购物。

网上开店基本不受经营地点的限制，网店的流量来自网上，因此即使网店的经营者在一个小胡同里也不会影响到网店的经营。网店的商品数量也不会像网下商店那样，生意大小常常被店面面积限制，只要经营者愿意，网店可以摆上成千上万种商品。

3. 网店的消费者范围是极广泛的

网店开在互联网上，只要是上网的人群都有可能成为商品的浏览者与购买者，这个范围可以是全国的网民，甚至全球的网民。只要网店的商品有特色、宣传得当、价格合理、经营得法，网店每天将会有不错的访问流量，大大增加销售机会，取得良好的销售收入。

（三）网上开店的风险

网上开店虽然有许多的优势，但是作为一种需要投入资金与精力的经济行为，网上开店也存在一定的风险。目前，我国的网上购物与网上销售市场还处于起步阶段，如果经营的产品不对路，价位不合理，没有良好的销售信用，解决不好支付与送货环节的问题，网上开店很可能出现销售打不开局面，无法从网上开店中获利，反而要赔上时间、精力与投入。

人们一哄而上开网店，并不是每一个开店的人都可以赚到钱的，许多开店者往往是亏损的，在开店前一定要对经营的风险有足够的认识。

（四）网店与商店比较

1. 资金方面

网上开店：开办手续网上注册（个性设计）+商品信息上传+网店租金+网店交易费用+网上广告宣传费用+商品采购成本。传统商店：租店面+工商注册+装修+进货+专人驻店成本支出+商品采购成本+库存仓租费+库存商品资金占用利息+营业员工资+商场场地租赁费+税金。

2. 营业地点选择

网上开店：一个合适的购物网站即可营业。传统商店：地点的选择与客流量、投入资金有紧密关系，营业面积、店面的大小与实际的销售额没有对应关系，面积增大需要大幅增加资金投入。

3. 营业范围

网上开店：全世界任何有网络的地方，没有地域限制。传统商店：就近的一些消费者，明显受地域限制。

4. 营业时间

网上开店：24 小时全天候接受订单。传统商店：正常的工作时间内。

二、网上开店的程序

（一）网上开店基本流程

1. 网上开店构想

开始并不在网上，而是在脑子里。需要想好自己要开一家什么样的店。在这点上，开网店与传统的店铺没有区别，寻找好的市场和项目。自己的商品有竞争力才是成功的基石。

2. 选择开店平台或者网站

需要选择一个提供个人店铺平台的网站，注册为用户，这一步很重要。大多数网站会要求用真实姓名和身份证等有效证件进行注册。在选择网站的时候，人气旺盛和是否收费以及收费情况等都是很重要的指标。现在很多平台提供免费开店服务，这一点可以省下不少费用。

3. 向网站申请开设店铺

要详细填写自己店铺所提供商品的分类，例如网店出售农产品，那么应该归类在“种植业农产品、养殖业水产品、畜牧业畜产品”中的“种植业农产品”一类，以便让目标用户可以准确地找到。然后需要为自己的店铺起个醒目的名字，网民在列表中点击哪个店铺，更多取决于名字是否吸引人。有的网店显示个人资料，应该真实填写，以增加信任度。

4. 进货

可以从熟悉的渠道和平台进货，控制成本和低价进货是关键。

5. 登录产品

需要把每件商品的名称、产地、所在地、性质、外观、数量、价格、交易方式、交易时限等信息填写在网站上，最好搭配商品的图片。

6. 营销推广

为了提升自己店铺的人气，在开店初期，应适当地进行营销推广，但只限于网络上是不够的，要网上网下多种渠道一起推广。例如，购买网站流量大的页面上的“热门商品推荐”的位置，将商品分类列表上的商品名称加粗、增加图片以吸引眼球。也可以利用不花钱的广告，比如与其他店铺和网站交换链接。

7. 售中服务

顾客在决定是否购买的时候，很可能需要很多网店没有提供的信息，他们随时会在网上提出，网店应及时并耐心地回复。但需要注意的是，很多网站为了防止卖家私下交易以逃避交易费用，会禁止买卖双方在网上提供任何个人的联系方式，例如信箱、电话等，否则将予以处罚。

8. 交易

成交后，网站会通知双方的联系方式，根据约定的方式进行交易，既可以选择见面交易，也可以通过汇款、邮寄的方式交易，不管哪种方式都应尽快，以免对方怀疑店家的信用。是否提供其他售后服务，也视双方的事先约定。

9. 评价或投诉

信用是网上交易中很重要的因素，为了共同建设信用环境，如果交易满意，最好给予对方好评，并且通过良好的服务获取对方的好评。如果交易失败，应给予差评，或者向网站投诉，以减少损失，并警示他人。如果对方投诉，应尽快处理，以免给自己的信用留下污点。

10. 售后服务

完善周到的售后服务是生意保持经久不衰的非常重要的筹码，与不同的客户保持联系，做好客户管理工作。

（二）网上商店必备内容

1. 必备内容

网店名称。它就像是注册商标，在网络上称为域名，整个网络世界它是唯一的。一个与农业企业公司名称相关的网络名称可以使顾客更容易记住农业企业的网店。

网店地点。也就是开设网店的网络服务器地址，高速的网络链接，就像是把商店开设在闹市黄金地段，可以使顾客快速容易地抵达，这对客户的影响是十分关键的。

网店装修。网站的设计对用户来讲自然非常重要，动人的网页就像一流装修的商场，不但吸引顾客，而且增加顾客的信心。

货物摆放。在网上商店中，其反映在如何建立商品的目录结构，提供何种网站导航和搜索功能，以使用户可以快速、便利地寻找到他需要的商品和相关信息。

购物车。方便灵巧的购物车可以使顾客感觉享受到良好的服务，增加顾客的信心。它是连接商品和付款台的关键环节。

货币结算。支付系统是网络交易的重要环节。在美国和欧洲，信用卡已经成为最普遍的电子交易方式。通过提供必要的个人信用卡资料，商店就可以通过银行计算机网络与顾客进行结算。这也是建立网络商店的必要条件。而且货币结算的安全可靠，不但关系到顾客的切身利益，同时直接关系到商业经营的安全可靠。

商品盘点更新。对网络商店的日常维护，例如去除销售完的商品、摆上新货等，是必须经常进行的工作。

库存商品管理。后勤保证是任何商务运作的基础。无论是网络商店还是真实商店，货物和货币都是一样真实的，对库存货物的存储和管理也是一样真实的。

商品最终送达用户。网上购物实际上是邮购。最后一个步骤自然是通过邮政或其他系统将货物快速可靠地送达最终用户手中。

售后服务。不言而喻，这同样是现代商品销售的重要环节。而网络技术可以为用户提供 24 小时不间断的服务，这也是网络商店的优势之一。通常网络商店还要提供 30 天的退、换货承诺。

2. 申请域名的原则

容易查找。内含网店名称、网站名称或农业企业商号的域名很容易被用户找到，甚至猜到。而且要是该店搬家或者地址改变了，只要把该域名链接过去就可以，避免老客户的流失。

容易记忆。一旦客户找到网站（网店），那么记住一个较短的域名比记住冗长的域名要容易得多。

独立性。可以把自己的独立域名转到任何一个商店，无论是淘宝店、拍拍店还是易趣店都可以。

可信度更高。相对使用免费域名的网店来说，用户似乎更倾向于相信那些拥有自己独立域名的网店！正规的商家必须要有他们自己独立的顶级的域名。

方便输入。较短的域名很容易输入到浏览器的地址栏中，也能方便地加到你的签名文件、名片及商业信件中。

所有权。一旦域名注册成功，只要以后按时交费，该域名就永远属于自己，不会被别人抢注。

成本低廉。注册一个 . com 的顶级域名在中国万网最多也是 100 元/年。

方便推广。一旦拥有自己的独立域名，还可以登录百度、谷歌、搜狗。这样访问者会更多，生意会更红火！还可以在 QQ 或者 MSN 签名上，写上独立域名，以方便好友查找访问。

（三）网上开店主要步骤

1. 收集信息

在开店之前首先要做的是准备工作，信息收集对于一个网商来说是十分重要的。而对于一个新手来说不知道要收集哪些信息才是有用的，只要是和网店有关的都是要了解的对象。包括淘宝的发布商品规则、支付宝使用规则、论坛规则、社区规则、促销活动规则等。

2. 寻找货源

在了解了所有有关网店的细则之后就是寻找货源。一个成功的网商必定有自己的长期供应商。而成功的关键因素就是要找一个好的货源，质量、款式、价格都必须有自己独特的优势所在。这样才会在众多的竞争中占有一席之地。新手开网店，没有基础、没有实力、没有经验等，需要慢慢摸索，当然任何事业都不是一帆风顺的，凡事都是在困难与挫折中成长的，问题与机遇并存。千万不可以在货源上掉以轻心，建议新手先尝试在阿里巴巴找货源，供货商不要找太多家。当然，农产品货源的寻找有其特殊要求，一定要寻找有信誉度的农业企业。

3. 商品发布

货物收到之后，就要准备把商品放到网上店铺中发布了，当然找寻到的这些货物是通过数码相机拍照后发上去的图片，并配以简短的文字说明。实物图片一定要经过处理才能发到网店店铺上，图片处理一般使用 Photoshop 处理器。

4. 图片上架

图片准备好之后就可以上架了。编辑商品的时候有些新手不知道有效期是有何作用的。有 7 天和 14 天两种选择模式，淘宝是把时间快要到期的宝贝放到最前页，选择 14 天的话，商品曝光次数是 14 天一次。而选择 7 天的话可以多曝光一次。这样浏览量和成交量的概率就多了 1 倍。因此，最好选择 7 天有效期的模式。

5. 物流选择

发货管理选择，一个好的物流公司也是关键，这样也会给卖家减少因为物流延期或破损而产生的纠纷。在发货时应该注意以下几点：一是出货之前一定要仔细地检查每一件商品，特别是带电池或电子类的是检查重点。二是如果有些商品图片和实物因为色差而出现不符的话应该在发货之前与买家说明。三是如果数量不足或稍带瑕疵的商品也尽量和买家说明，以免产生不必要的麻烦。

6. 宣传促销

许多新手都在开始的时候面临信用危机，所以一定要把握一切机会进行宣传、做广告，多逛社区、多写帖回帖、参加活动、加入旺铺、直通车、支付宝社区、支付宝活动、支付宝促销等。

7. 支付宝管理

支付宝管理就是等于资金管理。一般可使用 3 个账户，一个管理销售资金、一个管理进货资金、一个管理开支成本资金。这样做便于对自己的生意更好地去管理，特别是对销售情况的好坏做到一目了然。

8. 慎防网骗

防骗意识要时刻牢记。社会上形形色色的骗子无奇不有，行骗方式不断翻新，防不胜防。但只要记住一点：不要贪小便宜。不要以为天上真的会掉馅饼，俗话说世界上没有免费的午餐。切记！不管对方以什么样的借口，到最后都会要求把账号密码透露给他。只要是对方谈到了这一点，请一定要提高警觉。

9. 售后管理

不管每一笔订单利润是多少，始终要把服务做到让买家感觉满意为止，这一点是至关重要的。不管和买家发生什么不愉快的事情，都要认识到这一点，甚至可以用一句话来形容：卖产品，更是在卖服务。谁的服务到位，谁的成功概率就大。

10. 诚信管理

诚信是任何行业买卖存在的一大坚固基石，也是人们所有活动最重要的基础，网店更是如此。所以要必须创造一个以诚信为本的网上购物环境，面对每一个客户都必须真诚以待。

（四）网上开店注意事项

买家对产品感兴趣，然后和卖家进行咨询及交易。

买家在卖家的网店里将货物拍下，系统会自动发一个消息给卖家。

如果需要修改价格的，这时卖家先不要让买家付款给支付宝，而是卖家先去自己的交易管理处进行修改价格，改成与买家协商好的价格；然后通知买家，让其付款给支付宝；如果不需要修改价格的，可以直接让买家付款给支付宝。

买家付款给支付宝后，卖家就可以在“我的淘宝”页面看到淘宝的提示，说你有一项交易等待发货，这里你可以点击进去（可以在交易管理里进行），选择发货，把发货的详细情况如实地填写下来。

接下来就是等买家收货了，当买家收到货查验无误后，买家就可以去淘宝网上进行收货确认（注意：买家必须收到货后才能收货确认，没收到货之前一律不进行收货确认）。然后通知支付宝把款项付到卖家的支付宝账号，这时卖家才可以收到货款，完成此宗交易。

完成交易之后，不要忘了双方互评，只有双方互评后才可以给双方的信誉度加分。

三、网上开店的方法

（一）网上商店的建设

1. 怎么建立网上商店

现代电子商务技术已经集中于网络商店的建立和运作。网络商店和真实商店在部门结构和功能上没有区别，不同点在于其实现这些功能和结构的方法以及商务运作的方式。网络商店从前台看是一种特殊的 Web 服务器。现代 Web 网站的多媒体支持和良好的交互性功能成为建立这种虚拟商店的基础，使顾客可以像在真实的超级市场一样推着购物车挑选商品，并最后在付款台结账。这也就构成网上商店软件的三大支柱：商品目录、顾客购物车和付款台。好的商品目录可以使顾客通过最简单的方式找到其需要的商品，并可以通过文字说明、图像显示、客户评论等充分了解产品各种信息；商品购物车则衔接商店和个人，客户既可以把他喜欢的商品一个个放到购物车里，也可以从购物车中取出，直到最后付款；付款台是网络交易的最终环节，也是最关键的环节。顾客运用某种电子货币和商店进行交易必须对顾客和商店都是安全可靠的。

网络交易通常是一种“先交钱后拿货”的购物方式。对客户而言，其方便之处在于购得的商品会直接投递到自己家里，而难以放心的是在商品到达手中之前并不能确认到自己手中的究竟是什么。因此，网络商店的信誉和服务质量实际上是电子商务成功与否的关键。

2. 建立独立网店的条件和好处

（1）建立独立网店的条件。一是申请一个自己满意的域名作为网店的访问地址，国际域名申请费用一年也就几十元人民币，其实投资很小；二是需要有一个支持动态页面和数据库的虚拟主机，要一个虚拟主机就可以了，一般普通的网店访问量不是很大，不需要购置独立服务器，这样采购简单同时管理也方便，最主要的是还节约很多成本，一个满足要求的虚拟主机年费用基本在500元左右，投资也不大；三是选择一个合适的网店系统，目前比较流行的网店源代码主要有ASP平台——eashop通用网上商店系统和PHP平台——shopex、ecshop等网上商店系统。

（2）使用独立网店的好处。一是拥有自己的独立网店，可以拥有自己的独立域名、店标、品牌、页面外观、支付接口、购物车。这一切将能体现自己的形象和实力。不会让客户认为是个人或者是小店铺，增强客户的信任感。二是拥有自己的独立网店、数据库、订单资料、客户资料、商品资料都是独立的，不必放在他人平台上。三是拥有自己的独立网店，宣传的将是自己的域名。四是拥有自己的独立网店，则客户就是自己的。在平台上开店，客户是和竞争对手共享的。一不留神，辛辛苦苦发展的客户就成为竞争对手的了。五是企业更需要开设自己独立的网店。这一切将体现企业形象。

（二）网上商店的装修

1. 网店装修的概念

一般网站会提供几个整体店铺风格供你选择（比如淘宝在“我的淘宝”—“管理我的店铺”—“店铺风格”选择），不过要想让自己的店铺跟别人的不一样，可以在店铺里的店标、公告、分类、商品页面等放上自己设计或喜欢的图或文字，好比给店铺穿上漂亮的衣服。通常把这些图称为模板，但一般这些图片都要上传到网上空间或相册，得到图片网址，再加上特定的代码才能显示在店铺里。对于淘宝首页店铺的装修，有普通店铺和旺铺之分，普通店铺主要放在针对网店公告栏、店铺介绍和分类栏进行装修，旺铺有店招、促销、分类、描述。

2. 网店装修的作用

网店商品非常重要，但是绝对不能够忽视网店装修。网店的页面就像是附着了店主灵魂的销售员，网店的美化如同实体店的装修一样，让买家从视觉上和心理上感觉到店主对店铺的用心，并且能够最大限度地提升店铺的形象，有利于网店品牌的形成，提高浏览量。

增加顾客在网店的停留时间，漂亮恰当的网店装修，给顾客带来美感，顾客浏览网页时不易疲劳，自然会细心察看网页。好的商品在诱人的装饰品的衬托下，会使人更加不愿意拒绝，有利于促进成交。

3. 网店装修应注意的问题

一是店标、公告、分类等都有一定的尺寸（像素）和格式（如gif）要求，再加上特定的代码（每个位置的代码都不同），才能放到店铺里。二是音乐。网店里该不该放音乐已经是个讨论已久的问题了，如果要放，有几点必须要注意：声音不能太大；音乐类型要根据店里所出售的东西来确定；尽量轻柔的音乐比较好，除非卖的是很劲爆的物品。三是分类。据说用字体的话可以增加搜索量，当然用字体还是模板要看个人偏好。四是漂亮恰当的网店装修有利于提升店铺的形象，但过于复杂繁乱就可能喧宾夺主了。

（三）网上开店的方式

在专业的大型网站上注册会员，开设个人的网店。像易趣、淘宝、易购、一拍等许多大型专业网站都向个人提供网上开店服务，只要支付少量的相关费用（网店租金、商品登录费、网上广告费、商品交易费等），就可以拥有个人的网店，进行网上销售。

这种方式的网上开店相当于网下去一些大的商场里租用一个店铺或柜台，借助大商场的影响与人气做生意，目前所看到的网上开店基本都是采用这种方式。

自立门户型的网上开店。经营者自己亲自动手或者委托他人进行网店的设计，网店的经营与大型的购物类网站没有关系，完全依靠经营者个人的宣传吸引浏览者。自立门户型的网店的建设方式有两种：一是完全根据商品销售的需要进行个性化设计，需要进行注册域名、租用空间、网页设计、程序开发等一系列工作，个性化较好，费用较高；二是向一些网络公司购买自助式网站模块，操作简单，费用较低，但是缺乏个性化。

自立门户型的网店建设费用较高，同时还需要投入足够的时间与金钱进行网站宣传，优点是网店内容不需要像第一种类型的那样受到固定格式的限制，也不必交纳诸如商品交易费之类的费用。这一类网店相当于路边的小店，如何吸引浏览者进入自己的网店，完全依靠经营者自己的推广。

前两种方式的结合，既在大型网站上开设网店，又有独立的商品销售网站。这种方式将前两者的优点集合，不足之处是投入会相对较高。

许多网下的商店经营者认识到网络的作用，开始通过网上销售商品，而一些网上开店取得不错收益的经营者也会考虑在网下开一个实体店，两者相结合，销售效果相当不错。

四、网上开店的技巧

（一）个人网店的经营

1. 进货渠道

如何找到一个好的进货渠道是非常重要的，否则就失去了价格竞争的优势。网上商店是最容易“对比”的，大多数购买者要在网上做一番价格比较才能决定是否购买的。当然不是要求价格最低，最低的价格不见得就是购买率最高的商品，价格太低或最低，购买者反而认为商品质量可能有问题。做好进货渠道：一是就近寻找供应商，节省运输成本；二是寻找竞争力高的商品，太普通和太泛滥的商品没有吸引点。阿里巴巴、慧聪、万国都是不错的 B2B 网站，可以从中检索到大量的供应商的信息，此外网络商机站专门收集各类信息，国内中文 B2B 网站收集文档在网络商机站论坛有免费下载的。其实这里面还有个问题：阿里巴巴、慧聪等知名的 B2B 网站谁都会去那里寻找供应商，如果能掌握更多的查找供应商的渠道，那么无疑就能从同类商品中脱颖而出。

2. 网店信用

网店的信用值在淘宝、易趣是相当重要的。顾客在购买商品的时候，这个信誉值绝对是一个重要的参考依据。但是这个不是短时间内能做到的，需要一个长期的努力过程。

3. 网店广告

不能总是等人上门，守株待兔是不行的。在开网店初期可以不用去购买付费的广告。一是论坛广告。在和网店销售商品相关的论坛好好泡着，认认真真为网友解决问题，不时为大家推荐商品。这个办法是最好的广告，但是切忌在论坛直接发 AD 帖子。只有认真为网民解决问题才能得到大家的认可和信任。二是文章广告。商品使用心得、商品比较之类的文章多写，写自己的使用心得和大家分享，文章内不失时机地为自己的商品说说好话，一定能为网店带来销量的。三是个人博客。给网店建个博客，把自己的文章、商品信息归类、建档。虽然这个效果不如前两个有效，但是也有不少收获。

4. 独立网店

当网店做出业绩后，自己可以开一个独立的网店，目前开源的网商商店源代码可以免费下载使用，也不需要付费。虚拟主机的价格也很便宜。建设一个独立的网店成本已经很低了。独立网店的好处有：一是可以更好地推广自己的网店品牌，推广起来更加有效。二是可以添加商品的数量、商品展示方式、网页美观程度，网店的所有特点都可以按照自己的意愿来做。三是用搜索引擎就可以直接搜索网站，毫无疑问，搜索引擎就能带来更多的客人。

5. 信息收集

网店、实体店都一样，网络信息收集对于商人来说都非常的重要，需要时刻掌握同类商品的信息，新出的商品有哪些，这些商品有什么特点、优势、劣势等。竞争对手都在做什么？行业信息、政策都应该关心一下，网络信息收集是需要一定技巧和经验的。

（二）网店的宣传推广

1. 网店推广最常见的途径

一是论坛发精华帖。这可以为网店带来很大的流量。二是与同类网店做友情链接。三是印制名片在现实中传播。四是运用搜索引擎优化来提升排名。五是经常更新网店。

2. 网店产品广告策略

对于高相关性产品，网店应偏重于咨询性信息的提供，其广告的教育成分可提高；对于低相关性产品，消费者购买时风险感较低，商店可大大提高广告的娱乐性，以增加吸引力。融入网络游戏中的游戏广告与娱乐相联系、受众集中、性价比优良，能让消费者在愉快的体验中主动接受品牌，产生购买欲望。通过网络邮箱做广告，也是一种最新动态，因为邮箱广告具有作用时间长、非强迫性特点。

3. 对网上开店销售的商品进行市场调查

一是可以把自己的想法或者样品拿出来，听听亲戚或者周围朋友的意见，因为很多人可能就是潜在客户，也可以请教一些行业人士与专家，听听他们的意见。在调查过程中不要有这样的想法，认为有些人不会上网，那他就不是我的客户，我就不用调查他，这个想法是错误的，因为网上开店只是一种营销的渠道，并不是说没有人要的产品，放在网上就有人要，只有网下有人要的产品，放在网上，性价比好才会卖得出去。二是可以上网看看别人的网店里有没有这样的产品出售，如果有，那就说明这样的产品有市场，但这样的市场是不是自己的市场，这个时候就要看自己的产品有没有竞争优势，如果是同一品牌就主要看价格有没有优势，如果是不同的品牌，这个时候要看自己的品牌的影响力和产品的性价比。如果没有，这个时候就要做线下的调查，如果能形成一定的购买市场，那就是在网上开店具备了人无我有的好东西，这就形成了差异化的竞争，进而形成了核心竞争力。可能价格高一点，也会有人争相购买。

（三）网店商品的挑选

1. 网店商品的名称和定价

网店商品名称应尽量全面，突出优点，因为当别人搜索该类商品时，只有名称会显示在列表上。为了增加吸引力，图片的质量应尽量好一些，说明也应尽量详细，如果需要邮寄，最好声明谁负责邮费。网店商品定价讲究策略。通常网站会提供起始价、底价、一口价等项目由卖家设置。假设卖家要出售一件进价 8 元/千克的农产品，打算卖到 13 元/千克。如果是个传统的店主，只要先标出 13 元/千克的价格，如果卖不动，再一点点降低价格。但是网上竞价不同，卖家先要设置一个起始价，买家由此向上出价。起始价越低越能引起买家的兴趣，有的卖家设置 1 元起拍，就是吸引注意力的好办法。但是起始价太低会有最后成交价太低的风险，所以卖家最好同时设置底价，例如定 9.5 元/千克为底价，以保证商品不会低于成本被买走。起始价太低的另一个缺点是可能暗示店家愿意以很低的价格出售该商品，从而使竞拍在很低的价位上徘徊。如果卖家觉得等待竞拍完毕时间太长，可以设置一口价，一旦有买家愿意出这个价格，商品立刻成交，缺点是如果几个买家都有兴趣，也不可能抬高价钱。卖家应根据自己的具体情况利用这些设置。

目前我国网络消费者收入不太高，在未完全排除网上购物的不安全因素之前，商品价位以中低为主。对于网络消费者中的部分高收入者，他们对价格的敏感度较低，而对购物的便利和商品的独特性要求却很高，可以采用高价策略。

2. 适合网上开店销售的商品一般具备以下特点

一是体积较小。主要是方便运输，降低运输的成本。二是附加值较高。价值低过运费的单件商品是不适合网上销售的。三是具备独特性或时尚性。网店销售不错的商品往往都是独具特色或者十分时尚的。四是价格较合理。如果网下可以用相同的价格买到，就不会有人在网上购买。五是通过网站了解就可以激起浏览者的购买欲。如果这件商品必须要亲自见到才可以达到购买所需要的信任，那么就不适合在网上开店销售。六是网下没有，只有网上才能买到，比如外贸订单产品或者直接从国外带回来的产品，还有稀少的特仓农产品。

3. 网上开店不能销售的产品

一是法律法规禁止或限制销售的商品，如武器弹药、管制刀具、文物、淫秽品、毒品。二是假冒伪劣商品。三是其他不适合网上销售的商品，如医疗器械、药品、股票、债券和抵押品、偷盗品、走私品或者以其他非法来源获得的商品。四是用户不具有所有权或支配权的商品。就农业而言，农业生产的投入品有明确规定，因此禁止在网上销售国家禁止的农业投入品，如高毒高残留农药等。

4. 精心寻找网店货源

一是批发市场进货。这是最常见的进货渠道，如果网店是经营农产品，那么可以去周围一些大型的农产品批发市场进货，在批发市场进货需要有强大的议价能力，力争将批发价压到最低，同时要与批发商建立好关系，在关于调换货的问题上要与批发商说清楚，以免日后引起纠纷。二是生产企业货源。正规的生产企业货源充足，态度较好，如果长期合作的话，一般都能争取到滞销换款。但是一般而言，生产企业的起批量较高，不适合小批发客户。如果有足够的资金储备，并且不会有压货的风险或不怕压货，那就去找生产企业进货。三是大批发商。一般用百度、谷歌就能找到很多。他们一般直接由生产企业供货，货源较稳定。不足的是因为他们已经做大了，订单较多，服务难免有时跟不上。而且他们一般都有固定的回头客，不怕没有批发商，很难和他们谈条件，除非订的次数多了，成为他们的大客户，才可能有特别的折扣或优惠。而最糟糕的是，他们的发货速度和换货态度往往不尽如人意。订单多、发货慢可以理解，只要提前一点订货就可以解决，真正的问题在于换货。收到的东西有时难免有些瑕疵，尤其是饰品。所以事先要做好充分的沟通与协商。四是刚刚起步的批发商。这类批发商由于刚起步，没有固定的批发客户，没有知名度。为了争取客户，他们的起批量较小，价格一般不会高于大批发商，甚至有些商品还会低于大批发商。可以按照自己进货的经验和他们谈条件，比如价格和换货等问题。他们不同意条件也没关系，但说不定就同意了，或者可以达成一个中间协议。而且为了争取回头客，他们的售后服务一般比较好。不足的是因为是新的批发商，大家要好好了解他们的诚信度。可以到留言板去看别人对他们的评价，也可以让他们自己出具资信证明。五是关注外贸产品或 OEM 产品。目前许多工厂在外贸订单之外的剩余产品或者为一些知名品牌的贴牌生产之外会有一些剩余产品处理，价格通常十分低廉，通常为正常价格的 2~4 折，这是一个不错的进货渠道。六是买入库存积压或清仓处理产品。因为急于处理，这类商品的价格通常是极低的，如果有足够的砍价能力，可以用一个极低的价格吃下，然而转到网上销售，利用网上销售的优势，利用地域或时空差价获得足够的利润。所以，要经常去市场上转转，密切关注市场变化。七是寻找特别的进货渠道。比如，如果在中国香港或国外有亲戚或朋友，可以由他们帮忙，进到一些国内市场上看不到的商品，或者一些价格较低商品。如果在深圳、珠海，甚至可以办一张通行证，自己去中国香港、中国澳门进货。

在以上进货渠道中，对于小本经营的卖家而言，后三者更适合一些，但是要找到这样的进货渠道难度大一些，需要卖家们多用时间，细心留意。网上开店，进货是一个很重要的环节，不管是通过何种渠道寻找货源，低廉的价格是关键因素，找到了物美价廉的货源，网上商店就有了成功的基石。

（四）网店的网站选择

1. 在大型网站上选择平台开网店

（1）专业的 C2C 拍卖类网站。

（2）可以注册个人卖家会员的综合型购物网站。

（3）可以注册个人卖家会员的单项购物网站。

2. 开办个性化网上商店

建设独立的网上商店是指经营者根据自己的经营商品情况，自行或委托他人设计一个网站，独立的网上商店通常都有一个顶级域名做网址，不挂靠在大型购物网站上，完全依靠经营者通过网上或者网下的宣传，吸引浏览者进入自己的网站，完成最终的销售。主要包括个性化的网上商店与自助式的网上商店两种类型。

完全个性化的网上商店开办，实际就是设计了一个新网站，通常包括 5 个方面：域名注册、空间租用、网页设计、程序开发、网站推广等。因为是完全独立开发，个性化的网店的风格、内容完全可以根据经营者的思路来进行设计，而不必像大型网站里提供的网店需要受限于具体的模块，而且网店商品的上传与经营完全由经营者自己安排，除了支付网站设计与推广费用外，不需要支付网上交易费、商品登录费等费用。当然，个性化的网店只有通过其他各种的网站推广方式，才可以得到浏览者的关注，实现最终的商品交易，个性化网店由于需要独立证明卖家自己的信用，往往无法立即取得浏览者的信任。

3. 开办自助式网上商店

自助式网上商店主要是采用自助式网站模块建立自己的网店，同样也是一种独立的网上商店，只是比较个性化网店而言，网店内容模块化，网店的内容只能在既定的模式内选取，通常价格较低，网站的应用功能不错，但是这种网店的风格则无法达到个性化的网店的标准。自助化网店操作简单，具体的应用则与个性化网店一样。目前有诸多网络类公司提供自助式网站服务，价格通常在几百元至1000元之间。

4. 在淘宝网上开店

（1）开店预备工作，走出成功第一步。账户注册：一是填写信息。登录：如www. taobao. com页面，点击上方“免费注册”进入淘宝I免费注册页面，填写有关注册信息后提交注册。二是收电子邮件。注册提交后将有以下提示：“感谢您注册淘宝！现在请按以下步骤激活您的账号！”只需要进入刚才提交的那个邮箱里面，打开淘宝网发的名为“亲爱的××，完成最后一步，您的注册就成功了！”的确认信件，点击“确认”即可成功注册并使用你的账户了。注意：淘宝规定注册使用淘宝的用户须年满18岁，且免费注册中你所提供的邮箱将成为你的支付宝账号。在拥有自己的淘宝账号和支付宝账号以后，要想开家店铺卖东西就必须先进行支付宝认证。选择支付宝个人实名认证，支付宝个人认证需要3个步骤：一是提交个人信息；二是身份证件核实；三是银行账户核实。

（2）免费开店准备，走出成功第二步。完成了以上申请与验证工作，现在只要上传10件物品就可以免费开店了！淘宝网上传物品：进入www. taobao. com页面，ID登录后，点击页面上面“我要卖”→“一口价”便可以上传了，当点击“一口价”后，看到的是一个要选择分类目录的操作页面，比如上传“中国莲藕”这件物品，只需在搜索中输入关键词“莲藕”便可看到所有与莲藕有关的分类，选择最合适的一类，点击下面的“确认”即可进入物品上传详细情况输入页面，具体情况可以根据你自己的物品详细信息进行商品登录。

所登录物品的宝贝标题、上传图片、宝贝描述、数量、一口价以及物品所在地都根据实际情况填写，可以加上自己的艺术成分，“开始时间”建议选择“立刻”，“有效期”建议选择“7天”，物品“新旧程度”：新的物品，选择为“全新”，半旧的物品选“二手”，初学者“运费”建议选择为“买家承担运费”，具体邮费可以根据物品的实际重量以及收货人的平均远近来确定。具体邮费可以参考选择的物流公司的网站提供的有关邮费的详细资料。其他内容可以为系统默认的选项。所有内容都完成以后，点击下面“上传物品”，等待系统提示“上传宝贝成功”便完成了一件物品的上传。可以在“我的淘宝”→“出售中的宝贝”里面查看刚上传的物品。如有修改，可以点击物品后面“记事本”图标的按钮即可进入修改。按照上面的方法，成功上传10件物品后，点击“我的淘宝”→左边的“免费开店”即创建自己的店铺了。

（3）构建店铺框架，走出成功第三步。当点击“免费开店”后，会进入“我的店铺管理”的“基本设置”页面（也可以在点击“免费开店”后通过点击“我的淘宝”→“管理我的店铺”→“基本设置”进入），可以给店铺想一个个性、新奇或者让别人一看就知道你卖什么的店铺名！在“店铺类别”里面选择想要卖物品类型的大分类，在“主营项目”里面填具体的小类型，同时也可以在“店铺介绍”里面大致介绍一下小店，让买家看到后对店铺感兴趣，可以增加买卖的成交率！另外可以给自己的店铺上传一个“店标”。店标图片是店铺的标识，一个好的店标图片可以提高店铺的浏览率。目前店标图片支持 gif 和 ipg 格式，大小限制在 80k 以内，尺寸为：100×100px。可以在网上搜索下这个大小的个性图片，会使用 photoshop 的朋友也可以根据自己的要求做。图片准备好后，点击浏览，把图片传上去即可。最后可以把自己的“公告”写上内容，这些内容在修改后将在店铺的公告栏内滚动，这样买家进入店铺就可以看见发布的店铺信息，比如最新进了哪些新东西，有什么优惠，以及写上联系方式，买家在想要买物品时和网店联系等。一个个性化的店铺公告，能吸引买家的注意力，达到更好的促销效果。

所有步骤都完成后，点击“确定”即可以完成店铺框架的构建，以上所填写内容都可以通过“我的淘宝”→“管理我的店铺”→“基本设置”进入进行修改。

（4）为小店铺货，走出成功第四步。店铺框架都弄好后，要想卖东西就必须把物品上到自己的店里，让别人感觉店铺做得比较大，做得比较专业，可以参考“（2）免费开店准备，走出成功第二步”的上传物品方法，上传要卖的物品。具体物品图片的拍摄及其经营技巧，新的卖家可以参照淘宝大学里面的经验，互相学习，慢慢成长！

5. 淘宝开店的经验

（1）加入消费者保证服务、开通旺铺、学会使用直通车。如果想做好，这三条缺一不可。实践证明，这是效果最明显的快速提升店铺浏览量和成交量的方法！

（2）巧用 QQ、MSN 等即时通信。把自己的店铺地址挂在 QQ、MSN 等即时通讯签名上。关注自己的朋友，自然会光顾自己的店铺。向自己熟悉的朋友推荐自己的产品，最容易取得信任。

（3）善用 QQ 群。不断加入一些 QQ 群，首先在群里赚得人气，在赢得信任的同时，再宣传自己的网店，将是不错的决策。

（4）稳住 BBS。泡论坛虽然比较费时间，但也最容易吸引顾客。让店铺浏览量天天翻倍超实用。

（5）会用电子邮箱。利用邮箱，向自己朋友推荐店铺，不管有没有需求，朋友肯定对它感兴趣。

（6）别忘记同学录。在同学录里，可以写下开网店的酸甜苦辣，与老同学分享，效果不错。

（7）主动做友情链接。寻找不同产品且人气旺的店铺主动做友情链接，将得到意外的收获。

（8）别错过博客。在博客主页挂店铺的广告，凡是浏览自己博客的朋友，都将看到这条信息。博客营销将是互联网发展的趋势，好好把握机会。

（9）在阿里妈妈里买些广告位，把网店上流量最大的商品放到广告位上，会收到非常好的宣传效果。

（10）找到自己商品的优势，加大力度推荐。

第三节　农村电子商务网上支付

一、电子支付

（一）电子支付的特性及方式

所谓电子支付，又称“网上支付”，是指以电子计算机及其网络为手段，将负载有特定信息的电子数据取代传统的支付工具用于资金流程，并具有实时支付效力的一种支付方式。

1. 电子支付的特性

一是电子支付是一种合同履行方式。二是电子支付是金融服务的一种新形式。三是电子支付具有技术性。

2. 电子支付的方式

一是电子资金划拨。二是电子支票。三是信用卡系统。四是电子现金或数字货币。

（二）网上银行的概念及风险

网上银行，又称为在线银行、虚拟银行或网络银行等，是银行借助客户的个人电脑、通信终端（包括移动电话、掌上电脑等）或其他智能设备，通过互联网或其他公用信息网，向客户提供银行业务和有关金融服务的一种银行业务模式。

网上银行的风险控制：一是技术和管理控制。二是法律控制。

（三）电子货币的定义及特征

电子货币的使用者以一定的现金或存款从发行者处兑换并获得代表相同金额的数据，并以可读写的电子信息方式储存起来，当使用者需要清偿债务时，可以通过某些电子化媒介或方法将该电子数据直接转移给支付对象，此种电子数据可称为电子货币。

电子货币具有以下特征：一是数字化形态；二是电子化手段；三是主体广泛性。

（四）电子现金方式交易流程

电子现金是一种虚拟的网络货币，在网络交易中充当现实交易中货币的角色。采用电子现金交易的流程与现实世界中采用货币交易极其相似，具体流程如下：客户从客户银行转账到电子银行客户—电子银行给客户发放电子现金—客户将电子现金存放在计算机或者智能卡中—客户挑选货物并将电子现金发送给商家—商家向客户提供货物—商家将电子现金发送给电子银行—电子银行向商家开户行入账。

二、移动支付

（一）移动支付的概述

移动支付，也称为手机支付，就是允许用户使用其移动终端（通常是手机）对所消费的商品或服务进行账务支付的一种服务方式。整个移动支付价值链包括移动运营商、支付服务商（如银行、银联等）、应用提供商（如公交、校园、公共事业等）、设备提供商（如终端厂商、卡供应商、芯片提供商等）、系统集成商、商家和终端用户。

（二）移动手机的业务

移动支付业务是由移动运营商、移动应用服务提供商（MASP）和金融机构共同推出的、构建在移动运营支撑系统上的一个移动数据增值业务应用。移动支付系统将为每个移动用户建立一个与其手机号码关联的支付账户，其功能相当于电子钱包，为移动用户提供了一个通过手机进行交易支付和身份认证的途径。用户通过拨打电话、发送短信或者使用WAP功能接入移动支付系统，移动支付系统将此次交易的要求传送给MASP，由MASP确定此次交易的金额，并通过移动支付系统通知用户，在用户确认后，付费方式可通过多种途径实现，如直接转入银行、用户电话账单或者实时在专用预付账户上借记，这些都将由移动支付系统（或与用户和MASP开户银行的主机系统协作）来完成。

（三）移动手机的支付

目前，支付宝、财付通、易宝、环迅等第三方支付平台也都瞄准手机支付领域，准备分享这块新蛋糕。但是传统支付行业的第三方支付公司只能成为为终端用户提供服务的服务行业，而主导权的重新分配必然会导致传统支付市场的格局发生变化，使利益分配也逐渐偏向移动运营商。移动手机用户现已经突破8亿，移动手机支付将最终超过传统支付市场。移动手机支付是个朝阳产业，在这种形势下，移动更是应时应景推出更多优惠政策和活动，加快力度推广这种新兴支付方式。

手机实名利于移动支付安全。显然，国内移动支付市场已逐渐形成。然而，进行商务活动，一个重要前提是构成立约、交易双方的身份都是真实的。而目前在国内手机用户中，存在2亿非实名制预付费手机的无实名保障用户，这将成为移动电子商务大规模开展过程中需要解决的问题。据了解，实行手机实名制，不仅手机网络、垃圾短信等很多问题能从源头上得以解决，也使用户身份信息的真实性问题得到了解决，使手机以及对应的号码有可能成为商务交易和其他移动增值业务的立约依据。

三、第三方支付

随着网络金融业的发展，网上银行的施行和发展，第三方支付作为一种新的支付形式产生并发展起来。第三方支付作为一种新的支付平台，它有着独特的形式和效用：一方面，第三方支付平台的形成和发展将有力地促进网络和网上银行的发展，从而更加方便电子商务中的网上支付。另一方面，第三方支付的发展将使网上购物程序简便有效，提高网上支付的效率，同时也会带动物流中快递业务的发展。

（一）第三方支付模式概述

所谓第三方支付，就是一些和产品所在国家以及国外各大银行签约并具备一定实力和信誉保障的第三方独立机构提供的交易支持平台。在通过第三方支付平台的交易中，买方选购商品后，使用第三方平台提供的账户进行货款支付，由第三方通知卖家货款到达、进行发货；买方检验物品后，就可以通知付款给卖家，第三方再将款项转至卖家账户。

购买者并非使用者，使用者并非最大的受益者，真正的受益者并非决策者，这就是第三方买单的逻辑。你消费，不用自己买单，产品或服务的提供商根本不收你的钱，而且你消费得越多，厂商越高兴。这种消费模式之所以能够一直存在，是因为有第三方在替你买单，替产品或服务的提供商支付费用。这种经济模式又被称为“第三方（者）买单”。

除了网上银行、电子信用卡等手段之外，还有一种方式也可以相对降低网络支付的风险，那就是正在迅猛发展起来的利用第三方机构的支付模式及其支付流程，而这个第三方机构必须具有一定的诚信度。在实际的操作过程中，这个第三方机构可以是发行信用卡的银行本身。在进行网络支付时，信用卡号以及密码的披露只在持卡人和银行之间转移，降低了应通过商家转移而导致的风险。同样，当第三方是除了银行以外的具有良好信誉和技术支持能力的某个机构时，支付也通过第三方在持卡人或者客户和银行之间进行。持卡人首先和第三方以替代银行账号的某种电子数据的形式（例如邮件）传递账户信息，避免了持卡人将银行信息直接透露给商家，另外也可以不必登录不同的网上银行界面，而取而代之的是每次登录时，都能看到相对熟悉和简单的第三方机构的界面。第三方机构与各个主要银行之间又签订有关协议，使第三方机构与银行可以进行某种形式的数据交换和相关信息确认。这样第三方机构就能实现在持卡人或消费者与各个银行以及最终的收款人或者商家之间建立一个支付的流程。

在第三方支付交易流程中，支付模式使商家看不到客户的信用卡信息，同时又避免了信用卡信息在网络上多次公开传输而导致信用卡信息被窃。

一类是以支付宝、财付通、盛付通为首的互联网型支付企业，它们以在线支付为主，捆绑大型电子商务网站，迅速做大做强。另一类是以银联电子支付、快钱、汇付天下为首的金融型支付企业，侧重行业需求和开拓行业应用。

（二）第三方支付交易流程

第三方支付模式使商家看不到客户的信用卡信息，同时又避免了信用卡信息在网络多次公开传输而导致的信用卡信息被窃事件，以 B2C 交易为例的第三方支付模式的交易流程如下。

客户在电子商务网站上选购商品，最后决定购买，买卖双方在网上达成交易意向。

客户选择利用第三方作为交易中介，客户用信用卡将货款划到第三方账户。

第三方支付平台将客户已经付款的消息通知商家，并要求商家在规定时间内发货。

商家收到通知后按照订单发货。

客户收到货物并验证后通知第三方。

第三方将其账户上的货款划入商家账户中，交易完成。

（三）第三方支付的主要特点

第三方支付平台提供一系列的应用接口程序，将多种银行卡支付方式整合到一个界面上，负责交易结算中与银行的对接，使网上购物更加快捷、便利。消费者和商家不需要在不同的银行开设不同的账户，可以帮助消费者降低网上购物的成本，帮助商家降低运营成本；同时，还可以帮助银行节省网关开发费用，并为银行带来一定的潜在利润。

较之 SSL、SET 等支付协议，利用第三方支付平台进行支付操作更加简单而易于接受。SSL 是现在应用比较广泛的安全协议，在 SSL 中只需要验证商家的身份。SET 协议是目前发展的基于信用卡支付系统的比较成熟的技术。但在 SET 中，各方的身份都需要通过 CA 进行认证，程序复杂、手续繁多、速度慢且实现成本高。有了第三方支付平台，商家和客户之间的交涉由第三方来完成，使网上交易变得更加简单。

第三方支付平台本身依附于大型的门户网站，且以与其合作的银行的信用作为信用依托，因此第三方支付平台能够较好地突破网上交易中的信用问题，有利于推动电子商务的快速发展。

（四）第三方支付盈利方式

通过不断培养 C2C 市场，把淘宝做得足够大的时候再开始收取费用，现在淘宝不收费，一方面是考虑到现在 C2C 市场还没有完全成熟，另一方面还没有想好怎么收费。从商业角度来看，支付宝的盈利模式存在很多形式，它所背靠的强大平台和强大的合作伙伴都可能是未来的盈利来源。同时，若支付宝收费的话，还会产生费用。支付宝将作为网上交易的一种解决方案一体地卖给其他网店，而不是像现在国内的其他支付平台一样，根据交易的总额来抽取一定的费用。

来自物流，由于现在国内的很多物流体系还不完善，所以由物流公司来支付费用的方式还不能实现。另外，据说支付宝的盈利来自它的常驻资金的利息和投资的回报。但是，支付宝是作为第三方支付平台，受银监会的监管，这些资金以存款的形式保存，银行按协议支付它利息。1 亿元的资金 1 年的利息是 150 万元左右。所以，它的盈利点在于交易的手续费和常驻资金的利息。至于投资回报，因为有银行监管，所以也是不成立的。

第四节　农村电子商务网络安全

一、电子商务安全现状

电子商务系统将传统的商务过程转移到互联网平台上来，它是参与电子商务活动的各方，包括生产企业或商家、消费者、银行或金融机构、政府等，利用计算机网络平台来实现商务活动的信息系统。其目标是利用计算机网络技术实现在线交易的全过程。一个完善的电子商务系统应当包括哪些部分，目前还没有权威的论述。从企业电子商务实践来看，企业电子商务系统的体系结构一般为 4 层平台结构，它们分别是：网络基础平台、应用开发支持平台、商务服务支持平台和电子商务应用平台。

（一）电子商务系统安全要求

总的来讲，电子商务系统的安全要求主要体现在以下三个方面：计算机安全、网络安全和商务安全。从本质上来讲，计算机安全、网络安全就是计算机网络系统中的硬件、软件、数据受到保护，不会因为偶然或恶意的原因而遭到破坏、更改、泄露，系统能够连续正常工作，其特征是针对计算机网络本身可能存在的安全问题，实施网络安全增强方案，以保证计算机网络自身的安全性目标，它是电子商务系统安全的前提和基础。电子商务安全紧紧围绕传统商务活动在互联网上应用时产生的各种安全问题，商务安全是电子商务交易过程中最核心和最关键的问题。

（二）计算机及网络安全问题

1. 不可抗拒的灾害

当环境的温度、湿度发生变化时，计算机受到强烈的震动和冲击时，计算机就会受到损害，不可避免地造成信息数据的丢失。此外，计算机硬件如磁盘、内存、网卡、电源、主板等；网络设备如路由器、交换机、传输设备等发生故障时，都可能造成信息丢失，甚至导致整个系统的瘫痪。

软件漏洞和后门。无论是编程设计人员有意留出的恶意漏洞（为了调试程序或某种目的而精心设置的程序入口，一般不为外人所知，但一旦开了“后门”，就可成为非法用户越过系统正常的安全检查，以非授权方式访问系统的秘密通道），还是编程设计人员无意出现的漏洞，都对信息安全构成很大的威胁。黑客可以利用这些漏洞对消息进行监听、窃取和获得信息，也可以通过漏洞对系统进行破坏。如今流行的操作系统就存在大量的漏洞与缺陷，并且新的漏洞与利用各种漏洞的蠕虫变种层出不穷，网络的迅速发展也给这类威胁提供了高速繁殖的媒介。

计算机病毒。编制或者在计算机程序中插入的破坏计算机功能或者破坏数据，影响计算机使用并且能够自我复制的一组计算机指令或者程序代码。病毒的传播通常有两种途径：一是用户从公共计算机下载带有病毒的程序，二是交换已感染的磁盘，目前使用优盘感染病毒最为常见。

网络安全问题。随着互联网技术的发展，网络安全成了新的安全研究热点。网络安全就是如何保证网络上存储和传输的信息的安全性。网络安全问题是计算机系统本身存在的漏洞和其他人为因素构成了计算机网络的潜在威胁，概括来说，网络安全的内容包括计算机网络设备安全、计算机网络系统安全、数据库安全等。

2. 电子商务交易安全问题

在计算机网络安全的基础上，如何保障电子商务过程的顺利进行。即实现电子商务的保密性、完整性、可鉴别性、不可伪造性和不可抵赖性。网上交易日益成为新的商务模式，基于网络资源的电子商务交易已为大众接受，人们在享受网上交易带来的便捷的同时，交易的安全性备受关注，网络所固有的开放性与资源共享性导致网上交易的安全性受到严重威胁。因此，在电子商务交易过程中，保证交易数据的安全是电子商务系统的关键。

（三）电子商务安全有待解决

严格地说，在电子商务过程中有很多待解决的问题。一是没有一种电子商务安全的完整解决方案和完整模型与体系结构。二是尽管一些系统正在逐渐成为标准，但仅有很少几个标准的应用程序接口。从协议间的通用 API 和网关是绝对需要的。三是大多数电子商务系统都是封闭式的，即它们使用独有的技术，仅支持一些特定的协议和机制。通常需要一个中央服务器作为所有参与者的可信第三方，有时还要求使用特定的服务器和浏览器。四是尽管大多数方案都使用了公钥密码，但多方安全受到的关注远远不够。没有建立一种解决争议的决策程序。五是客户的匿名性和隐私尚未得到充分的考虑。

二、计算机网络安全

（一）计算机网络的安全威胁

互联网为人类交换信息，促进科学、技术、文化、教育、生产的发展，提高现代人的生活质量提供了极大的便利，但同时对国家、单位和个人的信息安全带来极大的威胁。由于网络的全球性、开放性、无缝连接性、共享性、动态性发展，使任何人都可以自由地接入互联网：其中有善者，也有恶者。恶者会采用各种攻击手段进行破坏活动。他们对网络系统的主要威胁有：一是系统穿透。未经授权而不能接入系统的人通过一定手段对认证性进行攻击，假冒合法人接入系统，实现对文件进行篡改和窃取机密信息、非法使用资源等。一般采取伪装或利用系统的薄弱环节、收集情报等方式实现。二是违反授权原则。一个授权进入系统做某件事的合法用户，他在系统中做未经授权的其他事情，威胁系统的安全。三是植入。一般在系统穿透或违反授权攻击成功之后，入侵者为了为以后的攻击提供方便，常常在系统中植入一种能力，如向系统中注入病毒、后门、特洛伊木马等来破坏系统工作。四是通信监视。这是在通信过程中从信道进行搭线窃听的方式。软硬件皆可以实现，硬件通过无线电和电磁泄露等来截获信息，软件则是利用信息在网络上传输的特点对流过本机的信息流进行截获和分析。五是信号串扰。攻击者对通信数据或通信过程进行干预，对完整性进行攻击，篡改系统中数据的内容，修正消息次序、时间，注入伪造消息。六是中断。对可用性进行攻击，破坏系统中的硬件、硬盘、线路、文件系统等，使系统不能正常工作，破坏信息和网络资源。七是否认。一个实体进行某种通信或交易活动，稍后否认曾进行过这一活动。

（二）计算机网络的安全隐患

1. 未进行操作系统相关安全配置

不论采用什么操作系统，在缺省安装的条件下都会存在一些安全问题，只有专门针对操作系统安全性进行相关的和严格的安全配置，才能达到一定的安全程度。千万不要以为操作系统缺省安装后，再配上很强的密码系统就算安全了。网络软件的漏洞和“后门”是进行网络攻击的首选目标。

2. 未进行 CGI 程序代码审计

如果是通用的 CGI 问题，防范起来还稍微容易一些，但是对于网站或软件供应商专门开发的一些 CGI 程序，很多存在严重的 CGI 问题，对于电子商务站点来说，会出现恶意攻击者冒用他人账号进行网上购物等严重后果。

3. 拒绝服务攻击

随着电子商务的兴起，对网站的实时性要求越来越高，DOS 或 DDOS 对网站的威胁越来越大。以网络瘫痪为目标的袭击效果比任何传统的恐怖主义和战争方式都来得更强烈，破坏性更大，造成危害的速度更快，范围也更广，而袭击者本身的风险却非常小，甚至可以在袭击开始前就已经消失得无影无踪，使对方没有实行报复打击的可能。

4. 安全产品使用不当

虽然不少网站采用了一些网络安全设备，但由于安全产品本身的问题或使用问题，这些产品并没有起到应有的作用。很多安全厂商的产品对配置人员的技术背景要求很高，超出对普通网管人员的技术要求，就算是厂家在最初给用户做了正确的安装、配置，但一旦系统改动，需要改动相关安全产品的设置时，很容易产生许多安全问题。

5. 缺少严格的网络安全管理制度

网络安全最重要的还是要思想上高度重视，网站或局域网内部的安全需要用完备的安全制度来保障。建立和实施严密的计算机网络安全制度与策略是真正实现网络安全的基础。

（三）计算机网络的安全体系

一个全方位的计算机网络安全体系结构包含网络的物理安全、访问控制安全、系统安全、用户安全、信息加密、安全传输和管理安全等。充分利用各种先进的主机安全技术、身份认证技术、访问控制技术、密码技术、防火墙技术、安全审计技术、安全管理技术、系统漏洞检测技术、黑客跟踪技术，在攻击者和受保护的资源间建立多道严密的安全防线，极大地增加了恶意攻击的难度，并增加了审核信息的数量，利用这些审核信息可以跟踪入侵者。

在实施网络安全防范措施时，一是加强主机本身的安全，做好安全配置，及时安装安全补丁程序，减少漏洞；二是用各种系统漏洞检测软件定期对网络系统进行扫描分析，找出可能存在的安全隐患，并及时加以修补；三是从路由器到用户各级建立完善的访问控制措施，安装防火墙，加强授权管理和认证；四是利用 RAID5 等数据存储技术加强数据备份和恢复措施；五是对敏感的设备和数据建立必要的物理或逻辑隔离措施；六是对在公共网络上传输的敏感信息要进行强度的数据加密；七是安装防病毒软件，加强内部网的整体防病毒措施；八是建立详细的安全审计日志，以便检测并跟踪入侵攻击等。

（四）计算机网络的安全技术

目前，常用的计算机网络安全技术主要有病毒防范技术、身份认证技术、防火墙技术和虚拟专用网 VPN 技术等。

（1）病毒是一种恶意的计算机程序，它可分为引导区病毒、可执行病毒、宏病毒和邮件病毒等，不同的病毒其危害性也不一样。为了防范病毒，可以采用以下措施：一是安装防病毒软件，加强内部网的整体防病毒措施；二是加强数据备份和恢复措施；三是对敏感的设备和数据要建立必要的物理或逻辑隔离措施等。

（2）身份识别技术是计算机网络安全技术的重要组成部分之一。它的目的是证实被认证对象是否属实和是否有效。其基本思想是通过验证被认证对象的属性来达到确认被认证对象是否真实有效的目的。被认证对象的属性可以是口令、问题解答或者像指纹、声音等生理特征，常用的身份认证技术有口令、标记法和生物特征法。

（3）防火墙是一种将内部网和公众网与互联网分开的方法，它能限制被保护的网络与互联网之间或者与其他网络之间进行的信息根据企业的安全策略控制出入网络的信息流，且本身具有较强的抗攻击能力。它是提供信息安全服务，实现网络和信息安全的基础设施。它是电子商务的最常用设备。

（4）虚拟专用网是用于互联网电子交易的一种专用网络，它可以在两个系统之间建立安全的通道，非常适合于电子数据交换。在虚拟专用网中交易双方比较熟悉，而且彼此之间的数据通信量很大。只要交易双方取得一致，在虚拟专用网中就可以使用比较复杂的专用加密和认证技术，这样就可以大大提高电子商务的安全性。VPN 可以支持数据、语音及图像业务，其优点是经济、便于管理、方便快捷地适应变化，但也存在安全性低，容易受到攻击等问题。

三、电子商务安全

（一）电子商务的主要安全问题

对合法用户的身份冒充。攻击者通过非法手段盗用合法用户的身份信息，仿冒合法用户的身份与他人进行交易，从而获得非法利益。

对信息的窃取。攻击者在网络的传输信道上，通过物理或逻辑的手段，对数据进行非法的截获与监听，从而得到通信中敏感的信息。如典型的“虚拟盗窃”能从互联网上窃取那些粗心用户的信用卡账号，还能以欺骗的手法进行产品交易，甚至能洗黑钱。

对信息的篡改。攻击者有可能对网络上的信息进行截获后篡改其内容，如修改消息次序、时间，注入伪造消息等，从而使信息失去真实性和完整性。

拒绝服务。攻击者使合法接入的信息、业务或其他资源受阻。

对发出的信息予以否认。某些用户可能对自己发出的信息进行恶意的否认，以推卸自己应承担的责任。

信用威胁。交易者否认参加过交易，如买方提交订单后不付款，或者输入虚假银行资料使卖方不能提款；用户付款后，卖方没有把商品发送到客户手中，使客户蒙受损失。

电脑病毒。电脑病毒问世十几年来，各种新型病毒及其变种迅速增加，互联网的出现又为病毒的传播提供了最好的媒介。不少新病毒直接利用网络作为自己的传播途径，还有众多病毒借助网络传播得更快，动辄造成数百亿美元的经济损失。如 CIH 病毒的暴发几乎在瞬间给网络上数以万计的计算机以沉重打击。

（二）电子商务的主要安全威胁

由于互联网早期构建时并未考虑到以后的商业应用，因此使用了 TCP/IP 协议及源代码开放与共享策略，为后来的商业应用带来了一系列的安全隐患。在电子商务交易过程中，买卖双方是通过网络来联系，因而建立交易双方的安全和信任关系相当困难。电子商务交易双方都面临安全威胁。

1. 卖方面临的安全威胁

一是中央系统安全性被破坏：入侵者假冒成合法用户来改变用户数据、解除用户订单或生成虚假订单。二是竞争者检索商品递送状况：恶意竞争者以他人的名义来订购商品，从而了解有关商品的递送状况和货物的库存情况。三是客户资料被竞争者获悉。四是被他人假冒而损害公司的信誉：不诚实的人建立与销售者服务器名字相同的另一个 www 服务器来假冒销售者。五是买方提交订单后不付款。六是虚假订单。

2. 买方面临的主要安全威胁

虚假订单：一个假冒者可能会以客户的名字来订购商品，而且有可能收到商品，而被假冒的合法客户却被要求付款或返还商品。二是付款后不能收到商品：在要求客户付款后，销售商中的内部人员不将订单和钱转发给执行部门，因而使客户不能收到商品。三是机密性丧失：客户有可能将秘密的个人数据或自己的身份数据发送给冒充销售商的机构，这些信息也可能会在传递过程中被窃取。四是拒绝服务：攻击者可能向销售商的服务器发送大量的虚假订单来挤占它的资源，从而使合法用户不能得到正常的服务。

（三）电子商务的主要安全技术

1. 电子商务的安全技术

互联网已经日渐融入人类社会的各个方面中，网络防护与网络攻击之间的斗争也将更加激烈，这就对安全技术提出了更高的要求。安全技术是电子商务安全体系中的基本策略，是伴随着安全问题的诞生而出现的，安全技术极大地从不同层次加强了计算机网络的整体安全性。要加强电子商务的安全，需要企业本身采取更为严格的管理措施，需要国家建立健全法律制度，更需要有科学的先进的安全技术。安全问题是电子商务发展的核心和关键问题，安全技术是解决安全问题保证电子商务健康有序发展的关键因素。

2. 商务交易安全技术

一是加密技术。是电子商务安全的一项基本技术，它是认证技术的基础。采用加密技术对信息进行加密，是最常见的安全手段。加密技术是一种主动的信息安全防范措施，其原理是利用一定的加密算法，将明文转换成为无意义的密文，阻止非法用户理解原始数据，从而确保数据的保密性。目前，在电子商务中，获得广泛应用的两种加密技术是对称密钥加密体制（私钥加密体制）和非对称密钥加密体制（公钥加密体制）。它们的主要区别在于所使用的加密和解密的密码是否相同。二是安全认证技术。主要有数字摘要、数字信封、数字签名、数字时间戳、数字证书等。①数字摘要。数字摘要是采用单向 Hash 函数对文件中若干重要元素进行某种变换运算得到固定长度的摘要码（数字指纹 Finger Print），并在传输信息时将之加入文件一同送给接收方，接收方收到文件后，用相同的方法进行变换运算，若得到的结果与发送的摘要码相同，则可断定文件未被篡改，反之亦然。②数字信封。数字信封是用加密技术来保证只有规定的特定收信人才能阅读信的内容。在数字信封中，信息发送方采用对称密钥来加密信息，然后将此对称密钥用接收方的公开密钥来加密（这部分称为数字信封）之后，将它和信息一起发送给接收方，接收方先用相应的私有密钥打开数字信封，得到对称密钥，然后使用对称密钥解开信息。这种技术的安全性相当高。③数字签名。把 Hash 函数和公钥算法结合起来，可以在提供数据完整性的同时，也可以保证数据的真实性。完整性保证传输的数据没有被修改，而真实性则保证是由确定的合法者产生的 Hash，而不是由其他人假冒。而把这两种机制结合起来就可以产生所谓的数字签名。④数字时间戳。交易文件中，时间是十分重要的信息。在书面合同中，文件签署的日期和签名一样均是十分重要的，是防止文件被伪造和篡改的关键性内容。而在电子交易中，同样需对交易文件的日期和时间信息采取安全措施，而数字时间戳服务就能提供电子文件发表时间的安全保护。数字时间戳服务是网络安全服务项目，由专门的机构提供。⑤数字证书。在交易支付过程中，参与各方必须利用认证中心签发的数字证书来证明各自的身份。所谓数字证书，就是用电子手段来证实一个用户的身份及用户对网络资源的访问权限。在网上电子交易中，如果双方出示了各自的数字证书，并用它来进行交易操作，那么双方都不必为对方身份的真伪担心。

（四）电子商务安全的防范对策

1. 电子商务的安全性策略

电子商务安全技术保障策略。安全技术保障策略是电子商务安全体系中的基本策略，目前相关的信息安全技术与专门的电子商务安全技术研究比较普遍和成熟。电子商务中常用的安全技术有密码技术、身份验证技术、访问控制技术、防火墙技术。

企业电子商务安全运营管理制度保障策略。企业电子商务安全运营管理制度是用文字的形式对各项安全要求所做的规定，是保证企业取得电子商务成功的基础，是企业电子商务人员工作的规范和准则。这些制度主要包括人员管理制度、保密制度、跟踪审计制度、系统维护制度、数据备份制度等。

电子商务立法策略。一是立法目的。电子商务安全立法的目的主要是要消除电子商务发展的法律障碍；消除现有法律适用上的不确定性，保护合理的商业行为，保障电子交易安全；建立一个清晰的法律框架以统一调整电子商务的健康发展。二是立法范围。电子商务安全方面需要的法律法规主要有市场准入制度、合同有效认证办法、电子支付系统安全措施、信息保密防范办法、知识产权侵权处理规定以及广告的管制、网络信息内容过滤等。三是立法途径。电子商务法律仍然是调整社会关系，所以应当继承传统立法的合理内核，尤其是基础价值观。具体的立法途径主要有两种，第一是制定新的法律规范，第二是修改或重新解释既定的法律规范。

政府监督管理策略。电子商务本质是一种市场运作模式，市场的正常健康有序地发展，必须有政府宏观上的监督与管理，以协调和规范各市场主体的行为，宏观监督与管理电子商务运行中的安全保障体系。政府监督管理主要体现在计算机信息系统安全管理、网络广告和网络服务业管理、认证机构管理、加强社会信用道德建设。

2. 防范电子商务安全问题的对策

电子商务的安全问题涉及电子商务的各个环节和参加交易的各个方面，解决电子商务的安全问题是一个系统工程和社会问题，需全社会的参与。可以从以下几个方面对电子商务安全问题进行防范。

（1）构建电子商务信息安全技术框架体系。在电子商务的交易过程中，电子商务的安全性主要是网络安全和交易信息的安全。而网络安全是指网络操作系统对抗网络攻击、病毒，使网络系统连续稳定地运行，常用的保护措施有防火墙技术。交易信息的安全是指保护交易双方不被破坏、不泄密和交易双方身份的确认，可以用信息加密技术、数字证书和认证技术、SSL 安全协议、SET 等技术来保护。

（2）积极推进电子商务立法。我国政府要加强对电子商务的研究，要加快立法进程，健全电子商务法律体系，建立规范电子商务的灵活法律框架，使电子商务实现公开、合理、合法化。这样不仅可保障进行电子商务各方面的利益，而且还可保障电子商务的顺利进行。

由于在电子商务的交易过程中，安全问题涉及电子商务的各个环节和参加交易的各个方面，因此需要采取不同的对策来解决。另外，交易过程除涉及交易双方外，还涉及网上银行、认证中心和法律等各方面的问题，因此电子商务安全问题的解决是一个系统工程。

四、电子支付安全

（一）电子商务信息安全管理

要实现电子商务系统安全，仅有技术上的安全是不行的。首先必须制定一套完备的网络安全管理条例，才能从根本上杜绝不安全事件的发生。就像人们常讲的先要从体制上抓起。可以建立以下安全管理制度。

1. 提高对网络信息安全重要性的认识

信息技术的发展，使网络逐渐渗透到社会的各个领域，在未来的军事和经济竞争与对抗中，因网络的崩溃而促成全部或局部的失败，绝非不可能。在思想上要把信息资源共享与信息安全防护有机地统一起来，树立维护信息安全就是保生存、促发展的观念。

2. 开展网络安全立法和执法

要加快立法进程，健全法律体系。自 1973 年世界上第一部保护计算机安全法问世以来，各国与有关国际组织相继制定了一系列的网络安全法规。我国也陆续颁布了很多网络安全法规。这些法规对维护网络安全发挥了重要作用，但不健全之处还有许多。一是应该结合我国实际，吸取和借鉴国外网络信息安全立法的先进经验，对现行法律体系进行修改与补充，使法律体系更加科学和完善。二是要执法必严，违法必究。要建立有利于信息安全案件诉讼与公、检、法机关办案的制度，提高执法的效率和质量。

3. 抓紧网络安全基础设施建设

一个网络信息系统，不管其设置多少道防火墙，加了多少级保护或密码，只要其芯片、中央处理器等计算机的核心部件以及所使用的软件是别人设计生产的，就没有安全可言；这正是我国网络信息安全的致命弱点。国民经济要害部门的基础设施要通过建设一系列的信息安全基础设施来实现。为此，需要建立中国的公开密钥基础设施、信息安全产品检测评估基础设施、应急响应处理基础设施等。

4. 把好网络建设立项关

我国网络建设立项时的安全评估工作没有得到应有重视，这给网络安全问题埋下了伏笔。在对网络的开放性、适应性、成熟性、先进性、灵活性、易操作性、可扩充性综合把关的同时，在立项时更应注重对网络的可靠性、安全性评估，力争将安全隐患杜绝于立项、决策阶段。

5. 注重网络建设的规范化

没有统一的技术规范，局部性的网络就不能互联、互通、互动，没有技术规范也难以形成网络安全产业规模。目前，国际上出现许多关于网络安全的技术规范、技术标准，目的就是要在统一的网络环境中保证信息的绝对安全。我们应从这种趋势中得到启示，在同国际接轨的同时，拿出既符合国情又顺应国际潮流的技术规范。

（二）电子商务信息安全协议

1. 安全套接层协议

SSL 安全协议的整个概念可以被总结为：一个保证任何安装了安全套接层的客户和服务器之间事务安全的协议，该协议向基于 TCP/IP 的客户/服务器应用程序提供了客户端与服务的鉴别、数据完整性及信息机密性等安全措施。SSL 安全协议主要提供以下三个方面服务。

（1）用户和服务器的合法性保证。使用户与服务器能够确信数据将被发送到正确的客户机和服务器上。客户机与服务器都有各自的识别号，由公开密钥编排。为了验证用户，安全套接层协议要求在交换数据中作数字认证，以此来确保用户的合法性。

（2）加密数据以隐藏被传递的数据。安全套接层协议采用的加密技术既有对称密钥，也有公开密钥，在客户机和服务器交换数据之前，先交换 SSL 初始握手信息。在 SSL 握手信息中采用了各种加密技术，以保证其机密性与数据的完整性，并且经数字证书鉴别。

（3）维护数据的完整性。安全套接层协议采用 Hash 函数和机密共享的方法来提供完整的信息服务，建立客户机与服务器之间的安全通道，使所有经过安全套接层协议处理的业务都能准确无误地到达目的地。

2. 安全电子交易公告

安全电子交易公告是为在线交易设立的一个开放的、以电子货币为基础的电子付款系统规范。SET 在保留对客户信用卡认证的前提下，又增加了对商家身份的认证。

SET 是全球网络的工业标准。SET 安全协议的主要对象包括：一是消费者（包括个人和团体），按照在线商店的要求填写订货单，用发卡银行的信用卡付款；二是在线商店，提供商品或服务，具备使用相应电子货币的条件；三是收单银行，通过支付网关处理消费者与在线商店之间的交易付款；四是电子货币发行公司以及某些兼有电子货币发行的银行，负责处理智能卡的审核和支付；五是认证中心，负责确认交易对方的身份和信誉度，以及对消费者的支付手段认证；六是加密算法的应用。证书信息与对象格式，购买信息和对象格式，认可信息与对象格式。

3. SET 协议的目标

一是保证电子商务参与者信息的相应隔离；二是保证信息在互联网上安全传输，防止数据被黑客或内部人员窃取；三是解决多方认证问题；四是保证网上交易的实时性，使所有的支付过程都是在线的；五是效仿 BDZ 贸易的形式、规范协议和消息格式，促使不同厂家开发的软件具有兼容性与交互操作功能，并且可以运行在不同的硬件和操作系统平台上。

（三）电子商务电子支付风险

1. 电子支付安全

从理论上讲，网上支付有很多优点，例如便捷、高效、安全等，但目前，我国的电子商务公司大都采用“网上交易、网下支付”的方式。先在网上进行商品信息查询，确定价格，进行订货，而后采用传统的脱机方式付款，如货到付款、银行转账、邮局汇款等。这种方式比较安全和容易接受。但损害了电子商务的方便性和时效性的真正含义。

网上支付实际上已经成为发展电子商务的主要瓶颈。除了商家和客户还不习惯用电子货币消费外，关键是我国的网上支付业务还不完善，网上支付的效率还很低，确认支付的时间较长，网上支付收取上网费用和管理费用过高，对网上支付有种种限制，如金额限制、地域限制等。而最重要的是网上支付的安全性问题、信誉问题得不到保障。网上支付的安全性是人们最关心的问题。

2. 电子商务交易的风险

电子商务交易过程是在开放的网络环境下，利用信息平台完成传统的交易环节和过程。电子商务的发展与应用，使企业在扩大产品宣传、增进沟通和交易机会、减少交易环节、降低交易成本方面发挥了巨大作用。但由于网络的虚拟性，交易各方非面对面的交易特征，电子支付手段的安全性，使参与电子商务交易的各方（销售方和购买方）都面临不同形式和不同程度的安全威胁。

在互联网环境下从事电子商务，可能的风险归结为三类，即信用风险、管理风险和法律风险，其中管理风险表现为交易流程管理风险及业务技术管理风险。例如，交易管理和手段的不完善，网络技术如支付技术的安全性、数据存储的安全性、远程传输的安全性等。而法律风险则表现为对市场交易环境和主体的制度约束，包括各种围绕企业和服务者权益的法律制度的建立和相关制度的健全性，会产生如隐私风险、知识产权风险等，以上两类风险均体现了对 B2B 交易模式中活动主体（企业和企业）交易风险产生的外部约束，故笔者称其为交易风险外在因素，而信用风险则指由于交易双方信任的缺失造成的交易障碍，主要分为卖方信用风险、买方信用风险和否认交易风险，这种信任的缺失主要发生在充满不确定性和风险的环境中，网络交易环境的虚拟性，使信任在网络交易过程中所起的作用超过了它在传统交易活动中所起的作用，企业对于交易双方的真实性更难判断。由于该类风险往往表现出与交易主体行为选择、心理、道德的关联特征，在本文中称其为交易主体风险产生的内在因素。

（1）信息不对称引发交易风险内在因素。市场经济有效性的基本观点认为，市场中的信息完全透明化，而现实网络交易市场中，交易场所的网络化、交易手段的电子化以及交易信息的无纸化、交易主体之间存在严重的信息不对称，对大多数交易来说，交易信息很难把握或得到，交易前信息的不完全、交易中的价值损失以及道德风险均使电子商务交易过程存在大量的风险。

经济博弈论中特别指出商品市场交易中，只有在商品信息传递的完全性和交易方的守信行为会使双方的博弈过程得以重复，同时通过竞争使买卖双方增加了选择余地，守信的伙伴会替代旧的失信者，从而压缩了失信者再博弈的空间；电子商务交易中存在的信息非确定性和信用风险不仅使得未违约的交易方未购得商品或变现需再次交易，造成已交钱未得到商品或因市场价格变化不利而带来企业的价值损失，同时又会影响再次网上交易的信任和激发水平。

市场交易的良性循环是使交易双方获得更多的交易机会并从中获得更多的企业剩余，交易双方的诚信和欺诈行为是影响交易主体选择和交易重复发生的重要因素。因此，市场经济的竞争性与市场交易的重复性是建立合作均衡的基本条件。信息的不对称需要引发和创造更高的市场信用机制来降低信用风险，从而创造交易双方可重复的交易行为，进而创造长期稳定的获利机会和博弈的均衡态势。

（2）交易风险外在因素对交易行为的影响。一是电子商务市场环境影响企业价格敏感度。决定一种产品或服务的需求价格弹性的关键性因素指企业对价格变化引发的需求变化。电子商务环境通过网络销售产品或服务，相对来说，企业容易获得有关产品或服务的价格或产品质量的比较信息，获取信息的边际成本或便利性，会引起需求价格弹性提高，同时由于网上购物的便利性造成企业的需求价格弹性下降的变化，相对于传统购买行为，企业的价格敏感度呈现不确定的变化特征，网上企业的交易行为则表现出更易变动或不确定的特点。二是交易信用制度。在传统的交易活动中，所涉及的交易风险可通过社会机制、法律机制和技术机制加以限制。例如，通过法律机制的建立，可以对违反合同的人加以惩罚，对诚实的一方给予补偿。通过社会规则和法律的相互作用，建立一个较为稳定的贸易环境，使贸易可在最低风险条件下进行。由信息不对称引起的信用风险，在网络环境中，由于网络的开放性、跨国界性以及技术资源限制、网络认证安全技术的待完善都在一定程度上限制了对信用风险制约的外部机制的建立。交易过程中的信用遵守与违约行为成为交易双方进行交易决策的随机行为。由于网络的虚拟性，交易双方并不见面，其交易完全通过网络进行，因此信息的真实可靠性受到特别的重视。而目前在信息的真实性、客户身份的合法性、支付信息的完整性和不可否认性、整个网上交易的合法性等都无章可循、无法可依，特别是安全认证问题和网上支付的安全性还不能够完全消除人们的疑虑，将严重制约电子商务的正常发展。因此，解决网上交易、结算中的安全问题是建立电子商务各主体间的信任的关键，只有具备足够高的安全性、可靠性的电子商务系统才能赢得客户的信赖和欢迎。

（四）电子商务信用体系建立

对比 B2B 的电子商务模式与国际贸易，可以发现它们有许多共同之处，寻找生意伙伴、发盘签约、生产、装运、检查、收款等一系列的程序都需要第三方的存在，才能很好地完成整个交易，实现交易的风险控制。电子商务是信息技术推动下的新型贸易形式，虽然它也应该是商务的一种，但其特殊性是显然存在的，可能派生出专门为企业的电子商务服务的信用机构，为参加交易的双方提供相应的服务，来降低交易的风险。其实，这将是一个新的信用体系，这里具体地分析如何建立它。

信用体系的参加者。对于 B2B 的电子商务而言，完成交易将涉及交易双方、电子商务网站、第三方物流配送公司、银行及其他机构（如商检、保险等），每个参与者都需要承担一定的信用责任。但从传统贸易过程来看，它们的信用关系过于复杂，并没有特别为电子商务而设计的行为标准。

信用体系架构。如果我们把 B2B 电子商务交易过程中，交易双方及物流配送公司看成是交易主体，而把其他方面看成是信用体系中的相关角色，可以更方便地分析信用体系架构。信用体系架构的主要内容有：一是信息发布和确认交易信息，保证发布信息的正确性电子商务网站；二是交易确认签订交易合同，保证合同被确认和不可撤销电子商务认证中；三是信用确认，确定买方的支付信用和卖方的履约信用执行合同前的信用保证银行、公证机构；四是合同执行卖方履约及货物配送，保证货物质量及正确运输商检、保险；五是货款支付，买方收货支付保证买方验收后及时付款，商检、银行税款缴付按国家税法纳税，保证国家税收的安全和及时与银行、商务认证中心同步确认。

电子商务信用体系的技术保证。电子商务的基础是建立在互联网上的，交易资料的传递、验证，都离不开商务网站或商务认证中心，这些机构的信息系统，必须要做到万无一失，保证任何交易均处于监察状态。因此，要求有非常高的技术保证措施，如引进国际和国内先进的安全技术措施来建设这一认证中心。建议采用国际标准的SSL协议。实现客户身份认证和交易信息在互联网上的加密传输。确保客户的交易在一个安全的传输通道中进行传输。包括各种购买中重要文书、单据和最后付款信用卡信息传输的安全、畅通。

商务认证中心的信息系统应该具有信息分隔、强行访问控制、最小权限、实时报警、口令管理和登录限制等特点来保证认证系统的安全、可信、难以攻破的Web站点。

电子商务信用的体系保证。从前面的分析我们知道，B2B的电子商务环境中，交易双方从信息发布、交易确认到生产交付、货物验收都可能在异地进行，没有第三方的信用保证，几乎不可想象能完成交易。它需要银行、商检和商务认证中心的联合工作，才能建立起比较完善的信用体系。完善的金融制度，方便、可靠、安全的支付手段和完整的个人、企业信用信息档案资料也是电子商务顺利发展的基本条件。不难看出，影响我国电子商务发展的不单是网络带宽的狭窄、上网费用的昂贵、人才的不足以及配送的滞后，更重要的原因是信用制度不健全。因此，我们应该加大金融改革力度、建立信用制度、健全法制，为我国电子商务的发展创造有利的发展环境。

在理论上，纯粹的B2B的电子商务与国际贸易一样，必须有第三方的参与才能建立起相应的信用体系，保证交易的正常进行。为交易双方提供信用保证，监督交易的执行。银行和商检是已经存在的职能机构，而商务认证中心是因电子商务的发展需要而产生的，无论是建立国家的职能机构，还是产生公证机构来扮演这个角色，都需要从理论上多加探讨。当然，建立电子商务的信用体系也离不开应用一切可能的先进技术。

第五节　农村电子商务现代物流

一、现代物流一般概念

（一）物流

简单地说就是物品从供应地向接收地的实体流动。它是指为了满足客户的需要，以最低的成本，通过运输、保管、配送等方式，实现原材料、半成品、成品及相关信息由商品的产地到商品的消费地所进行的计划、实施和管理的全过程。物流构成：商品的运输、配送、仓储、包装、搬运装卸、流通加工，以及相关的物流信息等环节。物流业统计范围包括：作为物流产品供给方的铁路运输、铁路运输辅助活动、道路货物运输、道路运输辅助活动、水上货物运输、水上运输辅助活动、航空客货运输、航空运输辅助活动、管道运输业、装卸搬运、运输代理服务、谷物、棉花等农产品仓储、其他仓储、国家邮政、其他寄送服务业等的法人单位和个体经营户，以及作为物流产品需求方的农业、工业、建筑业、批发和零售业的法人单位和个体经营户。

物流活动的具体内容包括以下几个方面：用户服务、需求预测、订单处理、配送、存货控制、运输、仓库管理、工厂和仓库的布局与选址、搬运装卸、采购、包装、情报信息。

（二）现代物流

现代物流不仅单纯地考虑从生产者到消费者的货物配送问题，而且还考虑从供应商到生产者对原材料的采购，以及生产者本身在产品制造过程中的运输、保管和信息等各个方面，全面地、综合性地提高经济效益和效率的问题。因此，现代物流是以满足消费者的需求为目标，把制造、运输、销售等市场情况统一起来考虑的一种战略措施。这与传统物流把它仅看作是“后勤保障系统”和“销售活动中起桥梁作用”的概念相比，在深度和广度上又有了进一步的含义。

在当今的电子商务时代，全球物流产业有了新的发展趋势。现代物流服务的核心目标是在物流全过程中以最小的综合成本来满足顾客的需求。

现代物流具有以下几个特点：电子商务与物流的紧密结合；现代物流是物流、信息流、资金流和人才流的统一；电子商务物流是信息化、自动化、网络化、智能化、柔性化的结合；物流设施、商品包装的标准化，物流的社会化、共同化也都是电子商务下物流模式的新特点。

电子商务的不断发展使物流行业重新崛起，目前美国的物流业所提供的服务内容已远远超过了仓储、分拨和运送等服务。物流公司提供的仓储、分拨设施、维修服务、电子跟踪和其他具有附加值的服务日益增加。物流服务商正在变为客户服务中心、加工和维修中心、信息处理中心和金融中心，根据顾客需要而增加新的服务是一个不断发展的观念。

相对于发达国家的物流产业而言，中国的物流产业尚处于起步发展阶段，其发展的主要特点：一是企业物流仍然是全社会物流活动的重点，专业化物流服务需求已初露端倪，这说明我国物流活动的发展水平还比较低，加强企业内部物流管理仍然是全社会物流活动的重点；二是专业化物流企业开始涌现，多样化物流服务有一定程度的发展。走出以企业自我服务为主的物流活动模式，发展第三方物流，已是中国物流业发展当务之急。

（三）电子商务物流

曾有流行的一句广告语“呼机、手机、商务通，一个不能少”，对于电子商务来说，则是“信息流、货币流、物流，一个都不能少”。就在电子商务不断为现代商家们洗脑的同时，人们已经意识到物流对电子商务意味着什么，电子商务物流的概念也开始受人重视了。什么是电子商务物流？电子商务物流有什么特征？因为没有现成的模式和经验可循，所以大家都是在“摸着石头过河”。但有一点不用怀疑，即电子商务物流还要从传统物流做起。目前国内外的各种物流配送虽然大都跨越了简单送货上门的阶段，但在层次上仍是传统意义上的物流配送，因此，在经营中存在传统物流配送无法克服的种种弊端和问题，尚不具备或基本不具备信息化、现代化、社会化的新型物流配送的特征。

电子商务作为数字化生存方式，代表未来的贸易方式、消费方式和服务方式。因此要求整体生态环境要完善，要求打破原有物流行业的传统格局，建设和发展以商品代理和配送为主要特征，物流、商流、信息流有机结合的社会化物流配送中心，建立电子商务物流体系，使各种“流”畅通无阻，才是最佳的电子商务境界。

（四）虚拟物流

虚拟物流是指以计算机网络技术进行物流运作与管理，实现企业间物流资源共享和优化配置的物流方式。

虚拟物流最初的应用是为了满足高价值、小体积的货物要求，如航空货物、医疗器械和汽车零部件等。特别是中小企业在大的竞争对手面前经常处于不利的地位，他们从自己的物流活动中不但无法获取规模效益，而且还会加大物流成本的消耗。虚拟物流可以使这些小企业的物流活动，并入到一个大的物流系统中，从而实现在较大规模的物流中降低成本，提高效益。

虚拟物流的要素包括：一是虚拟物流组织，它可以使物流活动更具市场竞争的适应力和盈利能力；二是虚拟物流储备，它可以通过集中储备、调度储备以降低成本；三是虚拟物流配送，它可以使供应商通过最接近需求点的产品，并运用遥控运输资源实现交货；四是虚拟物流服务，它可以提供一项虚拟服务降低固定成本。

（五）第三方物流

第三方物流是指生产经营企业为集中精力搞好主业，把原来属于自己处理的物流活动，以合同方式委托给专业物流服务企业，同时通过信息系统与物流服务企业保持密切联系，以达到对物流全程的管理和控制的一种物流运作与管理方式。因此第三方物流又叫合同制物流。

提供第三方物流服务的企业，其前身一般是运输业、仓储业等从事物流活动及相关的行业。从事第三方物流的企业在委托方物流需求的推动下，从简单的存储、运输等单项活动转为提供全面的物流服务，其中包括物流活动的组织、协调和管理、设计建议最优物流方案、物流全程的信息收集、管理等。目前第三方物流的概念已广泛地被西方流通行业所接受。

（六）第四方物流

第四方物流是一个供应链的集成商，是供需双方及第三方的领导力量。它不是物流的利益方，而是通过拥有的信息技术、整合能力以及其他资源提供一套完整的供应链解决方案，以此获取一定的利润。它是帮助企业实现降低成本和有效整合资源，并且依靠优秀的第三方物流供应商、技术供应商、管理咨询以及其他增值服务商，为客户提供独特的供应链解决方案。

第四方物流同第三方物流相比，其服务的内容更多，覆盖的地区更广，对从事货运物流服务的公司要求更高，要求它们必须开拓新的服务领域，提供更多的增值服务。第四方物流最大的优越性是它能保证产品得以“更快、更好、更廉价”地送到需求者手中。当今经济形式下，货主、托运人越来越追求供应链的全球一体化以适应跨国经营的需要，跨国公司由于要集中精力于其核心业务，因而必须更多地依赖物流外包。基于此，它们不只是在操作层面上进行外协，而且在战略层面上也需要借助外界的力量，昼夜期间都能得到“更快、更好、更廉价”的物流服务。

（七）特快专递业务

特快专递业务，是指从事快件运输的专业速递公司与航空公司合作，以最快速度在发件人→机场→收件人之间递送急件。

由此可见，特快专递业务性质和运输方式与普通航空货运基本上是一致的。可以视为航空货运的延续。实际上，大多数航空货运代理公司都经营快递业务，即我们所谓的空运普货门到门服务。许多专门从事快递业务的公司也是从航空货运代理公司派生出来的。以前从事航空货运机场自提。现在，委托当地同行代理互为派送。这是市场的需求，也是货运发展的必然趋势。到目前为止出现的第三方物流，直至最领先的第四方物流概念，都说明了这一点。

特快专递或航空快运的主要运作形式是门到门或称桌到桌服务。即由速递公司派人上门取件，送至机场委托航空公司空运，货到目的港机场后，由当地速递公司（或代理）提货，派送到收件人手中。

（八）电子供应链

电子供应链通过集中协调不同企业的关键数据，如订货、预测、库存状态、缺货状况、生产计划、运输安排、在途物资、销售分析、资金结算等数据；便于管理人员迅速、准确地获得各种信息。并充分利用电子数据交换、互联网等技术手段，实现供需链上的信息集成，达到共享采购订单的电子接收与发送、多位置库存自动化处理和控制、批量和系列号跟踪、周期盘点等重要信息。

功能：提高企业对市场需求信息反应的准确性与响应速度，协调降低供应链的总体成本，使供应链的节点企业共同获利。

二、电子商务与现代物流

（一）现代物流与传统物流的区别

传统物流一般指产品出厂后的包装、运输、装卸、仓储，而现代物流提出了物流系统化或叫总体物流、综合物流管理的概念，并付诸实施。具体地说，就是使物流向两头延伸并加入新的内涵，使社会物流与企业物流有机地结合在一起，从采购物流开始，经过生产物流，再进入销售物流，与此同时，要经过包装、运输、仓储、装卸、加工配送到达用户（消费者）手中，最后还有回收物流。可以这样讲，现代物流包含了产品从“生”到“死”的整个物理性的流通全过程。

传统物流与现代物流的区别主要表现在以下几个方面：一是传统物流只提供简单的位移，现代物流则提供增值服务；二是传统物流是被动服务，现代物流是主动服务；三是传统物流实行人工控制，现代物流实施信息管理；四是传统物流无统一服务标准，现代物流实施标准化服务；五是传统物流侧重点到点或线到线服务，现代物流构建全球服务网络；六是传统物流是单一环节的管理，现代物流是整体系统优化。

（二）电子商务与物流的关系

电子商务是20世纪信息化、网络化的产物，由于其自身的特点已广泛引起了人们的注意，但是人们对电子商务所涵盖的范围却没有统一、规范的认识。仍如传统商务过程一样，电子商务中的任何一笔交易，都包含以下几种基本的“流”，即信息流、商流、资金流和物流。

过去，人们对电子商务过程的认识往往只局限于信息流、商流和资金流的电子化、网络化，而忽视了物流的电子化过程，认为对于大多数商品和服务来说，物流仍然可以经由传统的经销渠道。但随着电子商务的进一步推广与应用，物流的重要性对电子商务活动的影响日益明显。试想，在电子商务下，消费者网上浏览后，通过轻松点击完成了网上购物，但所购货物迟迟不能送到手中，甚至出现了买电视机送茶叶的情况，其结果可想而知，消费者只能放弃电子商务，选择更为安全可靠的传统购物方式。

在电子商务中，一些电子出版物，如软件、CD 等可以通过网络以电子的方式送给购买者，但绝大多数商品仍要通过各种方式完成从供应商到购买者的物流过程。我国的许多网上商店由于解决不了物流问题，只好告诉购买者送货必须在一定的范围内，否则你就不要在我这里买了，电子商务的跨地域优势也就一点也没有了。我国的一些单位曾经组织了一次 72 小时的网上生存测验。测验中一个突出的问题就是物流问题，尤其是费尽周折填好订单后漫长地等待，使电子商务的跨时域优势也丧失殆尽。此后的一次市场调查证实，人们最关注的热点问题是“物流”。再次使人们认识到物流在电子商务活动中的重要地位，认识到现代化的物流是电子商务活动中不可缺少的部分。

电子商务可以用下面的等式来表示：电子商务=网上信息传递+网上交易+网上支付+物流配送。一个完整的商务活动，必然要涉及信息流、商流、资金流和物流四个流动过程。从一定意义上说，物流是电子商务的重要组成部分，是信息流和资金流的基础和载体。物流也是电子商务优势正常发挥的基础，在电子商务状态下，商品生产和交换的全过程，都需要物流活动的支持，没有现代化的物流运作模式支持，没有一个高效的、合理的、畅通的物流系统，电子商务所具有的优势就难以发挥。物流同时支持了电子商务的快速发展。随着电子商务的不断扩大发展，对物流的要求越来越高，而作为实体流动的物流活动发展相对滞后，从而在某种程度上来说，物流成为电子商务发展的瓶颈，物流业直接影响电子商务，其发展壮大对电子商务的快速发展起到支撑作用。

1. 电子商务为物流创造了一个虚拟性的运动空间

在电子商务状态下，人们在进行物流活动时，物流的各项职能及功能可以通过虚拟化的方式表现出来，在这种虚拟化的过程中，人们通过各种组合方式，寻求物流的合理化，使商品实体在实际的运动过程中，达到效率最高、费用最省、距离最短、时间最少的目的。电子商务可以对物流网络进行实时控制。在电子商务状态下，物流的运作以信息为中心，信息不仅决定了物流的运动方向，而且决定着物流的运作方式。在实际运作当中，网络的信息传递，可以有效地实现对物流的实时控制，实现物流的合理化。

2. 电子商务将改变物流企业对物流的组织和管理

在传统物流条件下，物流往往是从某一个企业进行组织和管理的，而电子商务则要求物流以社会的角度来实行系统地组织和管理，以打破传统物流分散的状态。这就要求企业在组织物流的过程中，不仅考虑本企业的物流组织和管理，而且更重要的是要考虑全社会的整体系统。

3. 电子商务将改变物流企业的竞争状态

在电子商务时代，物流企业之间依靠本企业提供优质服务、降低物流费用等方面来进行的竞争内容依然存在，但是有效性却大大降低了。原因在于电子商务需要一个全球性的物流系统来保证商品实体的合理流动，对于一个企业来说，即使其规模再大，也是难以达到这一要求的。这就要求物流企业应相互联合起来，在竞争中形成一种协同合作的状态，以实现物流高效化、合理化和系统化。

4. 电子商务促进物流基础设施的改善

电子商务高效率和全球性的特点，要求物流也必须达到这一目标。而物流要达到这一目标，良好的交通运输网络、通信网络等基础设施则是最基本的保证。除此之外，相关的法律条文、政策、观念等都要不断地得到提高。

5. 电子商务促进物流技术的进步

物流技术主要包括物流硬技术和软技术。物流技术水平的高低是实现物流效率高低的一个重要因素，要建立一个适合电子商务运作的高效率的物流系统，加快提高物流的技术水平则有着重要的作用。

（三）网络时代物流的特点

由于电子商务的出现，加速了全球经济的一体化，致使企业的发展趋向多国化、全球化的模式。面对全球化激烈竞争的趋势，企业的战略对策之一是专注于自己所擅长的经营领域，力争在核心技术方面领先；而本企业不擅长的业务则分离出去，委托给在该领域有特长的、可信赖的合作伙伴。这种趋势为现在所谓的第三方物流、第四方物流的发展创造了条件。

这方面最著名的例子是 DELL 计算机公司的经营模式，他们只做订货与最终组装，而将零部件的制造和物流系统运作委托给合作伙伴，通过供应链的管理与重组，有效地减少了库存、缩短了生产周期，大大地提高了竞争力。耐克鞋公司也有类似的方法，没有制鞋厂只做经营与产品设计，又如运输公司把烦琐的收费业务委托给卡片公司去管理等。企业注重核心技术的趋势使物流业务从生产企业分离，为物流企业带来良好机遇；物流企业也必须按照同一原则精心发展自己的业务、提高服务水平，确实保证委托方的利益并建立本企业的信誉。

（四）电子商务对现代物流的影响

在电子商务时代，物流业会越来越强化，必须承担更重要的任务，既要把虚拟商店的货物送到用户手中，又要从生产企业及时进货入库。物流公司既是生产企业的仓库，又是用户的实物供应者。物流企业成了代表所有生产企业及供应商对用户的唯一最集中、最广泛的实物供应者。物流业成为社会生产链条的领导者和协调者，为社会提供全方位的物流服务。可见，电子商务对现代物流具有重大的影响，它把物流业提升到了前所未有的高度，为其提供了空前发展的机遇。

1. 对现代物流系统结构的影响

由于网上客户可以直接面对制造商并可获得个性化服务，故传统物流渠道中的批发商和零售商等中介将逐步淡出，但是区域销售代理将受制造商委托逐步加强其在渠道和地区性市场中的地位，作为制造商产品营销和服务功能的直接延伸。

由于网上时空的“零距离”特点与现实世界的反差增大，客户对产品的可得性心理预期加大，以致企业交货速度的压力变大。因此，物流系统中的港、站、库、配送中心、运输线路等设施的布局、结构和任务将面临较大的调整。在企业保留若干地区性仓库以后，更多的仓库将改造为配送中心。

由于存货的控制能力变强，物流系统中仓库的总数将减少。随着运管政策的逐步放宽，更多的独立承运人将为企业提供更加专业化的配送服务，配送服务的半径也将加大。

由于信息共享的即时性。使制造商在全球范围内进行资源配置成为可能，故其组织结构将趋于分散并逐步虚拟化。当然，这主要是那些拥有品牌的、产品在技术上已经实现功能模块化和质量标准化的企业。

大规模的电讯基础设施建设，将使那些能够在网上直接传输的有形产品的物流系统隐形化。这类产品主要包括书报、音乐、软件等，即已经数字化的产品的物流系统将逐步与网络系统重合，并最终被网络系统取代。

2. 对物料采购的影响

企业在网上寻找合适的供应商，从理论上讲具有无限的选择性。这种无限选择的可能性将导致市场竞争加剧，并带来供货价格降低的好处。但是，所有的企业都知道频繁地更换供应商，将增加资质认证的成本支出，并面临较大的采购风险。所以，从供应商的立场来看，作为应对竞争的必然对策，是积极地寻求与制造商建成稳定的渠道关系，并在技术、管理、服务等方面与制造商结成更稳固的战略联盟。同样，制造商也会从物流的理念出发来寻求与合格的供应商建立一体化供应链。作为利益交换条件，制造商和供应商之间将在更大的范围内和更深的层次上实现信息资源共享。事实上，电子商务对物料采购成本的降低，主要体现在诸如缩短订货周期、减少文案和单证、减少差错和降低价格等方面。因此，虚拟空间的无限选择性将被现实市场的有限物流系统即一体化供应链所覆盖。

3. 对客户服务的影响

要求实现客户服务的个性化，只有当企业对客户需求的响应实现了某种程度的个性化对称时，企业才能获得更多商机。这就要求企业网站的主页设计要个性化，要针对特定客户群体；要求根据客户需求的变化进行不同的服务营销组合，实现企业经营的产品或服务的个性化；要求企业对客户追踪服务的个性化。网络时代客户需求的个性化增大了市场预测的离散度，故发现客户个性化服务需求的统计特征将主要依赖对客户资料的收集、统计、分析和追踪。虽然从技术层面上讲并没有什么困难，但是要涉及文化的、心理的、法律的诸多方面，因此建立客户档案并追踪服务本身，就是一项极富挑战性的工作。

4. 对运输的影响

在电子商务条件下，速度已上升为最主要的竞争手段。物流系统要提高客户对产品的可得性水平，在仓库等设施布局确定的情况下，运输将是决定性的。由于运输活动的复杂性，运输信息共享的基本要求就是运输单证的格式标准化和传输电子化。为了实现货运全程的跟踪监控和回程货运的统筹安排，将要求在供应链内部使用标准密码，通过管理交易、翻译通信标准和减少通信连接数目来使供应链增值，从而在物流联盟企业之间建立稳定的制化渠道关系；要求物流系统在相关通信设施和信息处理系统方面进行先期的开发投资，如电子通关、条形码技术、在线货运信息系统、卫星跟踪系统等。

5. 对存货的影响

一般认为，由于电子商务增加了物流系统各环节对市场变化反应的灵敏度，可以减少库存，节约成本。相应的技术手段也由看板管理和物料需求计划等转向配送需求计划、重新订货计划和自动补货计划等基于对需求信息作出快速反应的决策系统。但从物流的观点来看，这实际是借助信息分配对存货在供应链中进行了重新安排。存货在供应链中总量是减少的，但结构上将沿供应链向下游企业移动。即经销商的库存向制造商转移，制造商的库存向供应商转移，成品的库存变成零部件的库存，而零部件的库存变成原材料的库存等。

6. 对现代物流理念的影响

物流系统中的信息变成了整个供应链运营的环境基础。网络是平台，供应链是主体，电子商务是手段。信息环境对供应链的一体化起到控制和主导的作用。

企业的竞争是以物流系统为依托的信息联盟或知识联盟的竞争，企业的市场竞争将更多地表现为以外联网所代表的企业联盟的竞争。物流系统的管理也从对有形资产存货的管理转为对无形资产信息或知识的管理。

物流系统面临的基本技术经济问题是追求物流总成本最低的同时为客户提供个性化的服务，物流系统由供给推动变为需求拉动。

（五）发展电子商务物流对策

虽然我国电子商务物流具有很好的发展前景，但机遇和挑战同在。随着我国加入WTO，外国物流企业不断涌入中国市场，这将给我国的物流业带来很大的竞争压力。能否形成完善的社会电子化物流体系将直接关系到我国物流业在国际竞争中的成败，也会影响到我国网络企业在产品的价格、交货、服务等方面是否拥有竞争优势。为此，必须制定可行措施和有力对策，缩小与发展达国家物流业之间的差距，满足我国电子商务发展的需要。

1. 必须提高全社会对电子商务物流的认识

要把电子商务与电子商务物流放在一起进行宣传，电子商务是商业领域内的一次革命，而电子商务物流则是物流领域内的一次革命。要改变过去那种重商流、轻物流的思想，把物流提升到竞争战略的地位，注重社会电子化物流系统的发展。

2. 国家与企业共同参与，共建电子化物流系统

形成全社会的电子化物流系统，需要政府和企业共同出资，政府要在高速公路、铁路、航空、信息网络等方面投入大量资金，以保证交通流和信息流的通畅，形成一个覆盖全社会的交通网络和信息网络，为发展电子商务物流提供良好的社会环境。物流企业要投资于现代物流技术，要通过信息网络和物流网络，为客户提供快捷的服务，提高竞争力。要吸引更多的制造企业和商业企业上网，通过上网提高企业的竞争力和盈利水平，促进电子商务的发展，从而促进电子商务物流的发展。

3. 结合我国的实际情况，加强电子商务物流人才的培养

积极吸取别国物流管理研究的成果，向电子商务物流发达的国家学习，鼓励理论界和实务界研究电子商务物流中的难题，少走弯路，加快我国电子商务物流的发展步伐。电子商务物流人才是一种复合型的高级人才，这种人才既懂电子商务，又懂物流；既懂技术，又懂管理。加强对电子商务人才的培养力度，建立完善的电子商务物流培训和认证体系，实现高校教育与社会培训相结合，在引进电子商务物流人才的同时把有潜力的人才派出去学习深造。

4. 第三方物流发展电子商务

电子商务是未来的发展趋势，而电子商务发展的关键在于物流。第三方物流发展电子商务有自己得天独厚的优势：第三方物流企业的物流设施力量雄厚，有一定的管理人才和管理经验，有遍布全国的物流渠道和物流网络，适应性强，能根据客观的经济需要提高物流技术力量，完成各项物流任务。电子商务集信息流、商流、资金流、物流四流于一身，第三方物流也一样。第三方物流企业具有物流网络上的优势，在达到一定规模后，随着其业务沿着主营业务向供应链上游或下游延伸，第三方物流企业转而进入网上购物的经营，有着相当的经营优势。因此，第三方物流完全有能力向更广阔的领域延伸，自行组建电子商务网站，突破时间、空间、地域的限制，向供应商采购商品，向用户销售商品和配送商品实行营业性交易。

5. 组建物流联盟，共建企业的电子商务物流系统

对于已经开展普通商务的公司，可以建立基于互联网的电子商务销售系统；同时可以利用原有的物流资源，承担电子商务的物流业务。拥有完整流通渠道的制造商或经销商开展电子商务业务，比 ISP、ICP 或互联网站更加方便。从专业分工的角度看，制造商的核心任务是商品开发、设计和制造，但越来越多的制造商不仅有庞大的销售网络，而且还有覆盖整个销售区域的物流配送网。制造企业的物流设施普遍比专业物流企业的物流设施先进，这些制造企业完全可以利用现有的物流网络和设施支持电子商务业务。

对这些企业来讲，比投资更为重要的是物流系统的设计和物流资源的合理规划。而批发商和零售商应该比制造商更具有组织物流的优势，因为它们的主业就是流通。因此，组建物流联盟是最合理发挥生产企业和专业物流企业的自身优势的一条捷径，在生产企业已有的物流设备的基础上，结合专业物流企业的物流理念和制度安排，共同建立企业的电子商务物流系统。

6. 明确网站商店和商品配送企业的财产权利

要发展电子商务，势必要对财产权利规则作出相应的改变，即对参与电子商务活动的有关经营主体的权利重新界定，合理分配和确认网站商店和商品配送企业的财产权利。可以考虑的一个方案是由商品配送企业承担商品代理采购、代为库存，继而一起承担商品配送的责任。商品配送企业通常都拥有仓库、运力以及商品保护等物流系统的一般设施和相应能力，网站商店把商品采购、运输和库存等劳务全面委托给商品配送企业，可以充分利用对方的能力和优势。这样可以保持网站商店是最后向顾客销售商品的所有权人地位，但是在有关商品的实际占有、处置等方面，权利转移到商品配送企业，即实行了有关财产权利的分离。

电子商务作为一种商务活动过程，必将给现代物流业带来一场史无前例的革命，对现代物流业务管理活动产生巨大而深远的影响。对此，我们必须采取相应的对策，在促进现代物流发展的同时也促进电子商务的发展。

三、现代物流的相关知识

（一）零库存

零库存是一种特殊的库存概念，零库存的含义是以仓库储存形式的某种或某些种物品

的储存数量很低的一个概念，甚至可以为“零”，即不保持库存。不以库存形式存在就可以免去仓库存货的一系列问题，如仓库建设、管理费用，存货维护、保管、装卸、搬运等费用，存货占用流动资金及库存物的老化、损失、变质等问题。

零库存是对某个具体企业，具体商店、车间而言，是在有充分社会储备保障前提下的一种特殊形式。零库存不是广义的概念而是一个具体的概念。虽然现代科学技术和管理技术可以把零库存的控制区域，从一个车间延伸到一个工厂再延伸到相关的社会流通系统，但是在整个社会再生产的全过程中，零库存只能是一种理想，而不可能成为现实。没有社会储备的保障，没有供大于求的经济环境，微观经济领域的零库存也是很难实现的。

（二）电子标签产品种类型

作为终极产品，电子标签不受“卡”的限制，形态材质也有多姿多彩的发展空间。其产品可分为标签类、注塑类和卡片类。

1. 标签类

带自贴功能的标签，可以在生产线上由贴标机揭贴在箱、瓶等物品上，或手工粘在车窗（如出租车）上、证件（如大学学生证）上，也可以制成吊牌挂、系在物品上，用标签复合设备完成加工过程。产品结构由面层、芯片线路（INLAY）层、胶层、底层组成。面层可以用纸、PP、PET 作覆盖材料（印刷或不印刷）等多种材质作为产品的表面；芯片线路（INLAY）有多种尺寸、多种芯片、多种 EEPROM 容量，可按用户需求配置后定位在带胶面；胶层由双面胶式或涂胶式完成；底层有两种情况：一为离型纸（硅油纸），二为覆合层（按用户要求）。成品形态可以为卷料或单张。

2. 注塑类

可按应用不同采用各种塑料加工工艺，制成内含 Transponder 的筹码、钥匙牌、手表等异形产品。

3. 卡片类

卡片类根据采用封装材质的不同，可分为 PVC 卡片、纸和 PP 卡。其中 PVC 卡片相似于传统的制卡工艺即印刷、配 Transponder（INLAY）、层压、冲切。可以符合ISO-7810 卡片标准尺寸，也可按需加工成异形。纸、PP 卡则由专用设备完成，它在尺寸、外形、厚度上并不作限制。结构为面层（卡纸类）、Transponder（INLAY）层、底层（卡纸等）黏合而成。

（三）物流信息技术

运用于物流各环节中的信息技术。根据物流的功能以及特点，物流信息技术包括如计算机技术、网络技术、信息分类编码技术、条码技术、射频识别技术、电子数据交换技术、全球定位系统（GPS）、地理信息系统（GIS）等。

物流信息技术是物流现代化的重要标志，也是物流技术中发展最快的领域，从数据采集的条形码系统到办公自动化系统中的微机、互联网，各种终端设备等硬件以及计算机软件都在日新月异地发展。同时，随着物流信息技术的不断发展，产生了一系列新的物流理念和新的物流经营方式，推进了物流的变革。在供应链管理方面，物流信息技术的发展也改变了企业应用供应链管理获得竞争优势的方式，成功的企业通过应用信息技术来支持它的经营战略并选择它的经营业务。通过利用信息技术来提高供应链活动的效率性，增强整个供应链的经营决策能力。

（四）物流信息化的三层结构

关于物流的信息化与物流本身的发展模式是一致的。在物流的规划里面，我们把整个物流业的发展分为三个层次。第一个层次是基础设施。第二个层次是服务平台，比如交通运输、仓储、报关等，传统的这些物流服务都要有一个标准化的、低成本的、高效的服务平台，供各个产业区选择。第三个层次才是真正的物流个性化、定制化的服务。它必须建立在这两个平台之上。从本质上讲，物流的服务是非标准的，是个性化的，是定制的。但是必须要用到两个基础平台，这两个基础平台往往是要求标准的，要有充分的选择。

在这样的一个物流三层结构的框架下，我们的信息化相应有三层要求。最底层对信息化是要有一些标准的编码、协议、网络等基础设施建设。第二层是要有一些信息服务平台的要求，包括运营的平台、开发的平台、服务的平台。这都是围绕信息来讲的，信息的运行，信息系统的开发平台以及信息的服务平台。这些平台建设也是信息化的重要内容。在第三个层次才是定制化的服务要求。这里面所要求的信息化的内容和目标，主要是要一些商业职能、知识管理、数据库的挖掘等，是一些比较高层次的信息加工方面的任务。

（五）配送中心建立信息管理系统

为了满足物流信息的信息需求，配送中心应建立五个信息管理子系统：一是销售管理系统，其主要的职能是订单处理。如采取配销模式，还应包括客户管理系统、销售分析与预测系统、销售价格管理、应收款及退货处理等系统。二是采购管理系统，如果采取物流模式，其主要职能是接受进货及验收指令，如果是授权模式或配销模式，其主要工作是面对供货商的作业，包括供货商管理、采购决策、存货控制、采购价格管理、应付账款管理等系统。三是仓库管理系统，该系统包括储存管理、进出货管理、机械设备管理、分拣处理、流通加工、出货配送管理、货物追踪管理、运输调度计划等内容。四是财务会计系统，财务会计部门对销售管理系统和采购管理系统所传送来的应付、应收账款进行会计操作，同时对配送中心的整个业务与资金进行平衡、测算和分析，编制各业务经营财务报表，并与银行金融系统联网进行转账。五是辅助决策系统，除了获取内部各系统业务信息外，关键在于取得外部信息，并结合内部信息编制各种分析报告和建议报告，供配送中心的高层管理人员作为决策的依据。

（六）电子商务环境下的逆向物流管理

在电子商务环境下讨论的逆向物流主要是指退货逆向物流，是指下游顾客将不符合其订单要求的产品退回给上游供应者的商品实体转移过程。随着电子商务的迅速发展，电子商务环境下的逆向物流已经成为一个不可忽视的问题。退货政策在网上销售时显得尤为重要，宽松的退货策略可以大大提高顾客的满意度，而在相同的退货政策条件下便捷的退货流程就成为提高顾客服务质量的一个重要手段。

在传统的商品退货管理中，首先，顾客要通过电话同商家取得联系以确定商品是否符合退货要求。顾客通过电话联系商家咨询有关退货的政策，并向商家陈述商品出现的状况及退货理由。商家通常按照常规程序和经验向顾客询问问题，从中了解情况以作出判断，如果初步符合退货政策，商家要求顾客把产品寄回做进一步鉴定。其次，顾客按照商家的要求将商品连同原包装盒、说明书和其他附件一起寄回商家指定的地点。在此期间，顾客只好默默等待处理结果。最后，经商家检验后给出处理结果。如果符合退货规定的，商家会按照政策给顾客退还货款；如果不符合退货规定的，商家还要再将商品寄还给顾客。

传统的退货管理存在以下问题：一是每件商品的处理周期过长（大约需要 10 天）；二是在整个处理过程中顾客不能及时了解到商品所处的状态（如在途、在检验中、已退还等）；三是商品来回的邮寄过程浪费了大量的时间和金钱。

由于传统的退货处理方法存在许多问题，有人提出了一种雇用第三方退货管理中心的退货管理，其主要为从事 B2C 的在线商家提供退货服务。实际上也是将第三方退货管理公司的后台数据库与各个在线商家网站的前端系统集成起来加快退货处理的过程。具体包括以下步骤。

消费者首先登录在线商家的网站，输入所购商品的发票单据中的购买号，查看此类商品的退货标准，判断是否符合退货要求。如果符合，填写详细的退货申请表与在线商家联系，详细说明要求退货的商品情况，包括退货原因、退货方式的选择（退款方式或是换货方式）等。在线商家确认后将告知消费者就近的退货处理中心地点。

消费者携带商品和发票单据来到退货处理中心请求退货。处理中心的工作人员根据发票单据找出销售此商品的在线商家，并将发票单据中的购买号输入退货处理终端，终端中包含连接在线商家数据库的专有软件，终端自动地从在线商家下载退货商品的退货信息及商家的处理意见。工作人员只需认真检查商品是否与退货信息相一致即可。如果该商品不满足退货标准，工作人员只需在指定的位置点击“不一致”并填写不一致的信息即可。这时退货处理终端会自动生成一个在线商家给消费者的信件，该信件包括该商品不能退货的原因。如果经检查商品与退货信息一致，工作人员只需在指定的位置点击“一致”，此时终端会自动从在线商家处下载一个退货商品授权号，并打印出一封带有授权号和处理方式的信件交给消费者。

在线商家接到“一致”的指令后，根据消费者填写的退货方式做进一步处理。如果是退款方式，在线商家马上把款项转入消费者账户；如果是换货方式，在线商家将按照消费者留下的地址重新发货。

收到退货商品授权号后，退货处理中心的终端系统会自动生成并打印一个运输标签，该标签内容包括退货商品授权号，在线商家的运输账号和商品其他相关信息，该标签上的地址根据商品退回的状况而设置，如果是完好的商品就退回在线商家，如果是有损坏的商品就退回给制造商。然后，工作人员将贴上标签的商品包裹寄出。

（七）电子商务概念模型的基本要素

电子商务概念模型是对现实世界中电子商务活动的一般抽象描述，它由电子商务实体、电子市场、交易事务和信息流、商流、资金流、物流等基本要素构成。在电子商务概念模型中，电子商务实体是指能够从事电子商务的客观对象，它可以是企业、银行、商店、政府机构和个人等。电子市场是指电子商务实体从事商品和服务交换的场所，它由各种各样的商务活动参与者，利用各种通信装置，通过网络连接成一个统一的整体。交易事务是指电子商务实体之间所从事的具体的商务活动的内容，例如询价、报价、转账支付、广告宣传、商品运输等。

电子商务中的任何一笔交易，都包含几种基本的“流”，即信息流、商流、资金流、物流。其中，信息流既包括商品信息的提供、促销行销、技术支持、售后服务等内容，也包括询价单、报价单、付款通知单、转账通知单等商业贸易单证，还包括交易方的支付能力、支付信誉等。商流是指商品在购、销之间进行交易和商品所有权转移的运动过程，具体是指商品交易的一系列活动。资金流主要是指资金的转移过程，包括付款、转账等过程。在电子商务环境下，以上 3 种流的处理都可以通过计算机和网络通信设备实现。物流，作为四流中最为特殊的一种，是指物质实体（商品或服务）的流动过程，具体指运输、储存、配送、装卸、保管、物流信息管理等各种活动。对于少数商品和服务来说，可以直接通过网络传输的方式进行配送，如各种电子出版物、信息咨询服务、有价信息软件等。而对于大多数商品和服务来说物流仍要经由物理方式传输，但由于一系列机械化、自动化工具的应用，准确、及时的物流信息对物流过程的监控，将使物流的流动速度加快、准确率提高，能有效地减少库存，缩短生产周期。在电子商务概念模型的建立过程中，强调信息流、商流、资金流和物流的整合。其中，信息流最为重要，它在一个更高的位置上实现对流通过程的监控。

（八）电子物流与三流之间无缝连接

电子物流是利用电子化的手段，尤其是利用互联网的技术来完成物流全过程的协调、控制和管理，实现从网络前端到最终客户端的所有中间过程服务，最显著的特点是各种软件与物流服务的融合应用。电子物流功能十分强大，它能够实现系统之间、企业之间以及资金流、物流、信息流之间的无缝连接，而且这种连接同时还预备预见功能，可以在上下游企业间提供一种透明的可视化功能，帮助企业最大限度地控制和管理库存。同时，由于全面应用了客户关系管理、商业智能、计算机电话集成、地理信息系统、全球定位系统、互联网、无线互联网技术等先进的信息技术手段，以及配送优化调度、动态监控、智能交通、仓储优化配置等物流管理技术和物流模式，电子物流提供了一套先进的、集成化的信息技术手段，从而为企业建立敏捷的供应链系统提供了强大的技术支持。

（九）电子物流的前端与后端服务

电子物流的主要特点是前端服务与后端服务的集成。目前许多经销商都面临如何将前端的客户订单管理、客户关系管理与后端的库存管理、仓储管理、运输管理相结合的问题。例如，当顾客通过互联网下订单，需要物流系统能够迅速查询库存清单、查看货存状况，而这些信息又需要再实时地反馈给顾客。在整个过程中，订单管理系统需要同仓储系统、库存管理系统密切地协同工作。

为了实现后台服务以及其平行的服务功能，电子物流的前端服务是至关重要的。前端服务包括咨询服务（确认客户需求）、网站设计/管理、客户集成方案实施等。这部分功能是用户经常接触的。而电子物流的后端服务则包括五类主要业务：订单管理、仓储与分拨、运输与交付、退货管理和客户服务。

1. 订单管理

此项业务包括接收订单、整理数据、订单确认、交易处理（包括信用卡结算及赊欠业务处理）等。在电子物流的订单管理业务活动中需要通过复杂的软件应用来处理复杂的业务环节，为了得到较高的效率，订单管理业务需要做好以下工作：一是确认订单来源。当电子物流服务提供商接收到一份订单时，电子物流系统会自动识别该订单的来源以及下订单的方式，统计顾客是通过何种方式（如电话、传真、电子邮件等）完成的订单。当一切工作结束后，系统还会自动根据库存清单检索订单上的货物目前是否有存货。二是支付处理。在顾客提交订单后，还需要输入有关的支付信息，电子物流系统会自动处理信用卡业务以及赊欠账务。如果客户填写的支付信息有误，系统将及时通知顾客进行更改，或者选择其他合适的支付方式。三是订单确认与处理。当顾客的支付信息被处理之后，电子物流系统会为顾客发送订单确认信息。在所有工作就绪之后，电子物流系统会对客户的订单进行格式化，并发送到离客户最近的仓储中心。

2. 仓储与分拨

仓储与分拨中心主要有以下两方面的任务：一是分拣。当仓储中心接收到订单后，就会根据订单内容承担起分拣、包装以及运输的任务。在这个阶段，有的电子物流服务提供商还会提供一些增值服务，如根据客户特殊需求对物品进行包装等。二是存货清单管理。仓储与分拨中心同时负责存货清单管理以及存货的补给工作，并由电子物流服务系统进行监测。这种服务将会为制造商提供有效的库存管理信息，使制造商和经销商保持合理的库存。

3. 运输与支付

这一步骤包括对运输的全程管理。具体包括处理运输需求、设计运输路线、运输的实施等。这个过程同时还包括向客户提供通过互联网对货物状态进行实时跟踪的服务。电子物流服务提供商在提供运输与交付业务时也会选择将该项业务向具有运输服务力量的第三方运输公司外包。

4. 退货管理

退货管理业务承担货物的修复、重新包装等任务，这个过程需要处理退货授权认证、分拣可修复货物、处理受损货物等工作。

5. 客户服务

客户关系管理服务包括售前和售后服务，同时还包括对顾客的电话、传真、电子邮件的回复等工作，处理的内容包括存货信息、货物到达时间、退货信息及顾客意见。

（十）快递发货注意事项

掌握相关快递公司的详细资料，如公司背景、相关网点等。登录常用的几家快递公司网站查看就可以。尤其该公司网点的分布，在与客户的交谈中看对方有意选择快递，顺手就得打开对方所在地看一下网点情况，很多卖家都有这个习惯，当然一些物流比较发达地区的网点分布就毋庸置疑了。

在与买家最后敲定快递费用前，自己一定要了然于胸。价格方面基本能掌握，但在关键的重量上一定要快速准确地把握。

物品的包装要到位。不同的物品要选择不同的包装材料和包装方式，防止路上造成磨损、折皱。

掌握买家的详细地址和联系方式。地址一定要是最新的，联系方式尽可能有几种方式，如手机、座机、电子邮箱和 QQ 号。

外盒上的详情单要贴结实，一般除了贴详情单，还要在另一面用记号笔写上详细地址和发货公司。

注意实时跟踪快件的物流信息。严格地说，在发货前、货运中、收货后都应该有信息跟踪，一方面是掌握物流信息，另一方面对于与客户的沟通十分有利。

注意快递公司的选择、服务、价格、速度等都是需要参考的。

（十一）托运货物的保险

托运人托运货物时，是否需要拟办理保价或保险，完全以托运人自愿为原则，铁路不以任何方式强迫办理保价运输或者货物运输保险。但从托运人、收货人利益立场出发，应办理保价运输。因为托运人一方面要求铁路运输企业能安全、迅速、经济地将货物送达到站；另一方面当发生货损、货差时，总希望得到与货物价格最为接近的赔偿额，保价运输主要解决以下问题。

1. 办不办包价运输的区别

从货物安全讲，货物运输管理虽按现行的铁路货物管理有关规章办理，但未能得到与保价货物一样的特殊安全措施的保护，故发生货损货差的机会比保价货物大；从赔偿方面讲，虽然不办保价也不办保险，故不用支付保价金和投保金，但因为铁路受理货物时，不论货物贵重与否，都按货物重量收取运费，如果发生货损货差赔偿时，则按货物价值赔偿，这对铁路运输企业是不公平的，因此铁路采取限额赔偿，但这样对托运人（特别是托运贵重货物的托运人）利益影响也大。

2. 办理保价运输货物

因为保价责任的基础主要是因为铁路责任造成的货物损失，铁路为了减少事故赔偿，必然要认真对待货运事故，而且货物保价运输是运输合同的组成部分，铁路作为合同的一方直接参加货物的运输工作，并通过对事故的调查、分析、总结，有条件对保价货物采取安全管理措施，改进内部的管理工作，提高货物运输安全质量和服务质量。从这方面讲，铁路与托运人利益是一致的。从赔偿方面讲，托运人虽然支付了保价金，但铁路以货物实际价格（保价额）承运，发生铁路责任时，按不超过保价额赔偿，托运人能得到合情合理的经济利益，因此，保价运输解决了铁路限额赔偿不足的矛盾。

3. 投保货物运输险

保险责任是因为自然灾害、意外事故等非人为因素造成的损失，保险公司不参与运输管理，赔偿只是一种对货物损失后的经济补偿形式。不论货物办理保价运输还是投保运输险，都属于保护措施。铁路办保价是针对铁路责任的，对于不属于铁路责任的损失，铁路不承担保价赔偿；托运人要求得到比保价运输更高的赔偿时，也可投保运输险。

（十二）签收货物注意事项

在签收货物时，务必当面核对商品，包括商品的品牌、型号、数量、颜色、保修卡附件及包装发生损毁的；具体包括机身的易碎保修贴、销售卡发生模糊、撕毁、涂改的；商品外观发生磨损等，如出现送达商品与订购商品不符、数量缺少等问题，请与网络购物吧店员协商。如你已确认签字，网络购物吧店员将无法为你办理补发商品及无条件非质量问题退货。

四、农业现代物流

（一）农业现代物流发展中存在的问题

1. 农业物流能力增长缓慢

目前，我国农业基本上是以家庭为生产单位的小规模生产。单个农户无法适应农产品市场的快速变化，特别是随着农业生产力和农产品市场化程度的提高，农产品市场逐渐走向供大于求的买方市场，而农民获取信息的主要渠道依然是通过相互交流、科技人员的技术推广以及广播和报纸等传统方式。农民与市场之间缺乏有效的沟通机制，多数农户仍然根据以前的市场价格及经验来确定农产品的生产种类和生产规模，这难免与市场需求存在一定的差异。如果市场需求出现较大变化，不仅影响农产品的销售，而且会造成严重积压和浪费，从而影响农业生产整体的稳定性和农民的积极性。

2. 农业物流基础设施建设存在差距

我国农业物流硬件设施建设取得了一定成效，但与农业现代物流发展的要求相比，投入仍显不足，设施和技术仍有很大差距。在软件设施方面，新农村商网作为我国第一个农村电子商务平台为农产品流通提供了很好的服务，产生了显著效益，但其他农业网站多数信息重复采集，缺乏科学管理与维护。一些链接甚至无法打开，电子商务形同虚设，信息的滞后与失真以及信息资源不能共享等都是比较突出的问题。有些地区政府积极建设内部网站，却没有考虑如何为农民及时提供所需信息。信息渠道和网络平台的严重缺乏致使许多有关农村、农业、农民的有效信息严重滞后或匮乏，无法发挥作用。

3. 农业物流水平不适应电子商务发展的要求

我国农业生产者和经营者数量众多且分布广泛，农民进入市场组织化程度低，流通渠道长、交易手段落后，倾向于自营物流方式。农业流通企业虽然在数量上有了很大增长，但大多数规模较小，自有资金不多，以提供传统运输和仓库储存业务为主，物流设施的利用不够充分，信息化程度低，物流成本高。在电子商务环境下，农业流通企业的服务观念、质量和功能与市场需求存在较大差距，电子商务的高效、快捷、低成本等特点难以体现。

4. 农业物流的标准化程度低

与世界发达国家相比，我国农业物流标准化程度偏低，各种运输、装卸设备标准不能有效衔接，各种运输方式之间装备标准不统一，多式联运发展迟缓；物流包装标准与设施标准之间没有协调；代表物流现代化程度的信息化标准严重滞后，制约着农业现代物流的发展。

5. 缺乏发展农业现代物流所需的管理人才

农业现代物流是一个涉及多学科、多领域的行业，具有知识密集、技术密集和资本密集等特点，涉及计算机和网络技术，对操作人员的知识水平、操作技能要求较高。我国高校开设的物流专业，比较偏重于工业物流人才的培养，虽然也有许多农业类的高校，但精通现代农业物流的人才仍然相当匮乏，特别是既掌握现代物流知识、信息技术，又具备农业经营管理知识综合素质的现代农业物流人才更显缺少。

（二）发展我国农业现代物流的对策建议

政府大力支持与多渠道开发并举。政府要采取措施，加强农业现代物流所需的基础设施建设，根据各地的自然条件和经济状况，在财政投入上向基础设施建设倾斜，通过各种方式推进农业现代物流的发展。要通过政策引导，对投资农业现代物流建设的企业提供具有吸引力的优惠措施，吸引有实力的企业参与农业现代物流建设，形成多元化农业现代物流建设体系。要通过调整税收政策，充分利用资本市场，促进农业现代物流的发展，鼓励有实力的农业物流企业对小企业进行收购、兼并和资产重组，把物流企业做大做强。

大力发展农业第三方物流。发展专业化的第三方物流企业有利于农业发展，能够降低流通成本，提高农产品的附加值和使用价值，增强农业竞争力。一是尽快培育和发展一批专门为农业生产全程提供物流服务的社会化的第三方企业和组织，使之成为农业现代物流发展的示范者和中小物流企业资源的整合者。第三方物流企业在发展初期可以通过让利或免费体验服务等方式，让农业生产者和经营者增强对第三方物流企业的信心。同时，应根据不同客户要求，有针对性地设计相应的物流解决方案，在降低客户物流成本的基础上开发市场潜力，促进农产品增值效益最大化。二是鼓励农业产业化龙头企业之间，龙头企业与商业、运输、仓储企业间的联合，着力打造一批优势农业物流企业。三是推进传统储运企业、粮食系统企业、供销系统企业、农业系统、农资经销单位向第三方农业物流转变，并积极吸引国外优秀的物流企业加盟，壮大农业第三方物流的规模和实力。

提高农业物流的信息化水平。加快农业物流信息化建设是实现农业现代物流的当务之急。首先，要构建全国集中统一的农业物流网络信息体系，搭建信息网络平台，整合信息网络资源，及时进行信息发布和网络交易，实现信息资源共享。其次，支持农业物流企业实施信息主导和技术创新战略，建立具有现代物流企业特征的商情信息资源体系、电子商务贸易和社会消费的服务体系。利用现有农村经济信息系统，建立信息主导型农产品批发市场。再次，积极引导 IT 厂商加大投入，并研制信息化应用系统，有效实现农业物流信息的商品化、物流信息收集的数据库化和代码化、物流信息处理的电子化和计算机化以及物流信息传递的标准化和实时化，建立农业物流网络信息体系。最后，加大物流主体建设。大力发展农业物流基地、物流园区和物流中心建设，创新物流业态，并加快农村基层物流网点建设。

1. 推进农业物流标准化建设

成立全国性的农业物流标准化管理组织，尽快消除物流标准化工作的体制性障碍，加快物流系统、物流环节间的标准组织协调工作。加强物流标准化体系的研究，明确标准化的发展方向和主攻方向，系统规划物流标准化工作，避免计划的盲目性、重复劳动和遗漏。从我国实际出发，积极借鉴国外先进物流标准，制定国内农业物流标准，加快我国与国际物流标准的协调统一，并大力推进与国际接轨的农业物流设施和装备的标准化建设。加强对农业物流标准的实施贯彻和监督管理工作。

2. 培养农业现代物流人才

一是要充分利用国内大专院校、各级党校等教育资源，增设现代农业物流课程或专业，举办形式多样的培训班。二是可选派业务骨干到国内外现代农业物流企业进行进修，学习先进的农业物流管理理论、方法和技术。三是制定切实有效的政策措施，吸引国内外物流人才加盟到我国农村现代物流行业中来。四是开展和规范从业资格培训，逐步实行现代农业物流产业从业人员职业资格制度，提高从业人员素质。

第五章　农村电商运营模式的选择

第一节　农村电商模式概述

一、农村电子商务模式概念

农村电子商务是从农业传统生产和经营活动中发展起来的新的社会经济运作模式。因此，农村电子商务模式实质上是对传统农业商务模式基于互联网的映射，或者基于互联网的创新不同于传统的商务模式。好的商务模式必须能够突出一个企业不同于其他企业的独特性。这种独特性表现在它怎样赢得顾客、吸引投资者和创造利润。优秀的商务模式是丰富和细致的，并且它的各个部分要互相支持和促进；改变其中任何一个部分，它就会变成另外一种模式。

探讨分析农业网站的电子商务模式，必须用发展的、动态的和创新的眼光，紧紧围绕服务“三农”和实现盈利这两个基本任务，把握农业企业发展、农产品流通、农业技术推广和服务农民、建设新农村等特征，全面深入研究如何顺应农业发展趋势，应用电子商务技术，为服务对象（包括农业生产、农产品加工、农产品流通企业，农民和农产品消费者）提供比传统方式更有价值的，甚至创造出传统方式所不能提供的产品和服务，发挥电子商务的优越性和竞争力，实现农业网站的盈利目标。提供哪些优质服务、如何高效提供服务以及如何将这种方式变成企业的盈利，是科学分析我国农业网站电子商务模式的基本出发点。

二、农村电子商务基本模式

农村电子商务发展的过程与其他行业不同。农业作为弱质产业，其信息化程度也相对滞后。我国农业信息化水平远远低于税务、海关、邮电、交通、化工等其他行业，加上一家一户的农业小规模生产经营方式，自然风险与市场风险同在，使我国农村电子商务的发展更为曲折。

电子商务所具有的开放性、全球性、低成本、高效率的特点，使其大大超越了作为一种新的贸易形式所具有的价值。它一方面破除了时空的壁垒，另一方面又提供了丰富的信息资源，不仅会改变生产个体的生产、经营、管理活动，而且为各种社会经济要素的重新组合提供了更多的可能，这些会影响到一个产业的经济布局和结构。

农村电子商务就是在农业生产、销售、管理等环节全面导入电子商务系统，利用信息技术，进行供求、价格等信息的发布与收集，并以网络为媒介，依托农产品生产基地与物流配送系统，使农产品交易与货币支付迅捷、安全地得以实现。

农村电子商务按参与交易主体的不同可划分为 B2B、B2C 和 G2C 模式的电子商务。

三、农村电子商务模式分类

（一）农村电子商务的业务模式

结合近年农村电子商务的实践，归纳出以下 7 种具有代表性的农村电子商务的业务模式：一是目录模式，也有学者把这种模式称为网上黄页；二是信息中介；三是虚拟社区；四是电子商店；五是电子采购；六是价值链整合；七是第三方交易市场。

（二）初级模式

初级模式包括目录模式、信息中介模式、虚拟社区模式。其共同点是不进行农业实物的网上交易，而是为农业网上实物交易提供服务。表现为：一是目录模式，链接到某一综合信息平台上（门户网站如雅虎等）；建立自己的网站用于发布信息。这种模式主要是介绍各类公司的经营特点、推荐产品，宣传企业的业绩。二是农业信息中介模式，主要是以提供信息中介服务来帮助农业企业获得相关农业信息，在某种程度上仅仅是商务服务行为。三是虚拟社区模式，虽然能为整个价值链或价值链系统增加信息交换量，但并不属于价值链上的任何一个元素。正因为如此，它正式成为一种附加功能，主要用它为其他商业模式（电子商店、第三方交易场所、价值链整合商）提供辅助功能。其发展上也存在局限性。

（三）电子商务

具有较大规模和较强实力的高级模式。包括电子商店模式、电子采购模式、价值链整合模式。其共同点是进行农业实物的网上交易。但是它们的情况又各不相同。一是农业电子商店模式的驱动者一般是卖方或买方单方，整个模式的发展受宏观网络环境和客户对网络采购偏好的影响很大。另外，交易过程需要交易各方如中介方、金融、物流、保险、税务的配合，一般不具实力的网站，在目前环境下很难实现交易。二是农村电子商务的电子采购模式。实施的前提是农业企业内部信息化已经完善，并且需要将后端应用连接起来的灵活接口，在此基础上要增加适合企业的供应链系统、物流配送系统，只有这样库存管理以及相应的电子采购系统完善配套才能实现，也就是说要实现 ERP、CRM、SCM 及电子采购系统的融合才能实现该模式。而目前我国的实际情况是大多数农业企业链内部信息化尚未实现。故现阶段要采取此种模式较为困难。三是开展价值链整合电子商务模式，主要是资金比较充足的上市农业企业或行业内知名企业集团，对于一般企业应用这种模式还存在一些困难和障碍。主要表现在：环境问题、相关价值链上企业间配合问题、人才问题等方面，而最重要的还是资金问题。虽然电子商务能够降低交易成本，但是，庞大的资金投入也不是一般企业所能承担的。即便能够承担，庞大的初期投入、长期维护运营费用跟降低的交易成本之间的比较优势一时也很难平衡。因此，一般来说，采用价值链整合模式的农业企业自身必须是一个具有号召力的大企业或服务提供商，往往这种模式的采用者大多是具有知名品牌和较大规模的农业企业。对于我国来说，农业企业目前绝大多数还是中小型企业，开展价值链整合的电子商务还比较困难。所以，农村电子商务价值链整合模式的采用，在现阶段普遍推广具有较大的局限性。

(四) 第三方市场模式

从电子交易的角度对农村电子商务7种模式进行综合分析可以看出，任何模式都是与特定的需求、资源环境信息相关的，世界上永远都没有什么“模式”是一成不变的或一劳永逸的，其适应性、优劣是相对而言的。一是在我国目前的经济环境下，采用第三方交易市场模式，应用于我国农业电子市场具有广泛的实际意义。因为，我国农业中小型企业及农户占企业总量的99%，它们与大企业相比，有着自身的弱点，如资金不足、生产规模小、缺乏人才、营销网络过窄等。而电子商务是未来企业的主流生存方式之一，因此，越来越多的中小企业甚至农户开始涉足电子商务领域。二是一个完整的电子商务系统是十分复杂的，需要企业有相当大的投入，而这对于实力不足者来说是一大难题。在这种情况下，第三方交易市场模式的优势就显露出来，为大宗农业交易提供了平台，具有较高的匹配能力。往往能在买方和卖方都十分分散的情况下取得成功。

四、农村电子商务模式应用

上述这三种模式主要是从不同的角度分别为农业企业的电子商务提供宣传、信息和交流沟通服务，基本上只是一个信息交换平台，仅仅是电子商务发展的初级模式。不同的农村电子商务模式，解决或缓解了目前农业贸易中存在的不同问题，因此有不同的网络适应性：价值链整合和第三方交易市场能有效地解决农业交易环节过多的问题；信息的畅通、透明能够规范交易各方的行为，网上商店、电子采购、价值链整合、第三方交易市场四种模式中规范的交易流程、科学的交易方式能够减少传统交易中存在的交易不规范的顽疾；农村电子商务的7种主要模式都具备信息的收集、发布功能，并且采用这些模式的企业为了聚集人气和提供完善的服务，都加强了信息的服务能力，使参与者能得到比较全面的相关交易信息，在一定程度上消除信息不对称性；信息中介模式能有效降低农业交易中收集信息的成本；电子商店、电子采购、价值链整合、第三方交易市场能分别不同程度地减低交易成本；第三方交易市场模式，通过有效的网上交易手段及和约交易，能够减少交易的波动幅度；同时，针对农业交易量大、生产的季节性和区域性特点，农村电子商务也有不同的模式适应性。

第二节 农村电商运用的主要模式

一、农村电子商务的G2B模式

G2B（P to C to B）中的P为个体农户，C即Cooperative，可以是农业协会、合作社，B为农产品销售、流通和加工企业，也可以是像沃尔玛、华联、家乐福这样的大型超市等。对于分散的单个农户经营的现状，如果要争取平等的经济地位需要形成一个整体，有组织有谋略，而农村中的合作社能有效地解决这个问题。在生产环节，合作社根据市场需求组织农户统一进行生产，有时合作社接受需求企业的订单，从而根据订单安排生产，提供技术支持，注重高质高效，尤其是近些年生态农业及其产品非常受欢迎，单个生产较难控制农药用量和时机，有组织有指导的生产使生态农业变成现实。在销售环节，合作社以整体的身份对外和农产品需求企业在网上进行洽谈、签订购销合同等。有一定经济能力和技术基础的合作社可以自建网站，以有特色的农产品为招牌吸引客户。同时通过在中介平台上发布供给信息，查询需求信息，网上进行洽谈，甚至直接出口农产品。网上交易诚信和安全很重要，而认证中心则能提供较为安全的交易环境，故合作社和农产品需求企业都需要向第三方认证中心申请证书，在网上交易过程中互相辨别并认证对方身份，然后用证书中的密钥加密要传递的信息，保证商业信息的机密性。在物流环节，由合作社负责按照质量要求将农产品分拣、包装好，然后在网上寻找第三方物流公司完成送货服务。在支付环节，合作社可在县城的银行开立账户并开通网上银行，每次交易后的货款由买方直接网上转账即可。

二、农村电子商务的 G2C 模式

与城市电子商务国退民进相反，农村电子商务的开展和推进离不开政府的支持，《中共中央　国务院关于推进社会主义新农村建设的若干意见》指出，一定要支持发展农产品直销配送、连锁经营、电子商务交易，体现了政府对推进农村电子商务的决心。

（一）农户+政府部门+企业的模式

在这种模式下，中央及地方各级政府部门结合农民实际需求，建立一批针对农产品种植和养殖、产品销售和供求信息、人才培训和外出务工、网上农产品交易会等内容的涉农网站，如江西的“信息田园”、四川的“天府信息”、福建的“数字福建”、陕西的“电子农务”等。由于各级政府在当地有很强的公信力，无论是农户端还是企业端都会信任政府的中介作用。有些地方出现了由政府把订单接来，然后安排农户有组织地进行生产，“订单农业”效果很好。此外，政府部门工作人员科技文化水平较高，能较好地进行网上操作。

为了保证网上交易的安全，交易双方可以向认证中心申请证书，由中心确认各自的身份，在交易当中双方互相验证身份，并用证书包含的密钥加密信息，保证商业信息的机密性和安全性。在资金结算上，双方开通网上银行，直接网上转账。

该模式主要以政府办的供求信息服务型网站为主。这种类型以中国农业信息网为代表，包括各级政府建设的涉农网站。为规范市场，服务“三农”，农村农业部委托农村农业部信息中心整合全国农村农业信息资源，在部级网站开设了各级农村农业部门网站联网运行的“农村供求信息全国联播”一站式服务平台，使信息的上传、存储、发布、传输、查询等基本功能在同一系统上实现。供求信息集中存放在一个公共数据中心，全国一个窗口，一个数据库，一个交换中心，用户可以在任意一地的网站登录进入系统，免费上传供求信息，全国各网站同时发布。

（二）政府商务信息服务模式

这种模式的典型代表是全国各地省及各地、市、县农业信息网，由政府部门、农业行业主管部门以及与农业有关的科技、教育等部门主办，提供农产品价格信息、市场信息、交易信息、政策法规等服务。

三、农村电子商务的 B2B 模式

B2B（B to B）中的 B 即当地的农业生产企业或专门从事农产品销售的企业，由于自身有较强的规模优势和品牌实力，通过自建农产品网站，进行搜索引擎注册推广网站，也可以在阿里巴巴这样的大型第三方中介平台注册成为会员，由阿里巴巴在线上和线下为它们推广，从而可以实现在线搜索农产品需求信息，以及进行报价、洽谈、合同签订、资金转移、选择物流供应商、结算等事宜。

为了保证网上交易的安全，与以上的模式同样，交易双方向认证中心申请证书，由中心确认各自的身份，在交易当中双方在网上互相验证身份，并用密钥加密信息，保证商业信息的机密性和安全性。在资金结算上，双方开通企业网上银行，直接在网上转账即可。

这种模式下典型的案例有安徽砀山梨园，它自建电子商务网站，并有中英文两个版本，网站有大量丰富的产品介绍并配有图片，生动形象。同时，公司还在农业信息网等中介平台发布广告信息，获得不错的效果。中农网提供订单、合同的流转和管理，最大可能、最接近地将原有的业务模式转移到网络上来，无缝地实施了电子商务。在业务模式上，提供了交易市场、商品直销、招标、拍卖等交易模式，由客户自行选择最适合自己的方式，真正实现电子商务的效能。在对传统方式的拓展上，提供了交易自动撮合、库存发布和查询、数字签名、网上支付等，大大地缩短了供应链，提高了工作效率和质量。中农网除了拥有完善的交易和交易管理外，还提供大量实时、准确的专业信息，是了解掌握业界动态的窗口，同时，中农网提供与第三方服务单位的接口，实现运输与仓储服务的询价、洽谈、订仓和货物监探等功能，确保物流的正常运转。

该模式是农业生产企业、销售企业、加工企业间通过电子商务平台联系起来，进行电子商务运作的模式。即涉农企业间的电子商务模式。这种模式的典型代表是黑龙江中米网络科技有限公司所建立的中国大米网，采用 B2B 模式，是我国米业第一门户网站，主要提供市场行情、供求信息、科技信息、策划营销、业内动态、米网企业、米业包装信息、网上短信等服务。

四、农产品电子商务的在线交易

在农产品电子商务中在线交易是一种主要的电子商务模式。农产品的在线交易与其他商品有所不同，农产品属于低值、易腐蚀、科技含量低、规格不一的商品，尤其鲜活产品的物流问题，相对来说在线交易的成功率比较低，条件要求更高。一般来说，农产品的在线交易有以下几种。

1. 在线拍卖

山东寿光农产品批发市场是国内第一个进行电子拍卖的。中农网电子商务有限公司也在摸索农产品在线拍卖交易模式的雏形。通过互联网平台发布有关农产品的拍卖信息，约定具体时间、地点来召集竞拍人，成交后中农网电子商务有限公司向买卖人收取相应的佣金。

2. 网上招投标

农产品网上招投标的交易模式国内目前只有中农网电子商务有限公司运用，配合农产品“阳光采购”计划，包括委托招标和自助招标，服务全部在互联网上实现。目前中农网的这项业务不向委托单位收取费用，只向最后的中标人收取一定的费用。

3. 网络直销

农产品的网络直销交易模式大部分都是鲜花的网上订购、速递业务。如深圳中农网采用冠群电脑（中国）有限公司智能化的集成电子商务平台，集电子商务交易平台、垂直型综合服务社区及网上洽谈、拍卖、直销等全方位服务于一体，将增值内容和商务服务平台紧密集成，建成网上的B2B大型农产品交易市场，它是中国首家实现网上银行支付机构提供身份认证的农业网站。该网站拥有各类会员企业近4000家，涉及国内农产品生产、加工、经销、消费以及农业科研、行政等单位，涵盖果蔬、粮油、食品、饮料、水产、肉禽蛋、花卉、饲料、畜牧、服务等各行业。

第三节　农村第三方电子商务模式

一、农业第三方电子商务模式的实质

农业第三方电子商务模式是由农产品中介机构建立的电子交易市场，它主要服务于那些打算把网络营销交给第三方的农产品企业和农户。例如，中国农贸交易网是由齐齐哈尔市北方公交集团和中国网库联合创办的一个实实在在的农产品在线交易平台，它为广大涉农企业和农民提供一个出售优质农产品的高效通道。

该模式依赖第三方提供的公共平台开展电子商务活动（如中农网）。真正的电子商务应该是专业化、具有很强的服务功能、具有“公用性”和“公平性”的第三方服务平台。它应该是农业、制造业、流通渠道和零售终端的服务商，目标是为农业生产经营单位、加工企业、流通企业和零售企业搭建一个高效的信息交流平台并创建良好的商业信用环境。这个平台要能保证交易双方的合法性与诚信（如淘宝网的诚信通），对双方有争议的问题，可以通过第三方交易平台公正处理，采用商业和法律手段有效约束。电子商务不可能由单个的农业生产经营单位单独进行，也就是说，电子商务发展特别需要提供公共服务的机构来推动和完善。这个机构并不一定是政府机构，它只要能够为参与商务活动的所有企业提供一个统一服务平台即可。应该说农业第三方电子商务模式是我国农业信息化过程中一种全新的模式，特别适合我国非常分散、信息化基础不高的农业生产经营单位。

二、农业第三方电子商务模式的优势

（一）农业第三方电子商务模式的作用

第三方电子商务提供商应在电子贸易的框架下，利用商用Web网站的运行机制，建立真正意义上的跨行业的、开放的、服务于商务全过程的电子商务系统，像环球农商网、农业商务网一样，实现为农业生产经营单位提供纵深的业务过程服务。

第三方电子商务作用包括：一是第三方电子商务经过几年的探索与经营，已经相对成熟，基本能够成功解决“交易前”的市场开发服务和“交易后”的市场维护服务。二是

通过第三方电子商务模式的实施，能够解决农产品的标准化问题，从而打通农产品流通的瓶颈。三是能够强化企业资源管理与配送体系的建设，解决农村电子商务发展的物流瓶颈。四是保持中立立场以得到交易参与者的信任、集成买方需求信息和卖方供应信息、撮合买卖双方、支持交易以便利市场操作，解决交易参与者的诚信问题。五是买卖双方个人或农业生产经营单位与第三方平台集成，解决农村电子商务的规模化问题。六是以前的电子商务交易大多以工业企业的业务链模型为基础进行开发，通过第三方电子商务平台可定制适合任何行业业务链模型的电子商务交易流程。

（二）农业第三方电子商务模式的优势

农业第三方电子商务模式的作用。第三方电子商务提供商应在电子贸易的框架下，利用商用 Web 网站的运行机制，建立真正意义上的跨行业的、开放的、服务于商务全过程的电子商务系统，像环球农商网、农业商务网一样，实现为农业生产经营单位提供纵深的业务过程服务。

以较小的成本加入第三方电子商务平台，一方面会提高农业生产经营单位的电子商务意识，另一方面在电子商务起始阶段少走弯路，享受专业化的信息服务和增值服务，提高农业生产经营单位发展市场的机会，随着国际化的加深，会反向带动农业生产经营单位管理的提升。

三、第三方电子商务模式的基本功能

为企业间的网上交易提供买卖双方的信息服务：一是买方或者卖方只要注册或者交纳一定费用成为会员后就可以在网上发布自己的采购信息，或者发布自己的产品出售的信息，并根据发布信息来选取潜在的供应商或者客户。二是提供行业信息、市场等附加信息服务，很多第三方电子商务网站可以根据客户的需求，定期将客户关心的买卖信息发送给客户。三是提供与交易配套的服务，如提供网上签订合同服务、网上支付服务等实现网上交易的服务。四是提供客户管理功能，即为企业提供网上交易管理，包括企业的合同、交易记录、企业的客户资料等保密资料的托管服务。

四、第三方电子商务模式的应用价值

农业生产经营个人或单位可以利用第三方电子商务平台开展现代贸易，获得与大企业平等竞争的机会，赢得更大的发展空间，实现降低经营成本、提高经营效率的基本目标。

（一）农业生产经营个人或单位获得适合自身情况的业务

链模型，能够与国内政务平台、其他商务平台、政府监管系统、服务企业系统等进行对接实现企业信息流、货物流、资金流的全程信息化。

（二）第三方电子商务模式改变了传统工作方式和固有的商务模式

思维模式，电子商务更易于被更多农业生产经营个人或单位接受。电子商务的作用是可以减少中间环节和重复流程，以提高效率和降低成本。在农业行业范围内实施电子商务显然比单个农业生产经营个人或单位实施电子商务要经济、高效得多。将众多的农业生产经营个人或单位聚集到一个第三方的大平台，将为农村电子商务联盟中的成员带来新的采购、计划和决策优势。

第三方电子商务模式是推动我国农村电子商务发展的一种有效手段，在社会力量和政府支持下，第三方农村电子商务平台以区域为中心，为本区域的农产品提供电子商务服务，同时辐射周边区域，可以为本区域内农业生产经营个人或单位提供有效的电子商务支持，同时，对于第三方而言，目前正是发展第三方电子商务模式的有利时机，从长远来看，建立这样的公共平台必将为自己带来可观的效益。

第四节　未来农村电子商务模式

一、现行电子商务模式不太适合农村电子商务

（一）C2C 模式

C2C 是消费者对消费者的交易模式，其特点类似于现实商务世界中的跳蚤市场。C2C 最能够体现互联网的精神和优势，数量巨大、地域不同、时间不一的买方和同样规模的卖方通过一个平台找到合适的对家进行交易，在传统领域要实现这样的大工程几乎是不可想象的。与传统的二手市场相比，它不再受时间和空间限制，节约了大量的市场沟通成本，其价值显而易见。但是，正由于 C2C 模式的主体是最自由的个体自然人，因此其自由度和随意性更大。良好的 C2C 模式发展必须依靠良好的电子商务化教育和技能，同时，要求较好的电子商务交易平台提供商对于交易中的诚信监控要求相当高。交易的小规模、多频率以及对现代物流体系的高要求等，显然都不适合农村电子商务。

（二）B2C 模式

B2C 是企业对消费者的交易模式，其特点是制造企业直接面对终端消费者。它能缩短供应链的长度，为及时准确把握市场需求起到重大作用。而我国的农业生产特征多为分散经营、家庭作业为主，农产品缺乏深加工。如果农村电子商务直接采取以农业龙头企业、农业协会、合作社来搭建 B2C 平台，也不符合农产品的流通规律。

（三）B2B 模式

B2B 是企业对企业的交易模式，其特点是制造企业面对流通企业，流通企业再面对终端消费者。由于我国农业生产企业较少，农产品流通企业虽然极乐于接受 B2B，但是从我国农村电子商务的现状可知，这种模式目前也难以在农村电子商务交易中取得较大的成绩。

二、B2B 模式是农村电子商务平台的建设重点

农村电子商务的 B2B 模式是农业生产企业、销售企业、加工企业间通过商务信息网联系起来，进行电子商务运作的模式。农业企业都可以通过电子商务信息平台（商务信息网）共享与上传信息。及时有效地共享信息，有利于减少农业企业的库存成本，并且有利于提高其适应风险、感知机遇的能力。

该模式是在农业企业之间、某种农产品或服务的生产商与需求商之间的电子商务关系，而这里所指我国农业企业就是农产品市场组织、中介机构或农业产业化的龙头企业，

由它们面向广大农业生产者，将无序的农业生产组织起来变为有序的农业生产。这些农业生产企业或涉农企业进行信息化运作具有一定的经济基础和物资条件，同时农业企业经营管理人员文化素质相对较高，能适应电子商务运作的简单要求。很显然，B2B 与 B2C 对比，能实现农业企业的“共赢”，经济效果要好得多。但是其缺乏与农产品原材料的接触，从供应链来讲也是不完整的，依然存在“供应危机”。原材料一旦短缺，农业企业的供应链就会产生“断层”，将会出现“共亏”的局面。在 B2C 模式较难推广的情况下，这种农业企业间的电子商务模式具有其优越性，通过农村电子商务平台的运作，农业企业可以方便地查询到农产品信息，特别是供求信息，可以方便当地联系到许多相关农业企业进行经济合作与交流，这种方式大大降低了交流成本和寻找农产品或合作企业的时间，提供了一种既省时又省钱的平台。

三、B2B 农村电子商务平台发展的决定性因素

通常将农业综合企业中的 B2B 交易如购买、销售、贸易、配送以及订立合约等作为向电子商务转化的目标。在农业供应链中实行电子商务理论上的利益包括：一是促进信息流动、市场透明度及价格发现；二是加强产业协调；三是减少或消除交易费用。这些理论上的获利是无可争议的，但由于将业务间基于互联网的 B2B 电子商务方案转化存在着诸如投资回报不清晰、缺乏利益共同体的支持、复杂的技术等问题，使得在农业综合企业的供应链中实行 B2B 电子商务方案有一定的困难，因而这些理论上的获利还没有物化为收益。有资料显示，在农业供应链中 B2B 的成长需要比预期的时间更长。产业结构特殊性、产品复杂性和高接触性交易是影响农业综合企业及其供应链向 B2B 电子商务转换的 3 个决定性因素。

（一）产业结构特殊性

一是农业产业结构的变化。在过去 10 多年，农业综合企业中各级价值链的合并改变了参与方之间的传统关系，并以两种方式影响了电子商务方案在农业供应链中的实现。首先减少了对采用电子手段协调碎片市场的需要。其次产生了对透明化电子市场发展的新障碍。二是较大的市场集中度。一方面，农业综合企业合并所带来的第一个影响是集中了不同的市场分块；另一方面，基于互联网的电子商务为分散碎片式的市场以一种廉价、有效率的方式建立协同市场提供了巨大的机会，而当前的合并正在减少进行这种行业协调的需要。在诸如谷物处理、肉类包装和加工、食品加工和零售等价值链的一些分块中，合并使得关于产品和价格等的市场信息集中在一部分大型企业中，如果这些大型企业期望借助电子商务来减少它们的交易费用和（或）生产费用，那么是可能推动电子商务方案在农业供应链中的实现。但是规模很大且结合得非常紧密的企业也可能会成为实现电子商务方案的明显障碍，如因为内部评估过程不够、缺少信息技术人员，雇员不适应变化、因预算优先级而引起的内部冲突、缺乏合作伙伴或资金、高层对实现农业供应链的电子商务解决方案缺乏理解和意愿等因素的影响。三是透明的市场。合并所产生的第二个影响关系到虚拟市场的发展。尽管通过新的价格和市场机制，电子商务根本性地改变了买卖双方交流的方式，并可能带来更好的产品信息、更适合的价格、更大的市场透明度等好处，但与此同时，很大的价格透明度对合并各方也构成了威胁。另外，信息控制得不均衡以及市场中不

对称信息的存在导致一个较高的利益市场，而电子商务方案所提供基于互联网的、更有效的信息访问方式可能会削弱合并方所拥有的这种利益，结果使它们不愿意参与到新的市场机制中去。

（二）农产品复杂性

日渐增加的农产品复杂性。这种复杂性有两个来源：传统的产品复杂性和终端用户驱动的复杂性。一是传统的产品复杂性。尽管集中的市场提供了有关农产品的共同价格参考，但是位置、配送时间和实际的运输质量的差异导致了复杂的个体交易，并影响到农产品价格，例如同样重量的某种农产品当天的价格将会和1个月前的价格不同以及本地和异地的价格可能不同等。另外，对某种农产品是属于功能型产品还是创新型产品的区分存在相当大的难度，而属于不同类型的产品其供应链所强调的重点、采取的供应链方法以及所应用的IT系统都是不同的。将某种农产品的所有信息（如位置、时间、价格、质量和数量等）数字化非常复杂，要求有非常精心设计的数据库和搜索引擎。在当前的技术条件下，买方为搜索所有这些产品信息所投入的时间和努力也许会超过其可能赢得的任何好处。二是终端用户驱动的复杂性。最近10多年，终端用户驱动的农产品复杂性在不断演化，集中在客户对更健康、更方便和口味更好的食品的需求；加工者对价值链中有价值的特色产品的开发。这两种驱动力推动了有别于一般农产品渠道的需求，如对高差别性食品的需求、对食品安全及其回溯能力的需求、最小化生产、加工和配送的总费用的需要等。在过去，农业综合企业依靠向后垂直集成供应链来对客户偏好的复杂性作出响应，例如家禽业和肉类生产、加工业就是这种演变的例子。可以从以下几个方面来解释供应链的这种集成：通过所有关系来捕捉利益、降低风险（质量、数量、价格和财务）、降低费用（交易和运作费用），确保有足够的输入或市场，能对变化的客户需求作出快速的反应。集成需要从各个分散的位置捕捉数据，然后聚合这些数据提供给决策者使用，这些过程需要集成的数据存储、管理和检索系统来支持。电子商务一个经常被忽略的好处是它为供应链创造的“虚拟集成”机会能够使供应链各成员间的信息更加有效地流动，从而使得对变化的客户需求能更快地做出响应。三是产品复杂性的影响。两种类型的农产品复杂性对农业供应链中B2B电子商务的发展既创造了机会又构成了威胁。一方面，在流线型的交易中产生了机会，互联网要么太昂贵，要么不可能捕捉信息数字化了；另一方面，这些农产品交易产生了对“点方案”的需要，或者信息交换系统被裁剪以适用于某个特殊产品或过程，这些具有个体特征的活动产生了威胁。期望一个包含一切的农产品信息系统是不现实的，在找寻这种系统的过程中产生了几种业务模型：拍卖系统、在线目录和出价系统。B2B电子商务在农业综合企业中的应用取决于对不同提供物的评价以及决策模型的正确性。举例来说，一个在线交易模型也许对大量日常农产品贸易是适合的，但对一个特殊的谷物市场来说也许不够。也就是说，在应用某个方案或模型之前，需要对农产品的特性有完整的了解。

（三）高接触性交易

在农业综合企业中实现B2B电子商务的第三个障碍是农产品交易的高接触属性。买进原材料、销售谷物或家畜、采购机械、获取资金以及安排运输都是以传统的一对一方式进行的交易，一些学者认为，农业基本上是由关系驱动的，农业市场严重依赖个人的交互活动。缺乏面对面的接触是基于互联网应用的一个限制因素，在完全基于互联网的农业供应链中通常缺乏经过人的交互活动建立起来的信任，大部分农业综合企业的管理者认为农民对进行互联网采购缺乏信任，通过互联网很难发展个人关系。由于已经建立起来的业务方式所生成的惯性的影响，引入计算机应用程序和数字化交易在旧的交易行为中引起了变化和学习这些变化的需要，使农业供应链中电子商务方案的实现必须经历一个长期的时间曲线。

四、未来农村电子商务发展可能是 B2B2C 模式

在农业经济领域中，B2B2C 模式是鉴于 B2C 模式发展受限，在 B2B 模式的基础上加以深化发展的模式。它实质上是结合了 B2C、B2B 两者的优点，能够弥补各自的不足。其关键环节是加入了一个“供销中介”。“供销中介”的主要职能包含：一方面，可以直接同广大的农户打交道，能够及时准确地了解农户的生产情况，其能给农村电子商务共享平台（商务信息网）提供准确的供给信息，有助于三类企业控制库存，降低成本；另一方面，它可以做到把分散的农户集中起来，对农产品进行统一调度，有利于开拓营销渠道，有效减少“烂市”现象的发生，这对广大的农户是非常有好处的。B2C 与 B2B 通过供销中介紧密地结合在一起，使完整的供应链得以形成。一旦形成了供应链，物流的调动就会高效而有序，对于减少生产加工周期，稳定销售价格有很大的作用。

该模式解决了企业与农户之间存在的一个沟通交流不便、产销脱节的问题，由专门的中介组织（既可以是专门机构，又可以是龙头企业）来将分散的农户、分散的农产品生产加以组织化，通过对农户下订单、签合同与农户紧密联系起来，从而也满足农产品需求方的现实需求。其中 B2C 的连接过程是 B2B 连接过程的深入，是生产价值链条的延伸，实现从生产者到需求方的完整连接，达到很好的融合。在发达地区可以直接通过商务信息网来实现 B2C 的阶段，而在一般地区或不发达地区则可以部分通过商务信息网来实现，更多地依靠产地市场、龙头企业的作用来加以组织实施。随着经济的进一步发展，农业和农村经济真正繁荣起来，这一过程也可以直接通过商务信息网来实现了。中间的 B 成为小农户与大市场的纽带，它与农户通过新型的、直接的经济利益相联系，有别于政府组织和以往的农业合作组织。这也是经济发展的必然趋势，所以说 B2B2C 模式是今后农村电子商务平台建设的选择模式。

第六章　农村电商产业运营模式

第一节　农村电商产业发展演进

随着信息技术在农村的普及，传统的流通模式和交易方式不断创新。其中，以电子商务为代表的信息技术低成本应用和农民创业模式，正以一种近似普适性的实践形态在中国农村迅速发展。从本质上来看，农村电商是以互联网技术为基础的商业模式在农业农村发展中的应用。

一、互联网赋予主体创新动力，体现微观技术应用层面

互联网为缺乏信息沟通的村庄带来获利空间，提高参与者的学习和受教育机会，缩小城乡差距。互联网等现代信息技术在农村的应用，能够激发农民对于网络使用的积极性和学习意愿，增加信息红利和缩小数字鸿沟。电子商务技术不仅为农产品营销服务提供便利化、网络化的市场环境和通道，实现农户与市场的有效连接，更通过整合乡村传统要素与互联网资源，推动农民创业，促进边缘化农村社区发展和实现农村现代化。

二、政府在宏观保障层面对互联网技术的推动与服务体系构建

政府要为农村地区提供信息和网络资源可获得性和使用的便利性，但是，单方行政推动容易产生管理重叠和监督困难，地方政府需获得更多自主权统筹安排和自主推进互联网基础设施建设，还应融合市场资源与制度力量，形成政府、非政府组织、私人部门和社会团体等共同参与的对农扶持体系。为保障信息化发展战略的可持续性，政府不应只关注互联网覆盖率等指标，而应更多关注信息技术的使用效率和满意度以及相关服务体系建设，为农民应用互联网和信息技术提供更多机会。近期关于中国农村电商的研究也开始关注政府在规范行业秩序、完善市场机制、培育主体意识等方面的功能，强调政府与电商行业协会、各类电商平台、基层组织等利益主体的互动。

农村电商基于农民群体对前沿信息技术接受的能力，得益于多方参与的市场环境以及政府扶持的服务环境，它体现了互联网时代中国农村发展的新变化和新特征。电子商务在中国农村的应用和推广，伴随着农民学习仿效、多元主体参与的过程，产生新交易主体（网商），带来产业结构的转变，导致各地农村电商呈现出多样化的发展形态，发展模式不断升级和演化。

第二节　农村电商推动农村产业结构升级的作用机制

受原有体制机制、发展模式、经营方式、市场环境和发展政策的影响，单纯的传统产业经营已经开始逐渐衰落，如不及时谋求转型升级，则迟早会被市场淘汰。从总量机制方面分析看，农村市场具有巨大的资源优势和市场地位，农村电商的异军突起可以为农村产业结构的转型升级创造新思维和新方法。通过农村电商培育新兴产业，促进农村各类资源及产业发展要素加快流向创新创业结构型业态，从而达到提升传统产业的目的。从结构机制方面分析来看，决定农村产业结构转型升级的主要因素有两个：一是资本积累程度，二是技术创新速度。通过电商平台、物流服务等中介，将社会资源有效分配到各职能部门，从而推动社会的资本积累速度和创新活动，也是实现农村电商对农村产业结构转型升级的最好推动力。在转型升级过程中主要具有生产规模化、产品标准化、品质生态化、平台多元化等特征。

一、生产规模化

当前我国农村的经营方式仍然以小农经济为主，包产到户的家庭联产责任制虽然增加了土地经营自主性和灵活性，调动了农民的生产积极性，但是同样具有历史的局限性。考虑到我国日渐突出的人地矛盾和 18 亿亩可耕地红线的压力，急需对土地的使用权和经营权进行流转。农村电商对农村产业结构调整的重要影响作用就是促进生产的规模化，将家庭分散经营的土地以流转的形式形成规模经济，以方便农业机械化和现代化的实施，提高综合治理效率和市场竞争力。农村电商的推进基础是先要形成规模经济，进而把握市场的主动权，提高市场的议价能力，而良好的规模效应又可以反过来加快农村电商的发展进程，两者形成互补效应。

二、产品标准化

考虑到农产品品牌混乱，低价营销成风，严重损害产业健康发展的现象，农产品的标准化建设显得相当重要。以前，农产品是分散的小农户生产，基本没有标准化意识，增加了产品标准化的实施难度。现行的产品分类标准大多适用于传统批发零售，电商产品在体验度上明显不如实体店，而且产品的外形、口感、新鲜度更是无从考察。因此，需要不断增强农业生产销售标准的实施应用，大力开展“三品一标”的相关认证工作。

产品包装。实行统一的品牌商标、统一的产品包装，为每一份产品都建立详细的参数和数据库，建立产品质量的可追溯体系。

农药农资的规范。农药农资作为农业生产环节的上游生产资料和生产工具，主动引入标准化生产体系，不仅可以推动“三品一标”认证工作的顺利进行，更能促进上游农资企业生产标准和检测标准的制定。

供应链规范管理。在冷藏保鲜技术和加工分装环节建立完善的监测机制和溯源体系，将每一份产品的生产责任落实到每个生产环节的个体，实行全产业链的可溯源管理。

三、品质生态化

现在人们越来越注重产品的原产地和品质质量，推动农产品生产全过程的绿色化、生态化，建立产品质量的可追溯体系是农村电商推动农村产业结构转型升级的重要机制。品牌经济未来将是农业发展的新常态，也是农村电商发展的支撑点。实施品牌有机认证，大力推进无公害农产品、有机农产品及地理标志农产品，鼓励农企创建质量生态化的经营方式和管理体系。

农业生态化是一个集合的系统，推动品质生态化需要保持系统内部各要素的均衡发展。禁用违禁农药，高毒农药要定点经营和实名购买，合理使用有机肥料；合理引入病虫害天敌，通过食物链效应促进农业生长生态化；制定完善的农产品质量安全标准和检测、认证体系；根据农产品的种类特性分类保存储藏，加大冷链物流对生鲜品的支持力度，延长农产品的保鲜时长。同时推进农产品生态安全信用体系建设，构建农产品生态安全信用数据库，完善信用信息的归集、共享、公开和应用机制，鼓励相关行业协会开展信用评价。

四、平台多元化

农村电商平台的多元化发展，为农村不同层次的产业结构提供公共和专业化服务，从而解决了发展过程中出现的平台单一和服务滞后等问题。

（一）合作社网上服务平台

农村合作社所具有的特点就是组织化程度高，并且在生产过程中都采用统一的品种、农资农药和产品商标，并且对产品的品质质量、供应规模、等级分级和物流储运负责。开展农民合作社电商，通过市场消费需求反馈到合作社订单经营再由农户专业化生产的农产品电子商务新模式，充分发挥了合作社作为新型经营主体的中坚力量，推动产业结构转型升级。

（二）龙头企业自建平台

农企通过自建平台，形成与农民的利益联结机制，帮助农业服务人员进行农业技术推广，采取订单方式带动农户生产，同时通过平台为农户提供仓储和物流服务，提供农产品价格统一定价议价参考，在平台上及时发布市场供求和病虫害疫情，打破市场信息不对称，有效规避风险。

（三）第三方服务平台

按照电子商务模式可以把第三方电子商务平台分为 B2B、B2C、C2C 等模式，国内主要的 B2B 电商平台是以阿里巴巴为代表的经典模式。常见的 B2C 电商平台如淘宝、京东、当当等，后来逐渐发展成客户对客户的电商模式如淘宝店、58 同城、1 号店、拍拍网等。按照功能划分还可以分为电子商务信息发布平台、电子商务交易平台和电子商务支付平台。发展农村电商应当根据不同行业、不同特点选择适合自己的第三方服务平台，不管是综合平台还是专业平台，应当根据自身的规模、产品、组织结构和业务流程选择搭建。

第三节 农村电商产业集群发展模式及典型案例

随着农村电子商务的普及和发展，产业集群成为未来农村电子商务发展的重要方向，特别是在江苏、广东和浙江等电商发达地区，产业集聚已经形成，出现了诸如浙江遂昌模式、浙江丽水模式、吉林通榆模式、河北清河模式、陕西武功模式等农村电商产业集群，典型经营模式总结如下。

一、“综合服务商+网商+传统产业”模式

“综合服务商+网商+传统产业”模式兴起于浙江遂昌，因而也被称为“遂昌模式”，即通过发展本地综合服务商来带动当地电子商务的发展，对传统产业进行创新和改造。该模式的核心是“综合服务商”——网店服务中心。网店服务中心在集群电商发展中的主要作用是制定产销标准，统一数据包管理，统一仓储和售后等服务，可见网店服务中心在该模式中占有非常重要的地位，能够将采购、仓储、配送、物流、包装等各环节有机地统一起来。一方面，降低了集群电商企业的运营成本，降低运营风险；另一方面，促进了集群电商企业的规范化发展。

二、“区域电商服务中心+青年网商”模式

“区域电商服务中心+青年网商”模式源于浙江丽水，其主要做法是鼓励青年创业，通过建立区域电商服务中心和创业园区为青年创业提供机遇，为全面支持青年互联网创业，丽水市团委还在资金上给予大力支持，为农村电商创业解决了资金问题。通过该模式，我们可以看出：一方面，农村电商集群发展要营造一个良好的创业环境；另一方面，在资金、运营上要坚持政府与市场相结合，尤其是在人才和资金上要给予一些扶持政策。

三、“生产方+电商公司”模式

“生产方+电商公司”模式是在地方政府和社会力量的支持下成立电商公司，公司的职责在于联系生产者与消费者，其销售渠道主要依赖淘宝平台，为提升市场竞争力，公司要注册统一的品牌，在包装、销售和服务上实施统一管理。农村电商集群发展要发挥集体的力量，“生产方+电商公司”的发展模式有利于资源整合，通过统一管理的形式共同创造和分享价值。一方面，有助于带动当地小型农村电商的发展；另一方面，也有助于促进当地经济的繁荣。

四、“集散地+电子商务”模式

“集散地+电子商务”模式是以园区为载体，聚集农产品供应链各节点企业，通过打造农产品电商集散地，吸引外地电商到当地发展。在集聚效应的影响下，不仅为本地区农村电商发展聚集了多家企业，还有助于吸引各类专业技术人才。集散地对农产品供应具有很强的支撑作用，因而也容易得到当地政府政策上的支持，获得持续发展。

五、“农产品供应商+联盟+采购企业”模式

“农产品供应商+联盟+采购企业”模式主要是建立联盟关系，所谓的联盟是指农产品采购与供应双方之间达成交易，首先要成立联盟平台，人们以会员的形式加入，会员既可以是大企业，也可以是农产品生产者或个体农户，在该平台中可实现二者的有效对接，此外，联盟平台还会为供需双方提供销售、采购、结算等多种形式的服务。显然，该模式下实现了对整个生产、供应环节的有机整合，不仅有助于降低交易成本，还有助于促进农业生产的产业化和规模化。

六、“专业市场+电子商务”模式

“专业市场+电子商务”模式非常重视专业市场的作用，并致力于建立专业的交易中心，以清河为例，其凭借自身的品牌优势，吸引了各地羊绒企业，且在世界羊绒行业中占有重要地位，凭借其专业市场的强大力量，在整个行业内发挥了极强的竞争力。在专业市场与电子商务联合的发展模式下，其在产品价格、供应链管理等各方面都具有独特的优势。

第四节　产业融合视角下农村电商生态体系构成

近年来，农村电商成为国家在电子商务发展上的战略重点，相关部委频频出台政策红利，鼓励和倡导在农村大力发展电子商务，将信息时代催生的新生态模式遍及农村。在众多政策红利刺激下，我国农村电子商务呈现出爆发式增长，成为新时代农民创收致富的重要渠道。

一个强大的电商体系，必须有强大的产业基础来支撑，有强大的产业生态来配套。从一般的实践看，当自发的农村电商主体发展到一定程度的时候，一定会出现对电商生态系统的强烈要求，因为随着农村电商规模的日益壮大，其各个环节开始相对独立，发展成一个独立的产业形态，并逐渐会出现一个电商涉及产业的纵向一体化趋势和横向关联产业的协同发展趋势，客观上会要求越来越细的分工，越来越完备的产业协作。

电子商务的出现大大增加了农村市场的组织化过程，提升了生产贸易水平。中国农产品电商发展是一项复杂的系统工程，各种利益相关群体形成一种相互依存的共生共进关系，并与特定的经济社会环境一起构成了一个具有特定协同功能且不断演化的复杂系统。*The Death of Competition* 一书提出了商业生态系统协同演化理论，该理论认为，在世界经济日益互融以及环境变化日益加剧的当代，企业应该超越本企业的视角，而从一个企业生态系统角度来制定自己的演化战略。

一、农村电子商务生态系统的构成与特征

农村电子商务生态系统的构成与特征学界一般认为，农村电子商务是涉农电子商务概念中的一种，属于交易环境的范畴，指的是在农村地区进行的电子商务活动，其主要内涵体现出显著的地域性特点。依据商品流动方向，目前我国农村电子商务的应用模式主要分

为农村生活消费品、涉农生产资料的“网络采购（含消费）”与农产品、农村制造工业品以及农村提供服务的“网络销售（含营销）”两个大类，并非简单的“工业品下乡、农产品进城”。在参与主体方面，除当地农民之外，还包括返乡大学生乃至从城镇地区进入农村地区从事电子商务行业的人员。

（一）农村电子商务生态系统的概念

农村电子商务生态系统是由农村电商创业者、涉农产品供应商、涉农产品生产商、消费者、涉农电商平台、涉农电商服务商、物流快递企业、金融机构、电商协会、电商研究机构、电商教育培训机构、政府及其他利益相关者通过一定利益关系形成的组织或群体，这些利益相关者在农村地区的特定环境中互相交换物质、能量和信息，开展电子商务活动，实现共生发展。需要说明的是，我们反对简单地将农村电子商务生态系统看作电子商务生态系统的一个子系统。主要原因在于，农村电子商务对于基础设施、经济基础、资源禀赋、人文地理的依赖程度更高，且产业集群效应更为明显，导致其整个系统的复杂性相对较高，因而是一个相对独立的生态系统。

（二）农村电子商务生态系统的特征

与自然生态系统一样，农村电子商务生态系统各要素之间、各要素与环境之间在一定的时间和空间内不断地交换物质、能量和信息，产生新的物质和能量。农村电子商务生态系统除具有一般商务生态系统特征外，还显著表现出自组织、集群化以及根植性等特征。

1. 自组织特征

自组织是一种组织形式，它的形成不依赖于外界环境而是系统内部元素协同演化的结果，系统具有自适应、自修复的能力，是远离平衡态的非线性系统，时刻与外界环境交换物质和能量，实现从混沌向有序转化，逐渐达到稳定状态。农村电子商务生态系统是一个自组织系统。它的产生源于创业能人敏锐的市场洞察力以及富于创新、敢于冒险的企业家精神，充分利用当地的资源禀赋、地理环境、人力资源，并借助电子商务等手段获取原材料等生产资料，产出物美价廉的产品，并通过电子商务销往外界，获取利润，实现快速致富。随后，在知识溢出、社会网络的作用下产生羊群效应，导致村民的模仿与跟随，种群数量不断增加。在系统演化过程中，农村电商创业者与系统内的其他物种协同进化，通过自我学习、自我适应、自我修复使系统不断壮大。强调农村电子商务生态系统的自组织特性，其政策含义在于，要加快农村电子商务发展，政府的政策、电子商务企业的农村战略等任何外力的推动都是辅助的。因此，各地农村应运用产业价值链、钻石模型等竞争力分析工具找出农村电子商务生态系统的主要种群及其协同关系、本地农村的内在优势，制定差异化的农村电子商务发展战略，充分发挥农民及乡村的主导地位，把握自组织特征及演化规律，营造农村电子商务良好发展环境。

2. 集群化特征

在自然生态系统中，不同种群在特定环境中相互作用，协调有序地生活在一起，形成生物群落，生物群落的存在提高了单个物种的生存能力。“群落”现象也存在于区域经济中，波特（Porter）在研究国家或区域竞争优势时发现，一个国家或区域的产业要有竞争力，必须有完善且有竞争力的相关产业和支撑产业，即产业发展需要产业集群。对于农村电子商务而言，一是农村地区的地理位置具有分散性，人口较分散、交通不便利、产业较零散，聚集才能产生规模效应和品牌影响力，从而达到降低生产成本、提高经济效益的作用；二是电子商务生态系统的物种众多，包括农户、专业合作社、涉农企业、农村电商创业者、涉农电商服务商、涉农电商平台等，聚集容易协调各物种之间的关系，提升物种的存活率；三是农村地区是一个熟人社会，地理位置相近的村落其产业发展条件也很相似，在社会网络和知识溢出的作用下很容易模仿与跟随，从而形成块状经济。农村电子商务的上述特征，使其集群化特征比城市电子商务更为明显。在当前中国农村电子商务实践中出现的“淘宝村”“淘宝镇”“淘宝村集群”“大型淘宝村集群”现象，就是一种典型的农村电子商务产业集群。强调农村电子商务生态系统的集群性特性，其政策含义在于，农村电子商务的发展不是孤立的，不能简单地通过鼓励农民网上创业、建立农村电商“众创空间”等单一政策推动其发展，而要考虑农村电子商务生态系统的农村电商创业、农村基础产业、农村电商服务、农村电商交易四个子系统的共生、协调发展。

3. 根植性特征

根植性是指区域经济活动和结果受到参与主体之间的相互关系以及这种关系网络结构的影响，包括制度根植性、组织根植性、地域根植性等。农村电子商务产业集群与专业村类似，具有较强的地域根植性，即受本地的地理区位、资源禀赋、传统文化与习俗、创业能人以及经济基础等因素的影响较大。根植性对于农村电子商务生态系统的发展具有两面性，在农村电子商务生态系统建立初期，根植性具有促进系统形成和发展的作用，但生态系统进入成熟期后，由根植性产生的路径依赖反而对于生态系统的发展起到了“锁定”作用，使系统发展速度变缓，从而导致系统衰退。当前的一些“淘宝村”的发展现状就可以用根植性来解释。与此同时，缺乏研发投入的东风村收到的知识产权投诉越来越多，加之网络消费者对于产品质量、品牌的要求越来越高，东风村的家具产业出现倒退现象。因此，基于地域根植性发展起来的农村电子商务生态系统，缺乏持续发展的健壮性，需要建立多样性的物种关系，促进现代企业制度建设，注重品牌塑造和产品研发，推动农村经济的市场化进程。

二、农村电商生态体系的内部结构和组织形态

（一）农村电商生态体系的内部结构

商业生态系统结构可以分为核心型企业、缝隙型企业、竞争企业、顾客子系统、支持子系统、环境子系统。在农村电商生态系统中电商企业和农户是新型农业经营主体，是核心型企业，实体商店、经纪人、批发商是竞争企业，物流服务商等是缝隙企业，政府是最大的支持系统。

1. 农户

农户作为生产者和消费者双重身份参与农村电商。作为生产者，农民为社会提供农产品和地区特产，完成农产品的初加工和第一次产权转移。

2. 电商平台

农村是电商企业最大的潜力市场，电商企业在扩展农村市场中可以获得多方面的收

益，首先，提升企业知名度，可以让更多人了解电商。其次，增加企业收益。主要体现在经济利益和社会效益两个方面。电商通过开发农村市场，扩大消费购买人群，使电商企业获得收益成为可能。

3. 产业链服务商

在农村电商中嵌入农村产业链，其可持续发展离不开产业链的融合及增值。产业链服务商主要包括农产品预冷、加工商、农产品冷链服务商等，主要是向农民提供服务和物流获取收益。

4. 政府

政府除保证市场在资源配置中起基础性作用外，还应充分发挥其宏观调控的作用。一是加快农村互联网基础设施建设，特别是与电商相关的网络、物流设施建设；二是加大农村电商的宣传力度，推动电商创业；三是探索建立信息交换、联合执法、案件协作等制度，着力构建信息共享、协同监管、无缝衔接、综合治理的工作格局。

（二）农村电商生态体系的组织形态

农村电商生态体系内部结构主体复杂，现阶段形成科学的组织形态是关键。根据农村经济社会发展碎片化的现状，可以采取园区、虚拟网络、连锁经营、战略联盟等组织形态。

1. 建设农村电商园区

园区作为一种新型组织形式，是集物流、商贸、流通加工、金融、培训等于一体的产业集群，通过建立电商产业园区，实现传统产业转型升级和集聚发展成区域性的物流运营中心、信息交易中心、智能仓储中心、分拨配送中心、电商服务中心；对促进企业快速发展、引导传统商贸与物流转型升级，形成流通引导生产的农村经济新模式。

2. 建立农村电商虚拟供应链网络

通过契约、合作等方式围绕电商供应链建立虚拟组织体系，吸收传统的商业要素进入电商生态体系。战略合作是出于长期共赢考虑，建立在共同利益基础上，实现深度的合作，考虑相互之间的利益，使整体的利益最大化。

3. 连锁经营

农村电商短期内之所以亏损，一个重要的原因是碎片化经营，销售量太小。而连锁经营是农村电商生态体系的一个重要组织方式。一方面，可以实现经营的规模化发展；另一方面，也可以充分整合正在经营的农村超市。

4. 战略联盟

合作的各方通过合约或者以资金、实物或无形资产等出资，通过组建新经济实体或委托生产、特许经营等方式，利益共享，风险共担。也可以通过协会、商会等采取会员制方式，建立一定的组织形式，为合作各方提供信息、技术、培训等服务。

三、农村电商实现可持续发展生态体系的对策

（一）合理应对农村电商面临的挑战

1. 加速农村电商网络基础设施建设

在产业链视域下，我国农村电子商务可持续发展生态体系的构建需要完善我国农村基

础设施，我国农村互联网络基础设施缺乏与不健全，将直接导致我国农村电子商务难以发展与壮大。我国农村地区互联网基础设施建设可以说是一项规模巨大的建设工程，也可以称得上是一项极其重要的建设工程。世界各个国家的政府机构都特别重视信息化建设，美国对农业信息化建设始于20世纪中期，历经50多年的发展，成为当时世界上在农业信息化建设最为发达的国家之一。自20世纪90年代以来，美国政府机构每年拨款建设农业信息网络，拨款额度高达十几亿美元。法国在农业信息化方面，致力于营造“大农业”数据系统。高新技术、商业资讯服务、法律政策保护制度和互联网络运用等貌似和农业没有太大联系，但最终都被收入“大农业”数据系统内部。法国农村居民在政府机构的大力扶持下，不出家门就能够自由方便地了解该国基础农业在当前的信息动态。为此，我国政府机构也要强力助推我国农村电子商务发展，完善电商政策与电商资金项目，强化我国农业基础设施建设，大幅度提升我国农村在网络信息化方面的水平。其一，可以运用大数据与云计算技术，促进我国农产品网络电商平台建设，真正做到便民与服务农民，确保农民不出家门就能够顺利购买与销售农产品，大力提升我国农产品在市场中的流动速度与流动效率。其二，提高我国农产品在质量方面的要求标准，确保农产品质量安全。

2. 大力完善我国农村物流配送系统

我国农村电商顺利发展与壮大需要农产品物流配送系统足够完善。我国农村电商要真正做到电商化，要求我国各农村地区能够实现农产品流通，具有强大的物流配送系统，确保农产品能够在各个季节与各个区域完成配送。其一，要积极创建大规模农产品批发销售市场，集中分散于各个区域的农村产品。其二，确保鲜活农村产品能够顺利实现冷藏物流，合理控制农产品运输时间。其三，立足于我国现存的农产品物流体系，加强分工与协作，全力整合农产品相关资源，创建具有全方位与高效的物流配送系统。

3. 持续完善我国农村电商法律制度

我国相关政府部门要积极应对农村电商平台中的一系列安全隐患问题，并制定切实有效的农村电商法律制度。其一，完善我国农村电商法律制度。国外互联网技术发展时间早且迅速成长，同时其信息立法与其他诸多体制和做法都相当成熟。为此，我国要积极研究与借鉴国外相关农村电商的法律制度，针对我国当前国情，构建适合我国农村电商发展的法律制度，为我国农村电商发展构建健康和谐的制度环境。其二，应强化我国农村市场监管力度。我国农村电子商务作为农村地区的新兴产业，大部分农民尚不能很好地把握农村电商发展状况，这将给诸多农村电商带来良机。我国相关部门应该强化对农产品的监管力度，加强农产品信用制度建设，确保农村电商产品销售中的真实性与可靠性，营造良好有序的电商环境。

4. 培育电子商务人才

电商人才匮乏造成我国农村电商发展步伐严重滞后，为此，加速农村电商发展要大力培养我国农村电商人才。其一，加强我国农村电商的技术与信息等方面的培训，推广电商销售与支付技术，化解风险。确保我国农村居民可以无忧地在电商网络平台中进行交易，且不失时机地组织一部分农村电商人才投入到电子商务示范区参与学习，增加对农村电商的认识能力。其二，大批量引进高层次电商人才。当地政府相关部门应该针对电商人才的需求，制定合理有效的政策与待遇优惠措施，不但要大批引进农村电商技术人才到农村择业与就业，还要鼓励当地大学生回当地就业与发展，为当地农村电商发展增添生机与活力。其三，要积极与当地高校构建新型合作关系。在合作中要不失时机地邀请高校学者与专家开展农村电商讲座，同时要积极引进相关成功案例，增强广大农村居民对农村电商发展状况的认知。其四，要加大向农村电商龙头企业、合作组织与种养殖大户输入人才的力度。我国农村电商龙头企业、合作组织与种养殖大户是农村经济发展的支柱，同时其信息化水平较高，对电商人才的需求迫切，并且这些队伍信息接受能力强、传播速度极快，能够使农村电商形成一种规模经济，极大地助推我国农村电子商务发展。

（二）农村电商发展中各利益相关方的对策

1. 政府要聚焦关键性电商发展节点制定有关政策

物流、产品检测和加工服务等构成农村电商体系比较关键的方面，政府应大力支持。一方面推动电商发展，另一方面力图将更多利益留在农村，政府应该集中扶持建设基础设施、落实政策和强化人才培养。此外，政府应积极推动第三方电商平台进入农村，努力提高农村地区电子商务渗透率，逐步加强农户和市场对接，将电子商务作为激发农民自主经营的内生动力。

2. 优化组合自营物流与第三方物流实现效益最大化

自营物流要求有大量资金与相关关键性技术，相关电商企业要根据自身实力建立一定的自营物流，避免临时性物流需求，同时要加强同第三方大型物流企业进行合作，不断吸取物流经验，减少货损率，实现经营效益最大化；针对第三方物流模式不能被企业全程监控这一问题，第三方物流要改善服务理念，可以申请稳定的电商企业用户的一部分员工加入本物流行业，增加电商企业对本物流的信任，从而为获得持续稳定收益奠定基础。

第七章　农村电商网络营销模式

第一节　网络营销的概述

一、网络营销的概念

营销是企业管理的一个重要职能，是企业对外的一个窗口。通过营销，企业向社会展示自己的劳动成果，并取得一定的回报，用于投资再生产。因此，营销是企业经营和运作的一项重要内容，制定合理的营销策略是企业将自己的劳动成果转化为社会化劳动的一种努力，是企业实现其劳动价值和目的的一项十分重要的工作。营销管理专家菲利普·科特勒认为：“营销是个人和集体通过创造并同别人交换产品和价值以获得其所需之外物的一种社会过程。”营销管理是为了实现各种组织目标，创造、建立和保持与目标市场之间的有益交换和联系而设计的方案战略，设计部署营销战术以及实施和控制营销的努力。

随着网络技术的发展和电子商务的出现，许多产品是通过互联网进行销售的，这对传统的销售渠道造成了很大的冲击，从而彻底改变了原有市场营销理论和实务的技术基础。环境变了，市场变了，随之而来的营销和管理模式也将发生根本的改变。随着网络营销的出现，网络市场的打开，企业间不友好的不合理竞争大幅度减少，网络使得竞争更趋合理化、公平化。为了适应新的形势需要，一种新的营销模式逐渐被人们所接受，这就是网络营销。网络营销是以互联网为媒体，以新的方式、方法和理念实施营销活动，更有效地促成个人和组织交易活动的实现。

网络营销全称为网络直复营销，属于直复营销的一种形式，是企业营销实践与现代信息通信技术、计算机网络技术相结合的产物。是指企业以电子信息技术为基础，以计算机网络为媒介和手段而进行的各种营销活动（包括网络调研、网络新产品开发、网络促销、网络分销、网络服务等）的总称。网络营销根据其实现的方式有广义和狭义之分，广义的网络营销指企业利用一切计算机网络（包括互联网企业内部网、EDI 行业系统专线网及国际互联网）进行的营销活动，而狭义的网络营销专指国际互联网营销。国际互联网是全球最大的计算机网络系统。

（一）网络营销不等于网上销售

网上销售是网络营销发展到一定阶段产生的结果，网络营销是为实现网上销售目的而进行的一项基本活动，但网络营销本身并不等于网上销售。这可以从两个方面来说明：一是网络营销的效果可能表现在多个方面，例如企业品牌价值的提升、加强与客户之间的沟通，作为一种对外发布信息的工具，网络营销活动并不一定能实现网上直接销售的目的，但是，很可能有利于增加总的销售；二是网上销售的推广手段也不仅仅靠网络营销，往往还要采取许多传统的方式，如传统媒体广告、发布新闻、印发宣传册等。

（二）网络营销不仅限于网上

这样说也许有些费解，不在网上怎么叫网络营销？这是因为互联网本身还是一个新生事物，在我国，上网人数占总人口的比例还不高，即使对于已经上网的人来说，由于种种因素的限制，有意寻找相关信息，在互联网上通过一些常规的检索办法，不一定能顺利找到所需信息，何况，对于许多初级用户来说，可能根本不知道如何去查询信息，因此，一个完整的网络营销方案，除了在网上做推广外，还很有必要利用传统营销方法进行网下推广。这可以理解为关于网络营销本身的营销，正如关于广告的广告。

（三）网络营销建立在传统营销理论基础之上

因为网络营销是企业整体营销战略的一个组成部分，网络营销活动不可能脱离一般营销环境而独立存在，网络营销理论是传统营销理论在互联网环境中的应用和发展。

二、网络营销的功能

网络营销的特色主要在于其扩散的广度、更新的速度、内容的深度，以及可实现供求双方的在线相互交流等，这些都不是一般媒体所能比拟的。网络营销覆盖全球，没有地域和时间的限制，随时传递农业企业的形象、经营和产品等信息；而其多路传送、适时快捷的功能，可将产品的最新信息提供给众多的客户同时阅览或查询。

（一）推广农业企业的形象与经营理念

在目前开放的市场竞争态势下，农业企业除了生产和销售产品外，更应强化品牌和形象，而利用互联网的功能可使农业企业的形象推广变得更加生动。通过精心设计的网页，可以深刻表达农业企业的形象与经营理念，及时传播各种信息，例如，农业企业的基本状况、近期规划、发展远景、技术及服务等，这些都有助于农业企业贴近自己的客户，与客户间达成更多的共识，建立起相互信赖的关系。

（二）农产品的推广与信息发布

推销农产品当然是网络营销的核心。运用计算机网络可以使农产品的推销过程更加生动，除提供农产品的规格型号及销售信息外，农产品的外观、功能、使用方法甚至制造过程等都可以通过多媒体信息形式呈现给客户，增加了知识性、趣味性和真实性。另外，可配合营销活动开展多姿多彩的促销活动，如网上摸彩、虚拟旅游等都是网上常用的促销手段，这些都有助于吸引客户或潜在的客户。

（三）与客户进行在线交易

通过网络收集订单，交付“集成制造系统”，根据订单，实现产品设计、物料调配、人员调动，完成生产加工，实现在线交易。

（四）通过网络收集各种信息

通过网络还可收集各方面的信息，如时事、经济、技术、用户需求等，并反馈回生产销售活动的主体——企业，由此开拓新思路、采用新技术、开发新产品。再通过网络进行宣传，与需求者进行沟通。例如，通过网页上在线填写的一些调查表格，可获取客户信息及他们的反馈，甚至可据此先期分析出不同的消费习性群体，为下一个生产、销售循环做好准备。

（五）提供多元化的客户服务

网络服务就像一个虚拟的销售人员，通过友好的网页界面和丰富的数据库，同时提供多人、多层次的数据咨询、意见交流、业务技术培训以及售后服务等，使客户可以获得自己所需要的内容，享受多元化的服务。这将是一个高效率、高收益的企业模型，尽管它在实施中还会出现许多问题，但其前景是诱人的。网络营销将和未来的“集成制造系统”一起，构成一种被人们称为“现代生产销售”的系统。

三、网络营销的优势

随着信息基础设施的快速发展，通信技术及相应软件的不断升级，电子交易与支付手段的日益成熟，人类将步入崭新的电子商业时代。国际互联网和电子数据交换更大范围的扩展，使传统营销面临着一次革命，网络营销应运而生。网络营销即为实现营销目标，借助联机网络、电脑通信和数字交互式媒体进行的营销活动。网络营销是对传统营销在观念、战略、手段上的挑战与革新。

（一）提高营销效率

在网络上，服务器的存储成本低，信息内容大，传送速度快，网上信息不断更新且易于搜寻。利用这一交流渠道，企业的市场信息、销售信息的获取处理能力将大幅度提高。企业可连通全球展示产品资料制订出生产计划和付款计划，将库存商品和在途资本的占用压缩至最低限度；根据顾客类别定制信息，便捷地同顾客交换意见；顾客可在网络终端自行检索所需信息，减少传统式的咨询。

（二）降低营销预算

网络营销的初建成本较高，但维护费用的减少和有效地开发利用可以把它抵消。企业有关产品制造、存储、分销的信息收集、处理、存储、检索的成本将随营销效率提高而降低。文字材料电子化之后，营销摆脱了纸张限制，材料直接进网，省去了印刷、存储、邮寄等层层工序，通信、劳动力成本大幅度节省。

（三）延伸营销市场

网络广泛的涉及面创造了一个便利的即时全球社区，使企业用最少的投入拓展最广阔的市场，区域市场可迅速延伸至全球。它基本打破了国际营销的诸多壁垒，使先前由于空间、时间、消费习惯等障碍无法涉及的市场触手可及。传真机在这方面卓有建树，电子邮件更借助其标准化的地址系统，彻底铺平此道路。

（四）改进营销环境

在网络空间里，年龄、种族、宗教信仰、企业规模等对营销的制约大大减少，农业企业可以充分加入到自由市场体系中。

（五）创新营销方式

客户的需求在增多，对欲购产品需要更多分析资料，对产品本身要求更多的发言权和售后服务。营销人员可以借助联机通信固有的互动功能，鼓励客户参与产品决策，如让他们选择颜色、装运方式、自己下订单等，在定制销售过程中，顾客参与越多，售出产品的机会就越大。

四、网络营销的背景

现代科学技术的发展、信息时代人们消费观念的变革和商业领域日趋激烈的市场竞争等多种因素促成了今天网络营销的崛起。

(一) 网络营销产生的技术基础

说起网络营销，不能不涉及今天如火如荼的电子商务，两者既有区别，也有紧密的联系，网络营销始于电子商务。20 世纪 70 年代，计算机的广泛应用和先进通信技术的使用导致 EDI（电子数据信息交换）在贸易领域的应用和发展，这便是电子商务的前身。80 年代，网络技术的迅速发展，给电子商务注入新的活力。人们开始通过网络进行产品交换、订购等活动，但这一时期由于网络基础建设的限制，电子商务无论从内涵到功能，都远不如今天丰富。到 90 年代初，互联网特别是基于 www 方式的互联网技术以其难以想象的速度迅猛发展，终于促使了今天如此丰富而令人狂热的电子商务热潮。

电子商务包括相对早一些的互联网商务，如在线商店等有直接商业行为的 Web 业务，构成了今天电子商务的主体。与过去的 EDI 相比，目前的电子商务正被赋予新的概念，即“一切交易活动向网络化发展，所以一切交易都是电子业务”。有人称它为“第二代电子商务”，这种新的电子商务概念包含了所有基于互联网与商业有关的事务，这就是“网络营销”的概念。前面所说的电子商务等都可以理解为未来网络营销活动的雏形。因此，现代科学技术，尤其是计算机技术及其网络、通信和多媒体技术的应用与发展是网络营销产生的技术基础。

(二) 网络营销产生的社会基础

在市场经济发展的今天，卖方市场正在向买方市场过渡，以消费者为主导的营销时代已经到来。在这个时代，消费者面对形形色色的商品、品牌、价格、服务等的选择，其消费观念开始发生变化，表现在以下几个方面。

1. 个性化消费再度成为消费的主流

消费者的消费行为主要受以下两个方面的影响：其一是现实工作或生活对某种消费的需求，一般多是人们生活所必需的消费需求；其二受广告或其他各种信息传媒而引发的对某种消费的需求，通常多是人们为提高生活质量而产生的一种附加消费需求。

人们对生活必须消费的需求主要来自现实工作和生活的自身，而对于提高生活质量的附加消费的需求则主要来自广告、信息传媒、人与人之间的相互影响和攀比心理。

随着社会的进步和人类生活水平的提高，在人们的现实支出中，真正用于生活必需品的部分开始减少，而对提高生活质量的附加消费的需求逐步增大，因此，目前企业都把眼光放在提高生活质量的附加消费上，使用各种手段来吸引消费者。今天的市场上，这类消费无论在品种、数量、质量上都已极为丰富，消费者能够以个人的意愿选购商品或享受服务。在这种形势下，消费者的消费心理开始发生变化，他们开始制定自己的消费准则，他们的需求和需求变化更多了。他们所选择的已不仅是商品的使用价值，还包括其他的“延伸物”，这些“延伸物”及其组合可能各不相同。因此从理论上看，没有一个消费者的心理是完全一样的，每个消费者就是一个细分的市场。心理上的认同感已成为消费者作出消费抉择的先决条件，个性化消费正在也必将再度成为消费的主流。

2. 消费的主动性提高

在社会分工日益细分化和专业化的趋势下，消费者对消费的风险感随着选择的增多而上升，对以往那种单向的“填鸭式”的营销沟通方式感到厌倦与不信任。在许多大额或高档的消费中，如购买一些大件耐用消费品时，消费者往往会主动通过各种可能的途径获取与商品有关的信息并进行分析和比较，尽管这些分析也许不够准确或充分，但消费者却能从中获得心理上的平衡，以减轻风险感或减少购买后产生的后悔感，增加对产品的信任度和心理上的满足感。消费主动性的提高来源于现代社会不确定性的增加和人类追求心理稳定与平衡的欲望。

3. 价格仍是影响消费的重要因素

尽管经营者们都倾向于以各种差别化来减弱消费者对价格的敏感度，避免恶性价格竞争，但价格始终对消费者的心理产生重要的影响。例如，近年来国内几次彩电价格大战中，一些拥有品牌、技术、质量和服务等多方面优势的厂商，开始都宣布不参加价格大战，但最后为争夺市场占有率而拼搏，也不得不加入降价竞争的行列。这说明即使在今天完备的营销体系和发达的营销技术面前，价格的作用仍然是不可忽视的重要因素。只要价格降幅超过消费者的心理界限，消费者因此心动而改变既定的消费原因是在所难免的。消费者是市场营销策略需考虑的重点对象，而消费者观念的变化势必会对营销理论和模式产生重要的影响。

（三）网络营销产生的现实基础

市场竞争日趋激烈，为了在日益激烈的市场竞争中占据优势，商家们使出了浑身的招数来想方设法地吸引消费者，现在很难说还有什么独特新颖、出奇制胜的手段了。一些营销措施即使能在一段时间内吸引到一些消费者，也不一定能使企业的盈利增加。市场竞争已不再是依靠表层的营销手段的竞争，更深层次的经营组织形式上的竞争已经开始。经营者迫切地寻找变革，以尽可能地降低商品在从生产到销售的整个供应链上所占用的成本和费用比例，缩短运作周期。

网络营销利用计算机网络为营销环境，不仅可以节省大量的店面资金，减少库存商品的资金占用，降低在整个商品供应链上的费用，缩短运作的周期，而且经营规模、范围不受场地、地域的限制，有利于扩大市场和经营规模，从根本上增强企业的竞争优势。

第二节　网络营销的比较

一、传统营销方式的基本特征

传统市场营销处于农业经济和工业经济环境中，农业经济是实物经济，工业经济是货币经济。因此，传统市场营销从经济、技术、物质及相关的市场环境方面来看，都带有所处经济环境的特色，着眼于物流（实物流、货币流），主要从相距的物理（地理）位置及相关内涵来考虑营销活动的实现，即使进入现代市场营销时代，虽然增加了电信手段（电话、电报、传真等），但也仅仅是改变了营销活动的界面，即在面对面直接接触方式的基础上增加了使用电信手段的非面对面接触方式，其实质是古代市场营销的一种技术性辅助手段。这种营销活动趋于卖方市场。传统市场营销具有以下特点：一是环境。基于农业经济和工业经济，注重于物流形成及流程的各个环节。二是界面。面对面，或在电信手段辅助下的面对面。三是地点。取决于营销双方或多方（含分销商）间的物理距离。四是产品。目标市场确定慢、产品定位批量大、产品生命周期长、新产品开发风险较大。五是价格。涉及企业定价、市场结构、需求弹性、成本结构、竞争状况和公共政策等而影响竞争力。六是销售。指产品的物流过程，在适当的时间、地点，以适当的价格供应购买方，销售采用依赖库存和中间环节（分销商）的迂回模式。七是促销。企业控制其在市场上的形象，传播有关产品的外观、特色、优越性和带来利益，运用广告、促销宣传、人员推销和口头传播等手段，本质上取决于人本身。八是决策。根据营销环境，对企业产品的组织、市场定价、销售渠道、物流管理、促销手段及广告管理等进行综合决策，主要依赖人工决策。

二、网络营销方式的基本特征

网络营销的实质是着眼于信息流的、通过计算机网络传输信息的市场营销，但它并不仅仅意味着通过网络快速传输信息使其效率和效能提高，而是使营销本身及其环境发生了根本的变革：一是环境。基于以互联网为基础的信息经济的环境。互联网的自由性恰好与商业所需的自由化竞争环境相吻合，因此，覆盖全球的互联网迅速成为商家纷纷看好的营销新空间。在这里传统市场营销活动各方之间地理上的距离，被网络上的电子空间距离取而代之，各方相隔的“时差”几乎不复存在；由于网络的开放性和公众参与性，以及其丰富多彩的内容，吸引着越来越多的网络用户，网络营销的营销额与上网的人数同步激增。二是界面。商业主页成为网络营销的界面。Web 是互联网的信息资源平台，允许任何团体或个人的信息文字、图片、视频、声音等，24 小时全天候地通过互联网向网上其他用户开放，网民们利用浏览器浏览这些信息，并可将自己的响应及时发送 Web 页面的所有者；企业可利用 Web 制作介绍自身形象的主页、发布多媒体的虚拟产品清单、电子订单或在线客户支持系统。三是地点。虚拟电子空间中的 www 成为市场营销的新途径，分布于世界各地的客户办公室和消费者家中的电脑成为实实在在的购物场所。四是产品。目前应用网络营销的可以是任何种类的产品或服务项目，从日用消费品到房屋汽车，从书籍报刊、计算机软件、新闻信息到飞机军火等，无所不包。但从国内外开展网络营销较成功企业的情况来看，网络上最适合的营销产品是一些流通性高的产品，如书籍报刊、信息软件、消费性商品等。在网络上推销产品，还应结合网络的特性，目前互联网上浏览人数最多的网站，其内容都以丰富的信息为基础。因此，营销模式应先以产品资料、生活和教育信息应用为主导，然后再进一步展开商业行为。五是价格。互联网上销售的商品其价格所受因素的影响与传统市场营销基本相同，但实际运作的结果表明，通过 Web 进行销售时，可以把价格调整到比传统营销方式更具有竞争力的位置上。六是销售。网上销售在“距离”和“时差”上的优势，使之变传统的迂回模式为直接模式，实现零库存，甚至无分销商的高效运作；实质上网络营销已使营销活动倾向于买方市场，众多客户通过 Web 来寻找、提出和实现自己的购买需求。七是促销。积极的营销策划，除需要网络营销的运行外，更需要促销活动和其他媒体的共同运行，才能发挥最大的整体效益。Web 对促销的作用就像交通工具一样，各种广告形式、公关手段（电子公关）都可以在 Web 上实现，而且具有更丰富的内涵（如动态广告、虚拟现实等）。八是决策。与传统市场营销一样，网络营销也需要对企业产品的组织、市场定价、销售渠道、物流管理、促销手段及广告策划等进行综合决策；而且决策的项目更多、内容更丰富、响应速度更快，以企业互联网（企业内部网）连接互联网构成的信息系统综合环境，将各种决策条件和资源有效地集成，为网络营销的在线决策提供了有力支持。

三、电子商务与网络营销的联系

（一）技术基础相同

电子商务与网络营销都是借助计算机网络来进行的经济活动，两者都是依靠企业内联网来实现资源在企业内部的共享，完成管理信息在企业内部的上传下达，促进企业各部门之间的相互协调，实现企业内部高效率、低成本的信息化管理；都借助互联网的信息结构，实现与贸易伙伴、消费者之间的网络业务信息共享，有效地促进现有业务进程的实施，对市场等动态因素做出快速响应并及时调整当前业务进程，使网络交易顺利进行。而且，在这一过程中，两者都是基于网络信息技术，如文本、图像、声音等数据传输，遵循 TCP、IP 协议等。

（二）商务活动内容相同

电子商务与网络营销都包括面向市场的以市场交易为中心的活动，即都包括促成交易实现的各种商务活动（如网上商品展示、网上公关、网上洽谈等活动）和实现交易的电子贸易活动（主要是利用互联网实现交易前的信息沟通、交易中的网上订单传递与支付和交易后的售后服务等），以及利用企业内联网进行人事、财务等信息化管理等。

四、电子商务与网络营销的区别

（一）电子商务

可提供网上交易和管理等全过程的服务，因此它具有广告宣传、咨询洽谈、网上订购、网上支付、电子账户、服务传递、意见征询、交易管理等各项功能。电子商务可凭借企业的 Web 服务器和客户的浏览，在互联网上发布各类商业信息。客户可借助网上的检索工具迅速地找到所需商品信息，而商家可利用网上主页和电子邮件在全球范围内做广告宣传。电子商务可借助非实时的电子邮件、新闻组和实时的讨论组来了解市场和商品信息、洽谈交易事务，如有进一步的需求，还可用网上的白板会议来交流即时的图形信息。网上的咨询和洽谈能超越人们面对面洽谈的限制，提供多种方便的异地交谈形式。

电子商务可借助 Web 中的邮件交互传送实现网上订购。客户和商家之间可采用信用卡账号进行支付。网上支付将需要更为可靠的信息传输安全性控制以防止欺骗、窃听、冒用等非法行为。信用卡号或银行账号都是电子账户的一种标志。而其可信度需配以必要技术措施来保证，如数字证书、数字签名、加密等手段的应用提供了电子账户操作的安全性。对于已付款的客户应将其订购的货物尽快地传递到他们的手中。而有些货物在本地，有些货物在异地，电子邮件将能在网络中进行物流的调配。而最适合在网上直接传递的货物是信息产品。如软件、电子读物、信息服务等，它能直接从电子仓库中将货物发到用户端。电子商务能十分方便地采用网页上的“选择”“填空”等格式文件来收集用户对销售服务的反馈意见。这样使企业的市场运营能形成一个封闭的回路。客户的反馈意见不仅能提高售后服务的水平，更使企业获得改进产品、发现市场的商业机会。电子商务的发展，将会提供一个良好的交易管理的网络环境及多种多样的应用服务系统。

（二）网络营销

其特征主要是真正以消费者为中心和独具的时空优势，还有全方位的展示功能为主的一种营销方式。网络营销是一种自下而上的营销方式，它更强调互动式的信息交流，任何人都可通过网络媒体发表见解。消费者可以直接将信息和要求传递给市场营销人员，大大提高了营销过程中消费者的地位，使他们由被动的承受对象和消极的信息接受者转变为主动参与者和重要的信息源。在整个过程中，企业与消费者保持持续的信息密集的双向沟通和交流，让消费者参与营销过程的方方面面，从产品设计、制作、定价到售后服务，真正体现了以消费者为中心的营销思想。传统的营销方式是以固定不变的销售地点和固定不变的营业时间为特征的店铺式销售。

网络营销能充分适应人们作息时间的变化，打破零售业空间限制，为消费者优质消费创立了条件。互联网的全球性和即时互动性为企业、供应商和客户提供了一条相互沟通的新渠道，企业可充分利用互联网所形成的全球性电子商务的发展，将会提供一个良好的交易管理的网络环境及多种多样的应用服务系统。信息网络空间，面对全球的客户开展全球范围内的营销活动。网络营销独具的时空优势为跨国营销、直销的企业提供了良好的发展机遇，但与此同时，企业所面临的也将是无国界、无差异的更加激烈的竞争。网络营销可以全方位地展示产品或服务。

对一些耐用消费品及其他复杂工业品来说，网络上的零售业可以利用 www 引人入胜的图形界面和多媒体特性，全方位地展示产品或服务的外观、性能、品质以及决定产品或服务的内部结构，使消费者完全认识了商品或服务再去购买。

电子商务的内涵很广，其核心是电子化交易，电子商务强调的是交易方式和交易过程的各个环节，而网络营销注重的是以互联网为主要手段的营销活动。网络营销和电子商务的这种关系也表明，发生在电子交易过程中的网上支付和交易之后的商品配送等问题并不是网络营销所能包含的内容，同样，电子商务体系中所涉及的安全、法律等问题也不适合全部包括在网络营销中。

（三）电子商务和网络营销策略选择上的不同

网络营销的重点在交易前阶段的宣传和推广，电子商务的标志之一则是实现了电子化交易。网络营销的定义已经表明，网络营销是企业整体营销战略的一个组成部分，可见无论传统企业还是基于互联网开展业务的企业，也无论是否具有电子化交易的发生，都需要网络营销，但网络营销本身并不是一个完整的商业交易过程，而是为了促成交易提供支持，因此是电子商务中的一个重要环节，尤其在交易发生之前，网络营销发挥着主要的信息传递作用。从这种意义上说，电子商务可以被看作网络营销的高级阶段，一个企业在没有完全开展电子商务之前，同样可以开展不同层次的网络营销活动。

网络营销在策略的选择上，首先是慎选网络服务商。任何一个企业要加入互联网都必须选一个ISP，它能给用户提供大量的可用信息。其次是网址宣传。目前在互联网上至少有3.5亿个网页，150万个网址，在如此广袤的空间里，一条信息或一个网页好比沧海一粟，因此网址宣传是开展网上营销并取得效益的前提。此外，传真、名片以及所有印刷品都是宣传网址的良好介质。后者可以利用导航台、新闻组、电子邮件群组、图标广告、分类广告等工具来宣传网址。还有保护网上商标、积极注册域名也是网络营销的策略之一。网络上的域名是网络上一个服务器或一个网络系统的名称。对企业来说，它是网络上的品牌商标，也是一种产权。目前，我国一些企业由于缺乏对互联网的认识，已发生域名被国外企业抢注的事情，给企业带来损失。因此，保护网上商标，积极注册域名非常重要。最后是树立网络形象和信誉等。网络就像一片茫茫大海，如果无法在网络上树立企业的品牌形象，被“漫游”到的机会微乎其微，因此树立网络形象非常重要。网络形象包括网络诉求和网络识别等内容。同时，由于网上购物存在远程风险，顾客能否信赖企业的虚拟商店，很大一部分依靠信誉来争取，网络信誉是质量和服务的标志。

而一个企业的电子商务发展战略则首先是围绕经营和营销来考虑问题，将电子商务技术与主营业务相结合，将商务网站变成展示企业营销策略的主要渠道，商务网络的运作和网络品牌战略，网站创建和运营的人员构成，营销导论的设计思想，坚实、可持续发展的技术平台，长远的战略合作伙伴等。企业上网、制定电子商务发展战略最根本的目的就是要有利用网络环境来开展经营和营销。任何偏离或违背这一主旨的电子商务发展战略，都是注定要失败的。我国的电子商务发展战略也要围绕如何有利于企业经营这个大魔方来考虑问题。网络和电子商务存在着无限商机，但这种商机并不是存在于网络和电子商务技术自身，而是存在于这种网络技术与传统主营业务的结合之中。企业发展自己的电子商务，重点应该放在技术与主营业务的结合点上。企业的电子商务发展战略是围绕着商务网站来展开的。在网络环境下，电子商务网站已经演变成完整展示其营销策略的主窗口。通过这扇主窗口，企业产品的特点、性能、价格优势，企业对用户（或社会）的服务承诺，企业资产状况，技术与售后服务，促销策略，宣传技巧等都得到了充分的展示。企业的电子商务网站是需要运作的。而且，运作所花费的人力、物力、财力比创建网站更多。一个不经运作的电子商务网站对企业的经营来说是没有什么用处的。这一点是我国许多企业在制定自己企业电子商务发展战略时最容易忽视的一环。对电子商务网站域名的宣传和运作是企业品牌宣传策略在网络环境下的延伸，将成为一个企业电子商务发展战略成败的关键。企业商务网站的创建与管理一定不能由工程技术人员一手包办，更不能完全委托给外部网络或IT企业。因为这些（内、外部）工程技术人员不了解，也不关心企业的经营和营销策略。企业电子商务网站创建与管理队伍应该由两部分人员共同组成，即经营人员和工程技术人员。无论是创建还是管理，内容上都要以前者为主，后者只是技术和方案实现的支持。企业电子商务网站的创建一定要有营销导向。内容上一定要以反映企业的营销策略为主。选择一个好的技术开发平台对于上述设计思想的实现来说也是非常重要的。

第三节　网络营销的应用

一、网络营销的优势

（一）一对一的营销

从方法论的角度来看，网络营销最基本的特点是硬性化生产与柔性化生产的结合。硬性化生产是指机器工业中那种对产品与生产进行标准化设计，采用高效率的机器设备，在尽量提高对原材料利用率及产品部件标准化的基础上，用最低成本的方法进行的生产，它追求的是生产在一定的技术发展水平下的成本最低的产品；而柔性化生产是指不对生产与产品做标准化设计，而是按照用户或顾客所提出的要求设计产品并进行生产。从美国的汽车大王亨利·福特开始的、以大规模采用机器为特征的硬性化生产是工业社会企业营销中的主要生产特征。半个多世纪以来人们已习惯工业经济社会中千篇一律的“标准化”产品。今天网络营销将召回已被工业革命排斥了半个世纪的柔性生产，并将硬性生产与柔性生产结合起来，使消费者既能继续享受到低成本生产的好处，又能充分实现个性消费。在网络营销中，企业可就产品中属于消费者消费中共同需要的部分，采用机器大工业硬性生产方式生产；而产品中因人而异的定制部分，则采用柔性化生产方式生产。这就要依靠计算机网络来实现，即通过网络先与消费者取得交易接触，并与之进行交易谈判，完成最终订货手续后，企业的柔性化生产部门将按照顾客对产品提出的要求设计产品，并向企业的生产部门下达生产指令，为顾客生产出定制的产品。最后再将产品的标准部分（件）与定制部分（件）装配起来，成为一个符合顾客特定要求的产品。人们理想中的“一对一的营销”通过网络实现了，“顾客是上帝”这个工业经济社会中喊了多年的口号，在信息经济时代将真正变为现实。

（二）公平、公开、公正

网络营销中公平、公正、公开的经营特色，体现在销售和服务的价格、质量等方面。从理论上讲，作为一种销售策略，在今天的大多数传统市场中，一般经营者拥有比消费者更多的信息，经营者可利用所掌握的各种信息，向他们认为最具有购买意向的消费者推销产品及服务，他们可以根据市场情况，向某些客户报出一种价格，而向其他客户报出另一种价格。虽然这种价格歧视的做法并不违法，但它确实使经营者们为获取更多的利润而牺牲了一些客户的利益。

然而，这种情况不会在网络营销中再现，有这样一种说法，网络建立了一个“颠倒”的市场，它一改上面提到的那种局面，而使市场的主动权转移到了消费者手中。现在一位上网购书的读者一般都会访问多个网上书店，进行价格比较。确实，在互联网这个全球性的市场中，消费者能够在最大范围内自由选择，获得最佳的商品性能和价格，还可以相互交流消费过程中的经验与教训，选出自己认为最满意的商品，并且也可以与商家们讨价还价，在这里没有“店大欺客”这样的不道德的商业行为，消费者真正成了市场交易活动中的主角。

（三）便利快捷

目前在互联网上，吸引客户上网进行在线购物的关键是便利，据最大的在线销售商AOL调查统计发现，在接受调查的客户中85%的人认为在线购物比传统购物方式容易，94%的客户表示将继续进行网上购物。现代化的生活节奏已使消费者用于外出在商店购物的时间越来越短。在传统的购物方式中，从商品的买卖过程来看，一般需经过看样—选择—决定购买—付款结算—取货（或送货）等过程。这些过程大多是在售货地点完成的，短则几分钟，长则数小时，如果再算上顾客外出购物在路途上所花的时间，购物对许多消费者来说成为一种负担。

网络营销为人们展现了一个诱人的场景。售前：销售方向消费者提供丰富生动的商品信息及相关资料（如质量认证、专家评介、顾客反馈等），而且界面友好，操作方便，消费者可以通过互联网比较各种同类商品的性能价格比后，作出购买决定。售中：消费者不需驱车到很远的商店，坐在家中的电脑前即可逛虚拟商店购物，通过网络付款，在网上，一切都变得非常简单。售后：在使用过程中发生的问题，消费者可以通过网络与厂家随时取得联系，得到来自卖方及时的技术支持或服务。

（四）准确高效

网络营销并非只是通过网上直接销售一种形式，利用网络开展服务和技术支持同样是一种营销形式，而且是极具魅力的一种营销形式。

进行一项专题调查发现，企业发展电子商务主要是为了提高客户服务及竞争力，而以增加收入为主的不足20%。

企业在激烈的市场竞争中，其经营的触角要不断地延伸，而提供的服务也需要多元化。当企业将传统经营形式中的销售服务和技术支持搬到网上，可以借助互联网充分展示产品服务和技术支持信息，及时准确地收集客户的反馈，并据此做出响应，给客户以最大的便利，缩短企业与客户之间的距离。有许多成功的实例说明，企业在直接派遣业务人员或寄送书面资料前，客户已经能够通过网络营销系统取得相关资料，甚至许多未曾接触过的客户，也都是通过网络主动来与企业建立联系，这样做既提高了工作效率，同时也维护和增加了企业的信誉度，从而维系了新老客户。这就是网络营销应用得当所带来的利益。

（五）降低营销成本

20世纪五六十年代，许多企业的市场营销主要借助电视广告、购物商城、超级市场、大规模生产工厂，以及适合大批量消费的社会，实现自己的营销战略。一些大公司在广告上投入大量资金，通过抢占市场份额，它们获得了利润、发展壮大，并使后来者很难插足它们的领域。因此，在传统的企业生存环境中，企业的知名度往往来自企业规模的大小、企业的历史等各种因素。对于那些规模较小或发展历史不长的企业来说，知名度可能会在一定程度上影响企业的业务进一步拓展，而大规模的促销、广告等手段对大多数企业来说往往又是可望而不可即的，于是，企业尤其是一些中小企业在进一步发展的过程中面临着双重的困境。

互联网虚拟化的特征最直接的影响是使上网企业的规模变得无关紧要，它可以“使大企业变小，小企业变大”。互联网可以从信息管理的各个方面帮助一个企业，通过开放的互联网虚拟空间，企业以尽可能少的成本来获取或发布尽量多的信息，企业不再受经营规模大小的制约，可以随心所欲地进行信息的交流、管理和利用。

二、网络营销的影响

（一）对传统经营方式的冲击

生产厂商和消费者的直接网上交易，中间商的作用弱化。生产厂商和消费者可以通过网络营销系统直接进行产品交易，这种交易避开了某些传统的商业流通环节，因而更加直接、“面对面”和自由化。它对以传统经销渠道为主的市场运作模式产生了巨大的冲击。其首当其冲的就是中间商。由于原先那种层层批转的中间商业机构的作用将逐渐淡化，它们的作用不再受到以往那样的重视，因此，出现了这样的局面：一是过去由跨国公司所建立的国际分销网络对弱小竞争者造成的进入障碍将明显减弱；二是对目前直接通过互联网进行产品销售的生产厂商来说，其售后服务工作是由各分销商承担的，但随着他们代理销售利润的消失，分销商将很可能不再承担这些工作。因此，如何提供这些服务将是开展网络营销的企业不得不面临的新问题。

（二）对营销策略的冲击

网络营销对传统营销策略产生的冲击是全方位的，以价格策略为例，传统营销方式中许多企业采用的是差别化定价策略，即在不同的地区、场合、时间以及针对不同的客户采用不同的价格。在网络营销中这种策略不再奏效，因为如果某种产品的价格标准不统一，客户将会通过互联网认识到这种价格差异，并可能因此导致客户的不满。所以相对于目前的各种媒体来说，互联网将会使变化不定的且存在差异的价格水平趋于一致。这将对那些在各地采取不同价格的企业产生巨大的冲击。例如，一家公司对某地的客户提供20%的价格折扣，那么世界各地的互联网用户都会了解到这个价格，从而可能会影响到那些分销商或本来并不需要折扣的业务。此外，通过互联网搜索特定产品的代理商，也将认识到这种价格差别，从而加剧了价格歧视的不利影响。上述这些因素都表明，互联网将导致国际的价格水平标准化或减少地区间的价格差异，这对于那些采用差别化定价策略的公司来说的确是一个需要认真对待的问题。

（三）市场竞争形式的转变

由于互联网的自由开放的特点，网络营销方式下的市场竞争将是透明的，过去的商业机密变成了网上的公开信息，在这里人人都能掌握竞争对手的产品信息和营销举措。因此，营销成败的关键在于如何适时获取、分析、运用那些从网络上获取的信息，并据此来制定正确的经营策略。

三、营销理念的变迁

（一）时空观念的重组和电子时空观

当前人们正处于由传统工业化社会向信息化社会过渡的时期。在这个过渡期内，人们将受到两种不同时空观念的影响。人们赖以生活和工作的基础是建立在工业化社会的顺序、精确和物理的时空观上。而反映在人们生活和工作基础的信息需求又是建立在后信息化（网络化）社会可变性、没有物理距离的时空观之上，即人们常说的电子时空观。这种同时发生在人们身上的两种不同的时空观，不可避免地会引起人们工作和生活中的不理解、不协调，甚至是冲突和矛盾。但是生活在现代社会的人必须学会去了解和适应它，实现时空观念的重组，才能在未来的商业竞争中立于不败之地。

时空观念的重组对于营销策略的制定和商业竞争是十分重要的。例如，利用网络开展的营销，其范围会大大地突破原商品销售范围和消费者群体，以及由地理位置半径和交通便利条件划界的营销模式；产品展示会、订货会没有了地点和统一时间的概念，取而代之的是一个网址和客户自己确定的任何时间，群体集会变成了个体根据自己的需要来访问和处理；消费者了解商品信息的途径，由完全以被动式的接收为主转变成主动在网络上搜寻信息和被动地从传媒接受信息并举的方式等。

（二）市场性质的变化

通过网络营销这种手段，产品的生产者能更多地直接面对消费者，从而引起市场性质发生变化，主要体现在：一是市场的多样化、个性化和时变化。即原有以商业作为主要运作模式的市场机制将部分地被基于网络的网络营销所取代。市场将趋于多样化，不同的企业、不同的系统、不同的产品将千方百计地在网络上营造自己的营销模式以吸引客户。由于信息网络双向和动态的特点，这时的市场会更显个性化和时变化。二是市场细分的彻底化。随着市场环境和运作方式的发展，市场也总是处在不断的变化之中。当今市场变化主要体现在市场的划分越来越细和越来越个性化两个方面。在传统社会中，实际上也有这两个方面的变化，但是这两种方式无论怎么发展，其最终结果还是针对某一特定的消费群体。只有在网络环境下，通过网络营销才有可能把这两个方面的趋势推向极致，演变成一种针对每个消费者的营销，即微营销。三是商品流通和交易方式的改变除中间商的地位被减弱外，在网络营销下，商品流通和交易方式也将发生变化，主要表现在直接交易过程的出现，以及营销全球化、实务操作无纸化（无纸面单证、票据、文件等）和支付过程的无现金化等方面。

（三）营销方式的变化

从营销方式上看，网络营销并非只是交易的电子化或网络化，而是将传统营销方式中的“为大众服务”演变为“为个人服务”。正是这种发展使得传统营销方式发生了根本性的变革，它将导致大众市场的终结，并逐步体现市场的个性化，最终实现以每个用户的需求来组织生产和销售，即定制营销。

所谓定制营销是一种个性化集中营销，即企业按照消费者对产品或服务的特定要求，为之设计、生产并提供产品或服务的营销方式，这是在农业经济时代，小手工业者普遍采用的产品经营方式。那时，顾客在生产者的店铺里直接查看货物并向生产者提出订货要求，生产者按照顾客要求，再经过双方对交易条件进行谈判，达成一致的交换条件后，生产者为顾客定制产品。在这样的营销方式下，每件产品都是专门为某个顾客定做的。从这个意义上说，一对一的“定制营销”是一种古老的营销方式。

进入工业社会以后，由于“定制营销”与机器工业生产体系中通过集中资源、批量生产来追求规模、成本经济效益的要求是冲突的。因此，在工业社会中“定制营销”方式被淘汰是必然的，目前工业社会中普遍奉行的是目标市场营销。与定制营销方式不同，目标市场营销是一种大规模无差异营销，它不是专为每个消费者设计和生产（定制）产品，而是按一个消费者群体的要求设计、生产产品的。这个消费者群体的大小，以企业生产批量能否满足平均“盈利”的要求为最低界限。因此，目标市场营销是没法充分满足消费者的特定需要的。就因为目标市场营销在能够比较“粗线条”满足消费者需求的时候，又能兼顾生产经济性的要求，因此，成为工业社会中最佳营销方式。

随着计算机及网络的出现，整个世界开始进入多样化和复杂性日增的新时代。计算机化的生产使产品更具多样化的特点，能够更好地满足不同消费者的特殊需求，使机器大工业以最低成本向市场提供产品的营销与能充分满足消费者需求的“定制营销”相结合，这就是网络时代的“定制营销”的含义，也是网络营销的魅力所在。

四、消费行为的变化

网络环境和网络营销拉近了人们之间的空间距离，扩大了商业的领域和人们选择商品的范围。它不但带来了商业流通领域和商业运作模式的革命性变化，而且影响了买方市场下消费者购买行为的变化，主要体现在以下几个方面。

（一）消费者直接参与生产和商业流通循环

传统的商业流通循环是由生产者、商业机构和消费者三者组成的。其中商业机构起着非常重要的作用，对于生产者来说，所谓市场导向是通过商业机构的订货趋势来反映的。对于消费者来说，所谓挑选商品也是在商业机构所提供的范围内有限地进行的。生产者不能直接了解市场需求，消费者也不能直接向生产者表达对产品的需求。因此，从理论上来看，这种流通模式无论怎样分析，总会存在一定的盲目性。

在网络环境下，这种情况将会改变。网络营销使生产者和消费者在网络的支持下直接构成商品流通循环。其结果使商业部分的作用逐步弱化，消费者参与企业营销的过程，市场的不确定因素减少，生产者更容易掌握市场对产品的实际需求。

（二）满足了消费者的行为、需求和愿望的变化

这一点体现在多方面。首先是传统广告的传播方式和内容发生了改变。传统营销理论中所指的消费者通常是一般大众，即现实生活中的任何一个人都是潜在的消费者，都是营销策略针对的对象。因此，在传统营销方式中，企业的宣传、广告和营销策略是针对所有人的，企业投入巨大的广告费用，但往往带有很大的盲目性。在网络营销中，这种情况将得到根本的改变，网络营销系统为消费者提供了全方位的商品信息展示和多功能的商品信息检索机制，例如，广告以多媒体方式出现在网络上，以联想、智能搜索、组合查询方式

传播，以传统广告媒体宣传网址和以详细商品信息方式在网址中分类展示商品等。网络成为消费者了解信息和购买商品的主要途径。一旦有了需求，消费者就会上网主动搜寻有关商品信息，于是他们开始从大众中分离出来，成为真正意义上的消费者。因此，企业的产品宣传、广告和营销策略主要针对这类消费者，为他们提供科学合理的商品分类框架、方便快捷的上网查询方式，以及详细的商品或服务的特点、性能、价格等信息，而不再是泛泛地宣传一般性的商品信息。其次，消费者将不会在被动的方式下接受商家或企业所提供的消费项目，如果在网上找不到所需的信息，消费者可通过网络向企业或商家主动表达自己的消费需求。其结果使消费者不自觉地参与和影响了企业的生产和经营过程。因此，目前互联网上的各个商业网站都为此提供了供需双方实现信息交流的手段。

（三）消费选择范围的扩大化和消费行为的理性化

在网络环境中，消费者面对的是系统，是计算机屏幕，没有了喧嚣嘈杂的环境和各种非理性因素的影响，商品选择的范围也不限于少数几家商店或几个厂家，在这种情况下，消费者会十分理智地规范自己的消费行为。

第八章 农村电商运营模式的应用研究

第一节 电商下乡

一、消费升级下农村电商的进阶之路

（一）农村居民消费升级现状分析

消费作为社会生产活动的最终目标，是经济发展的主要驱动力和实现方式，对推动国民经济发展具有重要作用。目前，我国经济发展的核心逐渐转变为内需驱动，农村消费市场的有效开发因此显得至关重要。经济发展提升了农村居民消费水平，也带来了消费方式的多元化、消费结构的多层次化、消费理念的更新、消费速度和总量的不断增加。然而，二元经济结构和制度的不完善使城乡经济差距较大，导致农村消费市场的开发和建设缓慢，严重制约着农村居民消费行为的升级。因此，对农村居民消费升级的现状、特征进行研究，具有重要的现实意义。

1. 农村居民消费升级的表现

消费升级是指社会的消费需求从较低的商品需求转变到更高层次的消费需求，具体来讲，消费升级是各种商品或服务的消费支出在整体消费结构中转换、升级的过程。经济的快速发展促进了农村居民消费的升级，这种升级变化基本体现在农村居民人均可支配收入进一步增长、农村居民家庭恩格尔系数降低方面，更深层次的变化则体现在农村居民消费结构的优化以及消费观念、消费模式、消费业态的转变方面。

（1）农村居民人均可支配收入进一步增长。农村居民可支配收入是指农村家庭中所有成员的总收入减去各种必要支出后，剩余的初次分配和再分配的收入。农村居民可支配收入主要用于农村家庭日常消费活动，是衡量农村居民生活水平和收入能力的主要指标，也是限制其消费能力、消费行为升级的最大因素。由于社会经济的快速发展，我国城乡居民人均可支配收入都在不断提高，但城镇人均可支配收入明显高于农村。

（2）农村居民家庭恩格尔系数降低。农村居民家庭恩格尔系数直接体现农村居民消费水平。恩格尔系数越高，表明在食品方面的花费越多，对发展型和享受型的消费能力越差，整体消费水平较低；相反，恩格尔系数越低，表明消费水平越高。随着国民经济水平的提升，我国农村居民消费的恩格尔系数不断降低。

（3）农村居民消费结构的优化。随着农村居民收入的不断提高和消费理念的转变，农村居民开始追求更高品质的消费，因而农村消费结构层次逐渐得到改善。同时，农村居民在衣着方面的消费也有所下降。相反，在居住、家庭设备、医疗保健、文化教育等方面的

支出比重呈现出上升状态，尤其是居住和文化教育的消费上升较快。由此可见，我国农村居民的消费活动逐渐趋于享受型和发展型，且消费形式日渐多样化、消费质量不断提升，农村居民消费结构不断优化。但是，食品支出仍然是我国农村居民的最大支出，这意味着我国农村居民消费能力还有待进一步提高。

（4）农村居民消费观念的变化。生活水平的提高使农村居民的消费观念不再局限于村镇的流行文化，而是会更加注重国际化、追求个性化和科技化。互联网的广泛应用使人们对商品的时代性需求逐渐增长，对商品的审美要求也在不断提高，由趋同性消费理念逐渐转向现在的个性化消费。此外，全球资源环境带来的压力使人们清楚地认识到绿色消费的重要性，更加注重低碳、环保和节约，在追求消费的同时也会注重健康和保健。

（5）农村居民消费模式的变化。根据消费模式的变化轨迹，农村居民首先经历的是生存型消费模式，即消费者注重对衣食住行等基本生活的消费需求。接着，消费模式转变为发展型，即人们注重对教育、医疗以及交通通信等方面的消费。最终的消费模式会转换为享受型，人们在注重生态和保健的同时，也注重精神和休闲方面的享受。三种消费模式内部呈现出结构的升级，例如，在生存型消费中更加注重绿色、环保和节约，发展型的消费如教育、医疗等更加注重人性化和个性化。在当今的时代潮流下，农村居民的消费模式总体上呈现出一种发展型的消费模式，且逐渐过渡到享受型的消费模式。

（6）居民消费业态的变化。随着电子商务的发展，人们的消费观念得到明显的改善，而一种新的消费方式也应运而生——体验式购物。体验式购物让消费者充分了解商品的性能后再进行购物选择。在电子商务飞速发展的时期，商业实体店面临生存考验，消费者也更加注重消费过程中的情感体验。以体验式购物为代表的实体店有苹果体验店等，已经逐步成为一种新的消费业态而被消费者所接受。

2. 农村居民消费升级的困境

虽然农村消费的规模数量和增长速度在不断提高，但由于二元经济结构的限制、制度的不完善等原因，我国农村居民消费升级遇到较大困境，主要包括以下几个方面。

（1）农村居民消费水平升级规模相对缓慢。农村居民消费水平升级较慢主要体现在消费的水平偏低和增速较慢两个方面。由于农村基础设施的缺乏、市场和资源等要素的不均匀分配，使我国农村经济水平与城乡相比差距较大，水平偏低。另外，受到收入、消费观念等制约，农村居民的收入主要来源于方式单一的经济作物，使其收入水平较低。加之农村居民长期受传统消费观念的影响，如高储蓄观念、消费选择务实的观念、重视后代轻视自身消费观念等，严重影响其消费行为，进而导致农村居民的消费水平升级速度偏低。

（2）农村居民消费结构升级缓慢。消费行为的升级直接决定消费结构的升级，进而影响居民消费活动，而我国农村居民消费结构的升级速度依然偏低。这可以从以下两个角度进行分析：一是农村家庭恩格尔系数的降低虽然体现了我国农村居民生活水平得到了有效改善，但由于经济发展水平的不平衡，一些偏远地区的农村家庭恩格尔系数依然偏高，还处在贫困阶段；二是消费结构升级不协调，与居民收入水平、消费水平不对应。我国农村消费结构只片面强调某些消费活动，主要表现在农村居民的居住支出比重较大，而对衣着支出比重较小等方面。

（3）农村消费环境优化升级困境。消费环境是消费行为升级的客观条件，消费环境的优化对消费行为升级具有重要推动作用。农村消费环境的优化升级主要是指将阻碍农村居民消费品质提高的因素转化，使其成为有助于居民消费品质提高的条件。消费环境的优化包括自然环境和社会环境的优化。目前，我国农村居民消费环境优化升级仍然面临着较多问题：一是我国农村自然环境破坏较为严重，如河流污染、空气污染、水土流失等；二是我国农村地区的物质生活有待改进，农村居民在精神追求、文化程度等方面要求较低，农村消费环境仍处在安全系数低、繁杂冗乱的环境中，进而影响农村社会文化环境的优化。

（二）农村电商的进阶之路

在我国经济由高速增长阶段向高质量发展阶段转变的形势下，消费已经进入了需求多元发展、结构优化升级的新阶段，消费者对于产品品质、服务体验、个性化需求日益重视。农村电商的发展需要找到一条适合农村现状的进阶之路，以适应新时代发展的需求和结构优化升级的趋势，最终提供优质的产品来满足消费升级的需求。

农村电商的发展，必须适应农村消费升级的现实情况，满足消费者多元细分诉求，提供差异化、个性化的商品和服务。要建设一条适合农村电商的发展之路，需要从以下几个方面来考虑。

1. 意识形态的升级之路

（1）对于电子商务的认识需要升级。目前电子商务已不局限于“网络交易”的范畴，而是成为以信息、知识、技术为主导要素，优化重组生产、消费、流通全过程，提升经济运行效率与质量的新型经济活动。它将对经济增长、结构调整、要素配置等产生深刻影响，成为打造“中国经济升级版”的新动力。

然而，很多企业对电子商务的理解还是停留在“网络销售”层面，没有看到企业开展电子商务不仅是终端产品的销售，也是通过交易和营销活动的在线化、大数据的积累来精准地进行市场调研、细分，选定目标客户群、评估销售的天花板，让消费者主动地参与到企业的设计、研发等环节，由“猜”市场需求的方式向主动满足市场需求的方式转变。

（2）法制观念需要升级。农产品的网络销售不是将“生产端”的小农经济带到“销售端”，它的上行一定要进行法制观念的升级，一定要从“标准化、生产认证、品牌培育和质量追溯”着手，一定要严格执行《产品质量法》《广告法》《禁止价格欺诈行为的规定》《关于〈禁止价格欺诈行为的规定〉有关条款解释意见的通知》等规定。

不能因为农民收入低、农产品的附加值低就不尊重市场规则。农民手中的产品要想销售出去，单纯靠农民自己肯定实现不了多个环节的认证，这就需要地方政府发挥公共服务职能，引导农业生产走适度规模化发展道路，组织农民成立合作社、进行标准化生产，注册商标和品牌、加大生产认证，完善自身的制度。同时，地方政府一定要让市场监管、质检和物价部门参与到农产品上行中去，加强法制观念的提升，最终实现品牌引领、规范发展。

2. 农产品供应链升级

目前，农村电商已经成为推进城乡协同发展、加快城乡市场一体化步伐、促进县域经济转型升级、助力精准扶贫和精准脱贫的重要途径和抓手。区域农产品上行的竞争，其背后一定是农产品供应链的竞争。

农产品供应链整合，是指农产品供应链链条上的伙伴之间为了给顾客提供更高的价值以及提高自身的竞争优势而进行的一种合作。这种合作是将生产、加工、储运、销售等环节连成一个有机整体，最终实现农产品价值增值的过程。农产品供应链升级涉及以下几个环节的升级。

（1）产品升级（品质电商和品牌电商）：

1）农产品标准化升级。标准化不仅仅是生产环节的标准化，还包括产品分拣环节标准化和包装的标准化，提升产品的品质和流通效率。

2）生产认证升级。农产品上行不是简单地在网上进行农产品的销售，而是需要统筹规划对当地的农产品进行“三品一标（无公害农产品、绿色食品、有机食品和地理标志）”的认证，并且在网上销售的产品一定要进行SC（食品生产许可证编号）的认证。

3）品牌升级。在“三品一标”品牌的基础上，坚持本地龙头品牌企业的重点带动，走“地理标识品牌+龙头企业品牌”双轮驱动的战略，才能有效地占领市场，维护区域品牌的良性发展，防止区域公用品牌滥用。

4）质量升级。地方政府和企业从“数量”要效益转向从“质量”要效益，一定要保障本地的农产品的品质和质量，健全完善农产品质量安全控制体系建设及追溯体系建设，通过对质量相关的关键控制点的数据采集和分析，实现农产品来源可查询、去向可追踪、责任可追究，进而强化全过程质量安全管理与风险控制。产品追溯一定要从生产端着手，建立内部追溯与外部追溯相结合的全过程追溯体系，精确区分责任主体和定位问题产品，避免“只卖码，不品控”的现象发生。

总而言之，产品升级一定要建立农工商一体化经营与完备的社会化服务体系，将农业生产与前后部门有机地结合起来，降低市场风险、提高经营效益，最终提高专业化生产的稳定性和适应性。

（2）生产加工升级：

1）“商品化”策略。由于农林产品属于典型的“非标”和“易耗”产品，且不易储存和运输，因此，发展县域电子商务的前提是商品化。县域电子商务必须要跨过农产品商品化这道坎，把非标性的农林产品转化为标准化的商品。在商品贴上“SC”标识，这样才能提升产品的附加值、延长农产品的销售周期、突破农产品季节性和周期性的限制、提升市场的占有率，真正让“农产品上行”成为一种现实和可能。农产品上行的高度，取决于当地农产品深加工的产业基础的深度，没有农产品加工的县域电商，上行的路不会太久和太长。

2）“网货化”策略。农产品上行的“商品”一定要适合在网上销售，这就要对产品的包装、容量等细节进行升级，不能走粗放的“集贸”大包装和简陋包装，而是需要走“精品”线路，结合消费者的习惯进行升级。同时，为了避免线上线下商品的冲突，可以推出“电商版”包装，平衡对方利益。

（3）物流环节升级（绿色物流）：包装环节的升级。农产品包装是农产品商品流通的重要条件，应按照目标顾客需求、包装原则、包装技术要求进行，以保护农产品、减少损耗、便于运输、节省劳力、提高仓容、保持农产品卫生、便于消费者识别和选购、美化商品、扩大销售，最终提高农产品市场营销效率。例如，北京大兴通过对西瓜电商物流的包装进行优化升级，将西瓜的损耗率从20%降到5%。

（4）基础设施升级：对于农产品电商里面的皇冠“生鲜电商”，需政企联动，加快建设适应农村产品电商发展的冷链仓储物流等基础设施，发展产地预冷、冷冻运输、冷库仓储、定制配送等全冷链物流，提升产品的高附加值，提高客户的体验感。

（5）人才培训升级：随着国家电子商务进入农村综合示范县工作的开展，基础型人才培养初见成效，很多地方涌现出大量的电商创业者。与此相比，专业人才缺口明显，人才培养与农村电商发展速度不相匹配，高端人才短缺严重、人才流动大。电商人才培训必须升级，唯有如此，才能造就一批懂农业、爱农业、爱农村和爱农民的农村电商工作队伍。

二、电子商务进农村项目的实施与促进

（一）发展农村电子商务的意义

我国是农产品生产大国，传统的农业商务信息的传播途径和方式的落后直接导致农产品销路不畅，在市场上缺乏竞争力。发展农村电子商务不仅有利于商品信息的快速传播，还对改变城乡二元经济结构、打破地域经济发展不均衡、提高农产品市场竞争力具有重要意义，最终为农民收入的增长创造条件。

1. 有利于农产品市场资源的优化配置

在农村农业生产的过程中，人们为了扩大农业生产、提高生产质量等，会购买新进设备、生产资料。当然不同地区的经济发展水平不一样，当地设备资料等价格也不尽相同。农村生产一般为较小的农业个体，购买生产资料设备等投资资金也不够充足。为了解决这一问题，农村电子商务网站建设应运而生，它可以为农村生产者提供较多的信息。这一方式有效地缓解了该地区由于农业生产资料、设备短缺而引起的价格差异，另一方面有利于国内生产资料、设备的优化配置。

2. 完善农村生产经营模式，节约生产及销售成本

农村电子商务的竞争阻力小，传统农产品供应链环节较长，从农业生产者到消费者环节较多，导致农产品在储运、加工和销售环节中的成本过高。

首先，电子商务将农产品直接推向市场，拓展了传统交易方式的同时简化了供应链环节，降低了农产品交易成本。其次，可以解决小农户的销售途径，避免因为产量小而没有经销商收购。最后，可以降低农业生产风险。农业电子商务的应用在于能够让农业生产者准确、实时了解市场动态信息，了解市场需求状况，为农业生产者降低生产风险，合理组织生产，以避免因产量和价格的巨大波动带来的效益不稳定。

3. 有利于提高农村经营者的市场竞争力

农村经营者是一个个独立的个体，个体去面对瞬息万变的市场始终是一个问题，因为有些地方的经销商非常少，在遇到天灾的时候不能快速地将信息传播出去以减少损失，这正是由农民生产的分散性、抵御市场风险能力差造成的。

4. 有利于提高农村地区人民的生活质量

在生活方面，农村电子商务消费市场一样存在巨大的潜在需求。由于农村特殊的自然和社会环境，没有超市、商场等成规模的、规范的购物场所，农民购买物品相比城市显得

非常不方便，而电子商务恰好可以弥补这一不足。农村相对较低的经济收入水平使人们对商品的价格更为敏感，而在线营销的普遍低价可以很好地满足农村市场的需求。此外，农村在文化娱乐设施方面的缺乏，也为相关方面的电子商务企业提供了广阔的市场空间。

5. 扩大农村创业与就业机会

由于农业收入低、农村生活苦，而城市基础设施用工量增加，收入比农村高，生活条件也相对较好，尤其体现在医疗、教育等方面，因此，当地多数青壮年劳动力以外出打工为主，仅在农忙时回家干活。农村电子商务的发展使农民的整体经济水平得到了明显的改善，吸引越来越多的大学生、农民工回家创业开网店。甚至有一些因身体不便而待在家里的年轻人，也能通过开网店找到了人生的支点。不仅本地的青年回乡创业，还吸引了周边村庄甚至周边乡镇的创业青年。大部分农民通过技能培训、相互交流、自主学习等方式，走上开设网店或从事其他配套产业的道路。农村电商实现了本地化就业，带动多元化服务业的发展，促进新型城镇化发展的良性循环。

6. 精准扶贫政策落地的承载体

电商扶贫为精准扶贫找到了可行的方法和手段，也为农村电商提供了持续的支持和动力。通过培育电商生态发展，促进经济落后的贫困县实现了变道超车。通过电子商务等信息化手段帮助贫困地区寻求致富机会，进一步挖掘农村及贫困地区的经济发展潜力，支持农产品电子商务发展，加强贫困村的电子商务培训和帮扶。支持各地发展农产品原产地网上直销模式，打造更多农产品品牌，探索农产品预售模式，多途径激活贫困地区的经济发展潜力。

综上所述，发展农村电子商务可以很好地解决我国农业现状的“小农户与大市场”的矛盾，电商模式的优势就是能把小农户组织在一起，在销售环节上实现规模化，在降低市场流通成本的同时还可以更好地满足市场的需求，提高农村经济的竞争力。

（二）农村电子商务项目的实施规划

《中共中央　国务院关于实施乡村振兴战略的意见》，对实施乡村振兴战略进行了全面部署。该文件指出，实施乡村振兴战略，是解决人民日益增长的美好生活需要和不平衡不充分发展之间矛盾的必然要求，是实现“两个一百年”奋斗目标的必然要求，是实现全体人民共同富裕的必然要求。要从提升农业发展质量、推进乡村绿色发展、繁荣兴盛农村文化、构建乡村治理新体系、提高农村民生保障水平、打好精准脱贫攻坚战、强化乡村振兴制度性供给、强化乡村振兴人才支撑、强化乡村振兴投入保障、坚持和完善党对“三农”工作的领导等方面进行安排部署。走出一条中国特色社会主义乡村振兴道路，让农业成为有奔头的产业，让农民成为有吸引力的职业，让农村成为安居乐业的美丽家园。

农业及农村现代化的实现，即农村信息化将达到与目前城市一样的水平，物流将达到与目前城市一样的水平；农产品品质将会得到很大的提升，天然、无污染、自然成熟的原生态、有机农产品将占有非常大的比例；农村生态环境将非常美，将吸引更多的创业人士回到农村创业；种养殖高品质农产品的农民将得到非常丰厚的回报，农民将成为一个光荣的职业。

同时，品质农产品品牌将引领农村电商向深入发展，特别是区域公共品牌将会得到消费者更多的关注与认可。农村电商将步入深耕区，要提升到乡村振兴战略的高度来重新规划农村电商的未来。

（三）电子商务进农村项目的促进策略

电子商务是新农村建设特别是农村信息化的重要组成部分，具有全局性、综合性、整体性与复杂性等特点。鉴于农村市场的特殊性，政府必须发挥宏观规划与指导作用，通过宏观规划，组织协调、制定有利于电子商务发展的优惠政策，从宏观上引导企业向市场化和集约化的方向转型，打破地区保护和封锁、条块分割，真正形成电子商务发展的有利环境。政府发挥引导作用，通过基础设施建设、资金支持、示范建设等促进农村电子商务的发展。

在农村电子商务发展过程中，政府、平台、网商、供应商、服务商五个主体需求网状交织在一起。电子商务服务是一个全新的服务业态，有别于原来的基础公共服务、社会公共服务、经济公共服务、公共安全服务，但又离不开这些服务。所以，就公共服务而言，电子商务公共服务是新生事物，涉及基础公共服务（培训教育、孵化支撑等）、经济公共服务（营销推广、地标树立等）、社会公共服务（解决就业、城乡统筹等）、公共安全服务（食品卫生安全、网络公共安全等），是在互联网、科学技术发展到一定阶段的特定产物，应当正确面对，合理建设。根据电子商务进农村的阶段性需求因地制宜、因时制宜地承载资源、合理推进。

1. 促进农村产品上行

支持农村产品产销对接，立足资源禀赋和市场需求，打造农村电商多元化供应链，加强农产品分级、包装、营销，加快补齐产地预冷、初加工配送等基础设施短板；支持农村产品的标准化、质量认证、品牌培育、质量追溯等综合服务体系建设；支持建设县、乡、村三级具有服务农产品上行功能的物流配送体系。中央财政资金支持农产品上行的比例原则上不低于50%。

2. 完善农村公共服务体系

支持县域电子商务公共服务中心和乡村电子商务服务站点的建设改造，以具备条件的建档立卡贫困村、贫困户为服务重点，拓展代收代缴、代买代卖、小额信贷、便民服务等功能。发挥公共服务中心枢纽作用，合理统筹区域农村电子商务运营、物流、培训和助农扶贫工作，探索公共服务中心+乡村电商服务站点、合作社、供应链企业+贫困户等帮扶机制，切实增强服务体系可持续发展能力。公共服务中心建设应坚持实用、节约原则，资金使用比例原则上不得高于15%。

3. 开展农村电子商务培训

支持对基层党政干部、合作社社员、返乡农民工、农村创业青年、驻村第一书记等实事求是地开展电子商务培训。结合农村双创和扶贫脱贫，加大对具备条件的建档立卡贫困户的培训力度。加强农产品上行有关包装、设计、宣传、营销等实操技能培训，如实做好培训记录，完善培训后服务机制。

农村电商体系中，乡镇是电商延伸网络的最佳终端，乡镇综合性服务中心是农村地区电子商务体系的最佳具体经营者。农村电商体系应设县级配送中心、乡镇级综合服务站，村一级仍然适合零售实体店和代理店。

农村市场体系建设进入新常态，在电子商务进农村过程中，政府应强化农村基础设施建设，强化标准化规范化建设和监督，适度引导农村零售新业态。

①理顺政府工作机制，充分发挥行业协会、合作社、村委会、大型企业的作用，设立公共服务中心机构，通过公共服务机构挖掘特色产品，提供平台对接与营销推广，同时提供培育支撑，服务区域电商发展。②鼓励支持大型企业向农村延伸经营网络并与农家店信息化改造相结合。鼓励支持大型电商、物流快递企业向农村延伸经营网络，在乡镇、中心村设立物流配送、快递分支机构，增加营业网点。引导生产、流通企业向农村设立营销网点，建立售后网络体系。同时，加强农家店信息化改造。针对不同区位的店面进行不同水平的信息化改造，不能搞形式化任务性的“一刀切”。③通过教育培训、孵化支撑、平台建设、营销推广四大服务体系服务区域电商发展。通过资源有效对接、平台项目合作、特色产品营销推广获得区域经济增益。以电子商务方式进行营销推广带来线上和线下潜在购买力的变现，主要依赖政府及企事业单位对这些信息的把握，以及当地产业能在多大程度上满足购买需求。④加强市场治理体系建设，完善现代农村市场标准化体系和信用体系。首先建立并不断完善城乡一体的农村市场标准体系，包括基础标准、建设标准、经营管理标准和服务标准等，也包括供应商标准、采购标准、物流标准等。其次，建立农村现代市场信用体系，建立黑名单制度，净化农村市场。⑤引导各乡镇综合性商贸中心、农家店入驻电商平台发展“实体+网络”模式。乡镇综合性商贸中心在其建设的电商平台上开设与实体店营业范围相同的“网上乡镇商贸中心”，尽快实现一个乡（镇）拥有一家开展电商业务的综合性商贸中心，并负责其所辖乡镇及周边地区的电子商务业务和配送服务，方便所辖区域内及周边地区农村人口在网店购买所需商品，又能提高乡镇综合性商贸中心的销售额，实现乡镇综合性商贸中心的物流配送“一网多用”，解决农村地区物流配送问题，从而推进我国农村地区电子商务发展。

4. 完善产品质量追溯体系

完善产品质量追溯体系，从生产源头截断不良商家造假售假行为，让消费者能够很容易地看到原产地、质检部门、产品等级、专利授权等由专业机构认证的信息。吸纳第三方认证机构介入，补充政府认证机构人手不足以及认证过程中由于垄断造成的灰色收入、效率低下等问题。分品种、分阶段地逐步推出追溯体系，先从关系消费者身体健康的农产品溯源做起，充分利用好商务部已经建立的肉类追溯系统和线下的万村千乡服务体系。

5. 实施品牌化、差异化策略

实施品牌化、差异化的竞争策略，是农村电商转型升级、摆脱低端价格竞争的有效路径。推动农村电商卖家提高品牌意识，推动创立电商品牌和区域性品牌，加强原创设计能力，加快从个人店铺向企业店铺转型。政府可以在工商注册、引入第三方专业设计培训机构等方面提供支持。引导企业品牌化发展，扶持行业标杆企业发挥引领带头作用。通过讲座、培训与实地考察等形式，鼓励加工企业与电商企业建立品牌、申请商标和产品专利、简化企业注册等手续，为企业提供有关品牌、商标和产品专利方面的基本知识和服务。

6. 完善农村电商基础设施

在物流集聚地的建设上，有条件的县域可以建立电子商务园区，营造良好的电子商务生态。电商园区可提供整合性物流发货平台，增加电商的议价能力，引入发达地区较为市场化的电子商务第三方服务机构，提供企业所需要的研发设计、网络营销、摄影美工、信息咨询、法律维权、会计财务等多方面的服务，以及配套园区周边的餐饮、住宿、娱乐等服务。

7. 探索农村电商金融路径

构建网络诚信体系，营造诚信交易环境。加强与互联网金融机构合作，发展纯信用无抵押贷款，并以提供贴息的方式，加强对农村电商的信贷扶持。与金融部门积极联系，深入、持续地开展电商贷款、小额创业贷款等活动。与地方政府共建电子商务诚信体系的战略合作机制。电子商务园区通过跟踪各个电商的快递量来推算园内企业的运营情况。当电商遇到资金困难时，园区可以根据上述信息出面担保，从银行借到低息贷款，破解电商发展的资金瓶颈。

第二节　电商扶贫

一、我国农村贫困的现状及原因

（一）我国农村贫困的现状

从贫困人口分布的区域特殊性看，农村贫困人口主要集中在少数民族聚集、革命老区、边疆边境和欠发达地区，即老少边穷地区。贫困多维化指我国农村贫困人口除经济贫困外，还表现为教育贫困、健康贫困和环境贫困以及政治和权力贫困等相互交织的特点。换句话说，我国农村贫困呈现出多维度贫困的特点。经济贫困的表现主要为收入和消费水平低。教育和健康贫困表现在农村贫困地区教育水平落后，人们受教育程度低，医疗条件差，营养不良。而环境贫困则表现在农村贫困人口分布的区域自然条件恶劣、气候异常、水土流失严重、土地沙漠化、地方病高发以及饮水困难等。政治和权力贫困主要表现为农民还没有真正参与乡村治理以及以城市化、工业化的名义征用农民的土地。贫困的代际传递性强因自然条件恶劣和收入水平低，贫困地区农村儿童上不了学，也上不起学，导致贫困家庭的子女受教育程度低，技术差，而越贫困的家庭越没有能力为其后代提供接受良好教育的机会，从而剥夺了他们向上层社会流动的机会。由于文化程度低，他们外出务工也只能从事工资水平低、劳动强度大的岗位，难以改变处于社会最底层的处境，如此就形成了贫困的恶性循环，使贫困代际传递性增强。研究表明，贫困家庭代际间在受教育程度、就业机会和医疗保险等因素方面处于弱势地位且具有较强的相关性，农村贫困代际传递性比较强。

（二）我国农村贫困的原因分析

由于我国农村贫困特点的复杂性导致贫困致因的多样化，主要有诸如环境因素、经济原因、农村制度因素、人口素质论、社会排斥论及家庭和个人因素影响等。归纳起来可以分为外部因素和内部因素两个方面。

1. 外部因素分析

（1）环境因素。地理环境又被称为自然资本，是人类生存与发展的基础。人地关系强调人类社会与地理环境之间的互动关系：一方面，人类为了生存和发展需要不断认识自然和改造自然，增强自身的环境适应能力；另一方面，地理环境也影响了人们的生产生活，为人类活动打上了深深的地域烙印。不同地域空间上的区位优势、资源禀赋，将导致不同的生产力发展水平和人地关系，从而影响社会发展。贫困状况与地理环境状况有着非常密切的关系。地理环境对人类的生存和发展以及社会的进步产生深刻影响，而人类活动在一定程度上改变自然的束缚，并对地理环境产生影响。因此，一定程度上，贫困是人与地理环境长期作用的结果。

我国农村贫困人口的区域分布特征注定了贫困必然要受到环境因素的影响。一方面是指自然条件的恶劣。农村贫困人口成片状或块状聚集在西部的高原、沙漠、山地丘陵等地带，这些地带地形复杂，气候多变，高寒阴冷、光照不足，干旱、低温少雨，水资源严重缺乏，霜、雹、地震、病虫等自然灾害的频发，土壤贫瘠，土地沙化严重，水土流失严重，地处边境、少数民族地区社会稳定性差，生存环境恶劣，地方病高发，等等。恶劣的自然条件和频发的自然灾害导致这些地区的生产成本高、投入的风险大，不适合人类生存和生产。而工农业的“掠夺式”发展，污染、破坏了农村的生态环境，导致农业耕地面积的减少和自然灾害的增加，加剧了农村的贫困，阻碍了其脱贫。另一方面，这些地区地理位置偏僻，交通不便，信息十分落后，阻碍了资金的引入和劳动力的转移，抑制了其发展。

（2）经济因素。经济因素是影响贫困人口的重要条件。经济因素主要包括产业结构、农业结构和农村市场发育程度等。产业结构通过由其决定的经济增长和各产业对贫困影响的差异性对贫困产生影响；而农产品结构和农村市场发育程度则通过对农民收入的影响对贫困产生影响。产业结构演进理论表明，产业结构的高度决定了经济发展的速度。尽管随着我国工业化进程的深入，总体上我国产业结构正趋向合理化和高级化，但是产业结构演进的速度不均衡，东中西部存在较大差距，导致贫困程度的差异，而农村的工业化水平的差异加剧了区域贫困程度。无论产值结构还是就业结构，中西部均落后于东部。

（3）基础设施。在道路交通方面，虽然目前大多数省份都能达到大部分行政村通路通车，但在自然村层面的道路交通的路面质量较差。道路交通对人们的生产生活、对当地的经济发展具有极其重要的作用，正如以前常说的一句口号——“要致富，先修路”那样，道路交通的闭塞往往是导致一个地方发展落后的主要因素。

在用水用电方面，有些贫困地区的电力质量还较差，有的地方还达不到全天候供电，有的则常常断电，较不稳定。这意味着下一步还要在用电质量的提升和电力设施的完善方面加大工作力度。另外，在饮用水安全方面还有较大的欠缺，今后还要继续加大饮用水安全方面的投入，尤其要优先解决覆盖范围广、饮用水安全问题突出的贫困地区人民的饮水安全问题。

总体而言，贫困地区的基础设施已经具备一定基础，但与城镇差距还较大。如果任由这种差距增大，其结果将会导致贫困地区的发展水平更加滞后。为此，在贫困地区的基础设施建设方面还需要进一步加大资金投入和工作力度，甚至要创新方式，激发社会和市场的力量，才有可能为贫困地区的加速发展奠定坚实的基础。

（4）公共服务。在教育方面，在贫困地区，下一代的受教育水平在很大程度上决定了该地区未来的发展潜力。而就学前教育和小学义务教育来看，上述两个指标表明我国当前还有数以万计的贫困村的贫困家庭儿童缺少学前教育，或者在接受小学义务教育方面还有困难，更不用说师资力量和教学水平方面与其他地区的差距了。为此，由国家财政加大贫困乡村的教育投入，引入更多教师，提高教学水平，是极为必要的。

在文化方面，很多贫困村还是比较缺少文化活动的，相对做得比较好的地方也只能是每季度或每月举办一两次文化下乡活动。文化活动不仅可以丰富人们生活，也是知识传播和文化教育的重要手段，如何创新方式，充分发挥社会各界的力量加入到贫困地区的文化传播中来，可能是现有的扶贫机构和文化教育部门尽快提上议程的课题之一。

（5）产业基础。产业基础是一个地方社会经济发展的基础，这并不是说自然环境、基础设施、社会公共服务等不重要，实际上这些应该说都是发展的基础，不过从当前社会经济发展的趋势来看，产业的发展才能促进一个地方的发展，才能使当地的人们脱贫致富。因此，产业基础在当前显得尤为重要。在此所说的产业基础更多地涉及市场化程度、人力资本、生产技术、文化传统、金融市场等与产业发展较为相关的方面。

2. 内部因素分析

农村贫困人口受教育程度低，健康欠佳，属于人力资本弱势群体。许多研究证明，人力资本脆弱性与贫困相关，并且在现实中表现出一系列贫困的迹象，其中最主要的表现就是收入少、就业困难。教育在贫困的分析中具有双重性：一是教育匮乏造成收入低下，二是教育本身就是能力贫困的主要表现。在现实中人们能够感觉到：教育匮乏—就业困难—收入低下—贫困—教育更匮乏，这样的恶性循环过程。教育对农村贫困群体的影响主要表现在以下几个方面。

（1）受教育程度影响农村贫困人口的就业。随着经济的发展和科技的进步，社会对劳动力受教育的要求越来越高。而由于我国二元结构社会特征，教育制度，尤其是教育投入也表现出城乡差别，导致我国农村教育落后，农村居民受教育程度较低。较低的受教育水平将对农民就业，尤其是非农就业产生不利的影响。

（2）受教育程度影响农村贫困人口的收入问题。教育不仅影响农村贫困人口的就业和职业选择，而且还直接影响他们的收入水平的变化。然而，近些年的研究表明，早期农村居民教育投资收益率明显偏低，一般都在5%以下，近些年有所提高，但也在10%以内。尽管如此，还是说明教育投资得到了应有的回报，并且两者逐渐匹配，人力资本的收入分配效应日益增强。

（3）健康对农村贫困人口的影响。健康是人力资本构成的基本要素，是其他人力资本要素发挥作用的前提。一个人越健康，其人力资本存量就越大，预期寿命就越长，人力资本投资的风险就越小，其投资收益率也就越高。因此，健康是非常重要的人力资本要素。有人将疾病与贫困比喻成“孪生兄弟”。在农村贫困人口中，不良的身体状况与较低的收入水平紧密地联系在一起，很多家庭因为疾病导致贫困，即“因病致贫”。而贫困家庭因为收入低，贫困户对待疾病经常是“小病扛、大病拖”，最后，小病扛成了大病，大病拖成了重病，而贫困家庭一旦有成员患重大疾病，要么借钱看病，继而陷入病贫交加的恶性循环，要么放弃治疗，等待死亡。疾病以及因疾病而产生的高昂医疗费用是导致农村家庭贫困的最重要因素。

二、实施农村电商扶贫的作用机理

（一）关于农村电商扶贫学者观点

电商扶贫可归纳为以下三种主要形式：①直接到户，即通过教育培训、资源投入、市场对接、政策支持、提供服务等方式，帮助贫困户直接以电子商务交易实现增收，达到减贫脱贫目的。②参与产业链，即通过当地从事电子商务经营的龙头企业、网商经纪人、能人、大户、专业协会与地方电商交易平台等，构建起面向电子商务的产业链，帮助和吸引贫困户参与进来，实现完全或不完全就业，从而达到减贫脱贫目的。③分享溢出效应，即电商规模化发展，在一定地域内形成良性的市场生态，当地原有的贫困户即便没有直接或间接参与电商产业链，也可以从中分享发展成果。

农村电商扶贫的两大关键要素：市场和动力。在贫困的农村地区发展电子商务有助于这些地区的小生产者与更大市场进行对接，从而获得参与市场的机会和能力，并有机会据此实现减贫脱贫。同时，由于贫困主体通过各种直接或间接的方式参与到农村电商的发展当中，获得了直接的经济效益，从而激发了其通过自身努力来实现减贫脱贫的动力。

农村电商扶贫的本质还是要发展农村电子商务，通过农村电子商务的发展带动贫困家庭减贫脱贫。但农村电商扶贫与农村电商发展又不完全相同，根本区别在于最终目标的不同，农村电商扶贫不仅要发展农村贫困地区的电子商务，还要确保贫困家庭能在此过程中实现减贫脱贫。

（二）具体作用机理

1. 扶贫主体→贫困主体

这种途径指的是扶贫主体通过对贫困主体进行培训，或者为其提供场地、资金、产品或指导等，让贫困主体掌握电子商务的相关知识和技能，从事电子商务相关的工作，甚至直接开设网店进行网络销售活动。从实际操作来看，不少地方都由政府通过购买服务的方式，委托第三方服务机构设立了电商培训中心或电商孵化中心，这些机构的一项重要工作就是为包括残疾人在内的贫困人群提供电商培训和指导，甚至为他们免费提供办公场地、网店装修、产品拍摄、图片修饰等各种服务。当然，从一些地方的实施效果来看，最后真正能发展起来的网店并不多，究其原因，除了保证课程培训的质量之外，更重要的还是需要依赖当地电商环境的改善。不过，这应该是最直接最基本的电商扶贫手段之一。而且，随着贫困地区电商环境的不断完善，电商培训，尤其是基于电子商务的高级商务培训（包括营销方式、品牌管理等）将会越来越必要，而在此过程中适当照顾贫困主体，也将是水到渠成顺势而为之事。

除了政府主导的培训之外，还有部分电商企业或社会扶贫组织会为贫困地区的贫困主体提供各种培训服务，如京东的培训扶贫、友成扶贫基金会的 MOOC 电商培训课程等。甚至可以是电商企业专门针对贫困家庭来招工，如京东的招工扶贫等。

应当说，这种途径的形式是多种多样的，并不限定于某种特定的形式。其关键在于各种主体通过各种手段来帮助贫困主体，使其获得相关的知识和技能，有能力参与到当地的电子商务发展当中，获得更多的创业和就业机会，并最终实现减贫脱贫。

2. 扶贫主体→电商环境→贫困主体

这种途径指的是扶贫主体通过改善农村贫困地区的电商环境，促使当地电子商务的发展，进而带动当地产业和经济的发展，而这些地区的贫困主体因当地产业和经济的发展获得更多的就业和创业的机会，甚至因此而实现更大的生产及消费成本的降低，从而实现减贫脱贫。

前面已经阐明，电子商务的发展会促进当地产业和经济的发展，而产业和经济的发展必然创造更多的就业和创业机会，这些机会虽然不是专门为贫困主体提供的，但贫困主体作为社会的一分子同样可以分享这样的机会。同时，结合包括前面所提到的针对贫困家庭实施的各种帮扶措施，如免费培训、招工帮扶等，贫困主体必然会获得更多的机会。当然，该途径的关键在于电商环境的改善。从驱动主体来看，既可以是政府，也可以是企业。例如，政府可以在道路交通、网络设施等硬件设施方面加大支持力度，同时还可以出台鼓励当地企业开展电子商务活动的各种优惠政策，例如减免相关税收，设立电商发展扶持基金等。而在企业方面，实际上，随着农村电商的兴起，包括电商平台、运营服务商、物流企业、金融企业等在内的各类相关企业都纷纷涌向农村地区，这些企业向农村地区的下沉，不仅为农村地区提供了大量的资金、技术，甚至对当地的整个电商生态体系的构建都起着至关重要的积极作用，例如，地方平台的建设、网络系统的应用、物流体系的搭建等。因此，对于农村贫困地区来说，需要积极引入这些企业来帮助完善当地电商发展环境。

3. 扶贫主体→当地企业→贫困主体

从农村电商扶贫的直接作用对象来看，不仅可以是贫困主体和农村地区电商环境，也可以是当地的企业或当地的产业。例如，通过对当地企业进行扶持，使其加快向线上转型，以实现新的发展和突破，然后带动整个产业的发展，进而为贫困主体提供更多的就业和创业机会，这实际上也是农村电商扶贫的一种作用途径。

该途径的驱动主体同样既可以是政府，也可以是企业。例如，政府可以积极营造电商发展气氛，促使当地企业（主要指以线下渠道开展销售的传统企业）产生危机感和紧迫感（如浙江桐庐县政府所采取的措施），同时出台针对传统企业向线上转型发展的扶持措施，鼓励企业加快转型。政府除了营造气氛和出台扶持措施之外，还可以加大转型典型示范案例的宣传（当然，这种典型首先是自发的，而不是人为打造的），以及提高公共服务水平，尤其是针对企业的服务。另外，还可以充分利用包括电商协会在内的各种行业协会来加强与企业的联系，了解企业的普遍需求，以便更好地为企业服务。

在企业方面，随着各大平台及相关的物流和金融服务配套地向农村地区下沉，可为当地企业提供很多的机会，包括平台接口、物流配套、融资贷款等。随着范围的不断扩大，将会有越来越多的农村贫困地区的企业获得这些机会。对贫困地区的政府而言，在积极引入相关资源（企业）的同时，鼓励当地企业与这些资源积极对接，将会加快当地企业的转型发展，进而为当地的贫困家庭提供更多的减贫脱贫机会。

4. 扶贫主体→当地产业→贫困主体

除了通过扶持当地企业的发展来实现扶贫之外，还可以从产业的角度进行扶持。例如，当地政府既可以出台相关的行业标准或产业标准来规范和提升当地产业的发展水平，尤其是农产品的标准制定和产品质量安全追溯体系的推广应用，也可以出台相关措施促进产业链的延长和完善，如农产品的精深加工。

在这个过程中，当地政府除了关注当地企业的发展之外，还应当充分利用当地的资源条件，积极引进具有先进技术和雄厚实力的企业，以促进当地产业整体发展水平的提升和产业链的完善。另外，还应当积极引导相关的行业协会加快相关标准的制定，加强整个行业的管理和规范。

三、农产品上行面临的问题及挑战

（一）农产品上行面临的具体问题

农产品上行是个体系问题，受产品自身属性、农民市场意识、外在基础条件等多种因素影响，不是仅仅靠建几个电商运营平台就能解决的。究其原因，主要有以下四个方面的问题。

1. 产品方面

由于开办网店的程序简单、成本较低，导致人们形成了一个错误的认识，认为什么产品都可以放在网上销售并期待获得较大利润。其实，电子商务更注重产品的选择性，否则很难在互联网上生存。我国电子商务的蓬勃发展源于工业品的销售，而最难做的是农产品尤其是生鲜农产品的销售。一是受耕地面积和自然条件等因素限制，大部分农民都是小规模经营，导致农产品很难实现标准化、规范化生产以及对产品安全性的追踪溯源，不能满足市场和消费者对网销农产品的品控要求。二是农产品生产周期较长，但销售周期较短，并且不能像工业品一样“持续供货”，无法获得持续“打爆”某一产品带来的可观利润。三是农产品同质化问题严重，除了地域性较强的农产品外，大众类的农产品在全国产区较多，如不能很好地呈现本地区农产品在全“网”具有的稀缺性或价格优势，很难形成有效竞争力。

2. 成本方面

农村发展电子商务的基础设施薄弱，农产品上行成本远高于工业品下行。一是建设成本高。农村发展电子商务首先要解决“通网、通路、通邮”等问题，加上农民居住一般比较分散，导致前期建设成本较高或者很难惠及每一户农民。二是物流成本高。农村物流的“最后一公里”问题还没有得到有效解决，以“四通一达”为代表的物流企业都未涉及该领域，存在有货运不出来或“运费比货贵”的现象，另外，生鲜农产品的运输对保鲜及包装要求较高而且重量较大，导致物流成本居高不下，形不成价格优势。三是运营成本高。目前，“农户+网店”是农村电子商务的主要运营模式，农户各自为战、小规模经营，未能形成品牌效应和规模经济，导致运营效果不佳，总体运营成本较高。

3. 人才方面

农产品上行还要解决“人”的问题，产、供、销任何一个环节都需要一大批懂技术、会经营、能致富的复合型人才的支撑。这恰恰是农村发展电子商务最难的地方。一是农产品电子商务风险较大、利润较少，很难吸引电子商务运营企业和电子商务职业经理人到农村发展电子商务。二是许多农村主要以留守老人、妇女、儿童为主，青壮年大多数外出求学、务工。靠“留守群体”实现农产品上行则难上加难，本地化复合型人才培养工作任重道远。

4. 融资方面

融资难一直是制约农村经济社会发展的“老大难”问题。资本具有趋利性，一段时间各大商业银行纷纷撤掉了乡镇的经营网点，而现存的农村金融机构的资金仍在不断流向城市，导致农村电子商务的发展缺乏资金支持。目前，农村电子商务的运营主体是当地的一些微小企业和个体农户，由于缺乏有效担保和银行征信记录，普遍存在“贷款难”问题。资金不足严重制约了这些运营主体的进一步发展，始终处于低水平发展层次，在“打造品牌、提升品质”上很难有所作为，不利于农产品上行。

（二）农产品上行面临的具体挑战

电商产业发展为实施乡村振兴战略打下了良好的基础。农村电商要更好地把农村地区价值资源挖掘出来，以前是工业品下行，现在要发挥上行作用，支持农村地区资源产品进城市，完善资源产品上行供应链环节，加强品牌体系、溯源体系建设，解决农产品上行的挑战。

1. 产业链标准化待完善

农产品上行作为一大痛点，是因为农产品长期处于原产品状态，距离商品还有一定距离，距离合格的网货更是遥远。形象地讲，就是农业还在 19 世纪，而电商却在 21 世纪。加强产后分级以达到标准化，改进包装以适应快递物流，加强营销以适应电商场景，这是农产品必须补上的课。中央“一号文件”中强调“要加强农产品产后的分级、包装、营销”，这说明国家意识到了农村产业向外发展的主要短板是商品基础产业链还不够完善，需要加强建设力度。由于农村产业基础落后，商品流通环节标准化缺失严重，农产品上行堪称世界级的难题。农村电商的发展在农村地区创造了一条新的产业链，其中包括产品生产、加工、仓储、检验、包装、分销、物流等环节，建设完整的产业链对带动就业有了更大帮助。

由于过去农产品缺乏行业标准，产品差异化、个性化强，有了电商平台的介入，通过大数据对产品的产地、重量、生产季节以及运输的距离都可以建立标准化的体系。农村电商可通过对种植、仓储、物流、销售和大数据反哺的全流程进行整合，让农产品有更高的供应标准和品质，既提高了农产品市场竞争力、让农民真正得到实惠，也让城市消费者能吃到新鲜、安全、放心的农产品。通过电商的大数据平台，还可以开展个性化定制，根据销量以销定产，更加科学地安排生产和种植。

2. 农村冷链仓储物流供应链需加强

2023 年中央“一号文件”指出需“加强建设现代化农产品冷链仓储物流体系”和“加快推进农村流通现代化”，反映出目前冷链物流对提高农产品上行效率的重要性，以及健全农村物流供应链体系的必要性。农产品存储环节对于冷链的特殊要求，在物流配送过程中同样存在。目前，冷链物流在大城市比较常见，在农村其成本非常高，并且现在一些普通的小件物流和大件物流也只进入到县域级别，还未进村，更别谈冷链物流。农村电子商务对于改善农产品物流、加速农业信息流通、拓展农产品销售渠道、健全农产品市场机制和功能具有重要意义。

电商运营中的重要组成的物流运输，是农村电商的一大软肋。物流体系的不发达影响农村电商的发展，容易造成货品交易进村难，出村也难的局面。之所以国家强调要加强农产品冷链物流建设，是因为相当部分农产品都是生鲜类产品，尤其是保质期短易变质的家畜产品。冷链物流是农产品上游供应链中的重要组成，是各大生鲜平台重点发展和建设的对象，对能否在生鲜市场占有一席之地至关重要。我国的冷链物流体系仍不能和发达国家相比，所以加强建设冷链物流是提升农村经济、提升农产品上行效率的重要举措。目前美国、日本等发达国家的冷链流通率达95%以上，而中国综合冷链流通率仅20%左右，差距很大，必须迎头跟上。但因为构建冷链体系投入很大，一般的生鲜电商企业又投入不起，所以需要国家、企业和社会共同投入，构建新的电商公共基础设施。

3. 农村电商基础建设是重点

“加快农村公路、供水、供气、环保、电网、物流、信息、广播电视等基础设施建设，推动城乡基础设施互联互通”，说明国家早已意识到农村电商的发展问题和农村地区的设施水平有很大关系，并已做好大力投入的准备。

有了政策的支持，电商平台就应该寻找新的突破口，重点关注农产品上行领域，需加强农村电商基础设施的建设，这样才能吸引资源，同时大大降低物流成本的支出。农村与城市相比，其最大的不足在于其基础设施的建设相对落后，尤其是互联网方面技术引入和配套设施不到位。由于基础设施不健全导致农村电商运营、产品流通成本高，产品标准把控困难。

（三）解决农产品上行问题的着手点

如今，农产品上行渠道越来越分散化，既有天猫、京东等大平台，又有本土电商平台，还有直播、微商等渠道。但农产品网上销售的持续性仍较差，质量追溯体系仍不完善。因此，要解决农村电商上行困境，要从以下几点着手。

①要坚持实现农业标准化。在政府大力推动、市场正确引导、龙头企业的带动下，加速推进农业标准化的建设。改进农产品包装设计，让更多的农产品适合网上销售。②要重视农产品品牌建设。在大力打造地域公共品牌的基础上，积极培育企业市场品牌，从而扩大市场占有率。③要提升供应链能力。要补短板、降成本，全面加强农产品加工、仓储、物流及冷链、包装体系建设，提升供应链能力。④要借鉴新零售理念。加大线上线下融合力度，多平台、多渠道、多举措扩大农产品上行规模。

四、农产品上行渠道畅通的保障机制

（一）农业产业化视野下农产品上行思路

要将传统农业社会的“农民、农业、农村”与现代工业社会的电子商务实现对接，就要主动适应市场农业的需求，大力发展农业产业化，建设现代农业生产经营体系，为深层次解决农产品上行问题提供根本性保障。

1. 培育和增强农民的市场意识

发展农业产业化，从本质上来说就是要发展市场农业，解决小生产与大市场信息不对称问题。农产品上行是个市场行为，需要根据市场供需变化和运营法则，及时调整生产规模和品种、不断开拓和培育市场。因此，培育和增强农民的市场意识是农产品上行需要解决的首要问题。

欠发达地区农民的市场意识比较薄弱。一是不懂得市场规律，找不到市场或找不准市场，生产具有盲目性、滞后性。二是不懂得市场规则，没有品牌意识、缺乏诚信意识，往往会出现急功近利、自损招牌的案例。比如，有些地方出现了农户给已经有一定市场份额的自产土蜂蜜掺假的问题。因此，要积极探索培育农民市场意识的新方法、新途径，营造良好的市场发展环境。首先，要通过“引进来、走出去”的方式加强对农民市场意识的传播和培养，重点要放在党员干部、能人大户、返乡群体上。其次，通过“合作社+农户”“企业+农户”“致富能人+农户”“党支部+农户”等多种方式，带农民进市场，在具体的实践中不断启迪和培育农民的市场意识。

2. 着重抓好龙头企业和合作社建设

发展农业产业化，就是要通过龙头企业和合作社的带动，提高农民的组织化程度，改变以家庭为单位的生产经营模式，由家庭生产型向组织生产型转变，从而适应农业市场化的需要。目前，农村电子商务主要停留在“一台电脑、一根网线、一个网店”的初创阶段，运营主体规模较小，很难与千变万化的大市场对接，也无力解决农产品上行遇到的各种困难。因此，抓好龙头企业和合作社建设是农产品上行需要解决的关键问题。

欠发达地区农村普遍存在龙头企业和合作社数量少、带动力弱的问题。龙头企业是农业产业化的中枢，建设好龙头企业就显得尤为重要。

①要通过出台优惠政策，借助当前国内众多涉农及电商运营企业进军农村电子商务的有利时机，打好“绿水青山”和“三品一标”牌，积极引进有实力的农副产品加工和销售企业投资建厂。②统筹国家推进电子商务进农村的各项政策红利和建设资金，大力扶持本地龙头企业建设，把有限的资金用在刀刃上。合作社是联系龙头企业和农户的桥梁，是发展农业产业化的关键一环。建设好合作社就要从产业化起步阶段精心培植，关键要找准项目、扶持好带头人。通过“龙头企业+合作社+农户”的农产品电子商务运营模式，可以有效解决农产品标准化、规范化、品牌化的问题，降低物流和运营成本，提高市场和消费者对网销农产品的认同度，从而提升农产品上行的市场竞争力。

3. 培育特色产业和打造品牌产品

发展农业产业化，就是要因地制宜，培育和发展特色产业，避免农产品同质化问题，形成有个性化的市场竞争力。农产品上行的关键是要有“好产品”可卖，要有吸引消费者的优势所在。因此，培育特色产业和打造品牌产品是农产品上行需要解决的核心问题。

欠发达地区农村基本都有自己的主导产业，但也存在“养在深闺人未识”的现象。比如，甘肃省陇南市是个国家级贫困地区，却有着丰富的自然资源和特色农产品，长期被人所不知。近几年当地大力发展电子商务后，才逐渐提高了地域和产品的知名度。何谓“特色产业”，就是以“特”制胜的产业，是一个国家或地区在长期的发展过程中所积淀、成型的一种或几种特有的资源、文化、技术、管理、环境、人才等方面的优势，从而形成的具有国际、本国或本地区特色的核心市场竞争力的产业或产业集群。

只要找准市场，发挥区域资源优势，引导龙头企业、合作社、农民做大做强一个产业，它必然就是特色产业。何谓“品牌产品”，就是将资源优势转化为产品优势、市场优势，形成品牌效应。

①通过土地流转、入股分红等方式积极发展生产合作社，对初级农产品按统一标准生产、统一区域公共品牌销售，或者可以按照“合作社+农户”的模式，对初级农产品实行统一标准订单式生产。②鼓励和支持农产品加工、销售企业发展，扩大初级农产品深加工的规模，开展品牌营销，形成产品核心竞争力。比如三只松鼠、百草味、新农哥、沱沱工社、新疆果业都是品牌营销的成功案例。③借助当地历史文化和生态资源，实现旅游、餐饮和电商融合发展，通过体验式营销、预售众筹、消费扶贫等多种形式，从单一的线上销售到线上线下相结合，进一步扩大品牌的知名度。

4. 建设农产品生产基地和交易中心

发展农业产业化，就是要建设农产品生产基地和交易中心，发挥汇聚效应，实现规模化、集约化经营。农产品上行需要解决好成本问题，只有借助规模优势和提高信息化管理水平，才能有效降低成本。因此，建设农产品生产基地和交易中心是农产品上行需要解决的基础问题。

欠发达地区农村在农产品生产基地和交易中心建设上比较滞后。建设农产品生产基地和交易中心，其实质就是建设完备的农产品电子商务供应链体系。农产品上行难的一个很重要原因就是供应链体系不健全，在产品供应上没有“根据地”，一直处于“游击”状态。在农村电子商务发展的初创阶段尚可，要想更上一层楼则困难重重。比如，浙江义乌的小商品城、陕西武功的农产品仓储中心、江苏睢宁沙集镇的简易家具生产基地都对当地发展电子商务起到了重要的支撑作用。因此，我们要加快农产品电子商务供应链体系建设。

①要发挥政府主导作用，推进农村大数据建设，解决信息不对称、流通渠道不畅的问题。②要建设农产品流通信息管理平台，实现农产品供应链集成管理，解决供应链脆弱、抵抗市场风险能力不强的问题。③发挥专业的第三方物流主体优势，培育壮大农产品物流主体，建设共享的冷链、仓储、运输系统，解决物流能力不足、物流成本居高不下以及低温控制能力不足、流转环节较多导致食品安全控制难度大等问题。这些方面正是农产品上行需要解决好的问题。

5. 做好新型农民的培养工作

发展农业产业化，就是促使传统的农业生产转变为现代农业生产、促使农村由单一的农业社会向综合发展的现代社会转变，这离不开新型农民的培养。农产品上行也离不开具备互联网基本技能和市场意识的新型农民。因此，做好新型农民的培养工作是农产品上行需要解决的重要问题。

欠发达地区农村各种人才严重短缺。农村电子商务的兴起，已经吸引大量外出务工青年、返乡大学生、退伍军人积极返乡创业，这部分人应该是新型农民的培养主体。要通过开办技校、夜校、网校等多种形式，培养一批农村电子商务带头人和实用型人才。此外，要引导返乡群体立足农村、对接城市积极创业，要给予政策和资金支持，让他们留得住、有用武之地，彻底解决农村“无人”可用的被动局面，让农村再次焕发生机与活力。

（二）畅通农产品上行渠道的四种保障机制

1. 部门联动机制

不要把“农产品上行”当成某一个部门的事，它需要多部门联动。应探索建立农村电商部门联动机制，要么成立联席会议制度，要么成立专门领导小组。在统一组织的统筹下，各成员单位立足职能分工，各司其职，各尽其责，由点到线，由线及面，打通“农产品上行”的各个环节、各个关口。比如，农业部门要加快推进农业生产方式转变，走规模化、集约化道路，发展高端农业、无公害农产品和绿色食品，从供给侧的角度多想办法；经信部门要加大农村尤其是贫困地区交通电力、电信等基础设施建设，推动农村光纤、移动通信基础设施建设升级，解决信息化滞后和硬件支撑问题；相关部门要积极发展第三方物流、第四方物流、冷链物流，保证农产品能够动起来等。

2. 品牌追溯机制

要消除消费者对上行农产品质量、品质的担忧，破解农产品品牌难以打造、质量难以追溯的难题。通过引入第三方评估、评价机构，评选消费者信得过网上农产品；实施上行农产品品牌打造工程，把打造单品品牌和打造区域农产品品牌有机结合起来。探索政府背书以外的市场主体担保机制，进一步为上行提供制度支持。加强农产品溯源体系的顶层设计，通过赋予每个产品独一无二的“身份证”，实现“生产可记录、安全可预警、源头可追溯、流向可跟踪、信息可存储、身份可查询、责任可认定、产品可召回”。通过推进标准化建设，明确企业生产标准、政府监管标准、第三方追溯标准、第三方质检标准等。

3. 人才培训机制

加强农村电商人才培训和培养，引进农村电商高端人才和专业团队，抢占新一轮农村电商发展制高点。把精准扶贫培训指标向农村电商人才倾斜，重点抓好农村电商“能人”“带头人”培训，发挥辐射带动作用。引导具有实践经验的高层次电商从业者返乡创业，给予金融等方面支持。通过开办农村技校、夜校等方式，加强对农民这个特殊群体的培训。推广即墨市开设“农民大讲堂”，蒙阴县全面实施“燎原”计划的经验做法，真正把农村电商人才培训落到实处，见到实效。

4. 主体培育机制

通过政策配套、产业集聚、人才培养、外引内育等方式，积极发展“协会+公司”、“公司+农户”、农村合作社、现代农场等模式，培育具有市场化性质的上行主体，增加农户在主体中的比重。探索建立政府、农户、运营商等多主体参与的农村电子商务平台运营模式，让农户成为股东，分享收益。

第三节　深化服务

一、农村电商的政策支持现状及演进

（一）农村电商发展政策支持的现状

我国农村电商发展政策主要包括产业政策、财政政策、税收政策以及金融政策等。

1. 农村电商产业政策支持现状

（1）农村电子商务平台建设支持现状。我国发展农村经济的重要战略制高点是农产品电子商务，开展以农产品电子商务模式为核心的平台建设和服务是农村经济的重要抓手。“互联网+农产品流通”的新型方式通过线上线下相结合的服务方式整合农村资源，积极推进电商、物流、金融、商贸流通等企业入驻各类农产品电子商务平台。农业农村部制定相关政策提出开展农资电子商务试点，开展农资线上交易平台建设，逐步形成农资电商配送全覆盖的局面，引导农民网购农资产品。

（2）农村电子商务采购与供应链体系建设支持现状。县—乡—村物流配送体系是农村物流网络服务的关键。农村基础设施建设不完善，物流装备较落后，使农村物流运作模式无法有效进行。将农村物流服务网络与设备和快递企业、电商行业共享对接，在硬件设施较完善的乡镇商贸中心和配送中心建立物流中转站，加快流通速度，发挥好邮政普遍服务的优势，重点加大对老少边穷地区物流设施的投入，着重注意农产品冷链运输服务，培育农村物流管理主体，加强政策措施保障。

（3）农村电子商务基础设施建设支持现状。电商人才体系、通信、物流和网络金融基础设施建设是发展农村电子商务的主要任务。加强农村流通基础设施建设是首要任务，扩大农村和中西部地区宽带覆盖面，加快农村信息基础设施建设，包括强化农村公路建造，制订农村信息基础设施提升计划，加快城乡客运一体化进度。强调要计划造就一批理论和操作能力都具备的农业电子商务应用型人才，确保新型农业经营主体电子商务实践能力。

2. 农村电商财政政策支持现状

（1）农村电子商务平台建设支持现状。商务部针对各地区自身电子商务发展情况，因地制宜，对中央财政专项资金集中管理，落实政策配套措施，用于涉农电商平台的发展，对于农村电商发展欠缺领域重点扶持，进行突破。并逐步引导各级财政部门加大分配专项资金在支持农村信息通信基础设施以及电子商务平台、电商园区的创建和发展上。

（2）农村电子商务采购与供应链体系建设支持现状。财政部和商务部办公厅为推进农村电子商务发展的步伐，明确中央财政资金支持重点，分别支持建立完善县、乡、村三级物流配送机制，支持县城和村级电子商务公共服务中心站点的建造。

（3）农村电子商务基础设施建设支持现状。偏远农村和欠发达地区的宽带接入工程进程缓慢，表现在综合信息基础设施建造和基础教育、公共服务等方面，财政资金投入力度不大，杠杆作用发挥效果不明显。各地人民政府完善电信普遍服务补偿机制和信息服务业创业投资扶持政策迫在眉睫。

3. 农村电商税收政策支持现状

（1）农村电子商务平台建设支持现状。国家对涉农电商平台企业给予税费支持，平台活力相继迸发。农业经营者利用网店等渠道出售自产农产品的免征增值税；电子商务企业向农业生产者直接购买农产品出售的享受农产品增值税抵扣有关政策。如对列入省级电子商务服务企业名录的经营企业，税务部门核实后可减免地方水利建设基金；发生重大损失，纳税确实有困难的，税务部门核实后可减免城镇土地使用税和房产税。

（2）农村电子商务采购与供应链体系建设支持现状。农产品流通税收政策落实还需进一步完善，免征蔬菜流通环节增值税。同时交通运输部为了农村物流健康快速发展，加快服务农业现代化建设，与税务部门合作，严格按照关于小型微利企业所得税优惠政策的要求，落实对满足条件的农村物流企业的税收优惠政策。

（3）农村电子商务基础设施建设支持现状。打造农村青年创业人才队伍是近年来的重点工程，团中央和商务部在关于实施农村青年电商培育工程中指出在利率优惠、授信额度等领域首先对创业青年开放，并与相关部门一起落实开设发展基金、贷款贴息、税费减免等渠道，鼓励农村青年电子商务创业，为农村人才建设提供了契机。

4. 农村电商金融政策支持现状

（1）农村电子商务平台创建支持现状。国务院办公厅发文件中多次指出要深入金融支持程度。政府对于银行业金融机构和支付机构研发符合农村特殊性的网上支付、手机支付、供应链贷款等金融产品在积极引导。农资电商服务体系方面要加强与银行、保险公司等金融服务企业合作，提供农资贷款、农业生产保险等相关金融服务。

（2）农村电子商务采购与供应链体系建设现状。农村物流企业的融资贷款难题要通过强化金融创新来解决，在农村物流中运用金融产品，通过加大融资租赁、信贷支持的方法，发挥农信机构的金融服务作用，更加简化信贷用于农村电子商务有关项目开发手续，延长贷款期限，鼓励金融机构如银行业将消费信用贷款用于农民线上购物，享受优惠利率。

（3）农村电子商务基础设施建设现状。针对电子商务创业农民特别是青年的贷款和授信支持力度加大，农村电商短期贷款手续从简，对于规范的涉农电商，还能享有创业担保贷款及贴息待遇。对于农民工返乡创业园区基础设施建设和产业集群发展等层面也加大了金融支持，协助园区改善水、电、物流、通信、宽带网络、交通等相关设备。金融机构信贷投放向新一代信息技术应用和产业化方向倾斜。

（二）农村电商发展政策支持的演进

在农村电子商务萌芽期与探索期，政策文件的重心放在农村电商的播种以及基础建设上，鼓励发展现代物流、连锁经营、电子商务等新型业态和流通方式。改造现有农产品批发市场，发展经纪人代理、农产品拍卖、网上交易等方式，增强交易功能。积极推进农业信息化建设，充分利用和整合涉农信息资源，强化面向农村的广播电视电信等信息服务，重点抓好“金农”工程和农业综合信息服务平台建设工程。整合资源，共建平台，建设全农村信息服务体系。推进“金农”“三电合一”，加快农村信息化示范和农村信息服务等工程建设。积极探索信息服务进村入户的途径和办法。加强农村一体化的信息基础设施建设，创新服务模式，启动农村信息化示范工程。

在农村电子商务发展期与成熟期，积极进行农村信息化布局，充分利用现代信息技术手段，发展农产品电子商务等现代交易方式，大力开拓农村市场。大力发展物流配送、连锁超市、电子商务等现代流通方式，支持商贸、邮政等企业为农村服务，建设日用消费品、农产品、生产资料等经营网点。加强农产品电子商务平台建设。大力培育现代流通方式，发展农产品网上交易。开展连锁分销和建设农民网店，启动农村流通设施和农产品批发市场信息化提升工程。

在农村电子商务繁荣期，支持电商、物流、商贸、金融等企业参与涉农电子商务平台建设。实施"互联网+"现代农业行动，大力发展农产品电子商务，提高农村物流水平。开展电子商务进农村综合示范工作，推动农村电子商务深入发展，促进农村流通现代化，助推脱贫攻坚和乡村振兴。

中国农村电商进入一个新发展阶段，这一阶段以转型升级为主要内容。中共中央、国务院出台的2023年"一号文件"勾勒出了农村电商产业发展的未来方向：促进新型农业经营主体、加工流通企业与电商企业全面对接融合，推动线上线下互动发展；加快建立健全适应农产品电商发展的标准体系；支持农产品电商平台和乡村电商服务站点建设；推动商贸、供销、邮政、电商互联互通，加强从村到乡镇的物流体系建设，实施快递下乡工程；深入实施电子商务进农村综合示范；鼓励地方规范发展电商产业园，聚集品牌推广、物流集散、人才培养、技术支持、质量安全等功能服务；全面实施信息进村入户工程，开展全省推进示范工程；完善全国农产品流通骨干网络，加快构建公益性农产品市场体系，加强农产品产地预冷等冷链物流基础设施网络建设，完善鲜活农产品直供直销体系；推进"互联网+"现代农业行动实施。未来一段时期农村电商的发展还会如火如荼地展开，并呈现出一定的发展趋势。

1. 农产品上行将呈现工业链整合、多渠道探索局面

我国农产品生产系统建设相对落后，而电商对产品标准化的要求非常高。因此农产品上行，不是把农产品放到网上就可以，而是要进行系统性的开发。首先要整合农产品供应链，包括采购、仓储、包装、物流、运输、配送、售后等；其次要进一步整合产业链，从农产品的选地、选种、播种、施肥、灌溉、收获一直延伸到餐桌；产业链整合、重资产经营将可能会成为以后农产品电商发展的方向。

2. 电商工业园发展逐步标准化

2023年中共中央、国务院出台的"一号文件"中提出"鼓励当地规范开展电商产业园"，要求电商产业园"聚集品牌推广、物流集散、人才培养、技术支持、质量安全等功能服务"，未来农产品电商产业园的发展也将日益规范，更有效地进行资源整合，降低物流成本，助力农村电商发展。

3. 农村各类服务日益网络化

未来可通过推动农村各类服务互联网化，促进农村服务快速增长。在这方面，电子商务的商业模式大量创新具有重要意义。农村服务消费电商化的另一个方向是创建基于本地化服务的电商平台。从农村服务消费看，未来发展的趋势是聚合农村附近的资源，利用互联网络，推动农村与城镇区域各类服务的交融互动，促进农村服务类电子商务的快速发展。

4. 农村电子商务加速农旅融合

农村电子商务与旅游产业的结合正在使农村地区的青山绿水变为金山银山，旅游业发展带动了电商向本地化发展，从游客的"食住行游购娱"六大体验出发，借助电商平台在更大范围内整合配置资源，打造符合当地特色的精品旅游产品，旅游和电商之间相互促进，协同发展，将为农村发展带来更多机遇。未来以农产品为推手，以旅游作为增收方向的农旅结合趋势将进一步加强。

5. 农产品跨境电商日渐兴起

依托“一带一路”这个新的世界经济带，跨境电商助力农产品引进来与走出去，不仅是对“一带一路”战略的丰富和支撑，更是对我国农业开展的有力促进。农产品跨境电商将释放沿线各国巨大的农产品市场需求，加快推进“一带一路”沿线国家农产品贸易及时互通互惠互利，让沿线各国人民受益。

6. 农村电商生态系统逐步完善

在农村电商发展中，政府、电商平台、电商服务商和当地传统企业将进一步清晰自己的定位，相互合作，实现协同发展。政府主要做好政策制定、改善公共服务、规范市场等，积极有为，不缺位、不越位，为农村电商更好、更快发展提供基础。各类电商平台主要做好渠道延伸、平台开放、完善生态等，全方位为企业及创业者赋能；电商服务商主要做好推广运营、新媒体宣传、大众创业等；参与电商的当地传统企业主要是做好本地服务、产品开发、带动农户等。

二、农村电子商务人才培养创新模式

乡村振兴战略下农村电子商务人才培育问题亟待解决，考虑到农村电子商务发展的现实情况，在人才培养创新模式方面应当采取以下方式。

（一）差异化培养模式

由于农村电子商务发展阶段存在差异，电子商务人员所面临的问题不同。因此，对农村电子商务人员的培训要在原有培训内容的基础上适当按照店铺级别实现差异化培训，定期聘请专业讲师进行不同层次、不同侧重的培训；可以由经验丰富的、在本地经营高级别店铺的电子商务人员给后来的电子商务人员现身说法，传授经验；利用各种形式加强成功电子商务人员与村里创业者的交流，以这些成功者的实际经历、心路历程、经验与教训，激励、鼓励创业者，传授实操性的方法和技巧；加强中、青两代人在实体经济和电子商务两个方面的专业技术培训与交流融合；促进产业与电子商务人员、实体与虚拟之间的互动交流。

（二）“学校+企业”模式

学校根据电子商务人员的需要，定制化、批量化培养电商所需要的人才。与学校开展深入合作，鼓励大学生到乡村创业，不定期地为创业者对接各大平台上的资源，并且通过引进外部智力资源进一步提升农村电商大军的整体竞争力。与职业中专学校建立校企联合办学、合作培训、教育实习基地等长效机制，设立职业技术学校，建立专业的培训教室和系统的培训教程，进行专题培训，形成系统而独具特色的实战型电子商务人才培养体系。通过电商与当地高校、教育机构的合作，就地培养人才，弥补当地人才缺口。

（三）非正式交流实践模式

农村电商从业者可以定期或者不定期地参与政府、行业协会、企业组织的线上线下交流活动，随时针对目前遇到的政策问题、店铺运营问题相互交流经验。参与政府、行业协会、企业提供的交流场地和载体，鼓励从业者相互扶持。

（四）本土化人才培养模式

本土化是建设农村电子商务人才队伍的最终目的。成立本地化电商培训机构，结合本地职业教育资源。最好的手段是去发现人才、挖掘人才，只要把现有的人才加上互联网的翅膀，就变成了新文明的主导力量，加强现有人才培养和嫁接是至关重要的。在教育培训方面，一是充分了解农民的需求，利用有限的财政资金，为农民提供更多有效的培训。二是创新发展教育培训方式。如对接或搭建各种网络教育培训平台，实施远程教学培训的新方式，实现资源的自由对接。三是充分整合平台、社会扶贫机构、高校等资源，为农民提供更多样的培训，实现社会扶贫力量与贫困农村地区农民的对接。例如，以各地大学生联合会为平台，利用寒暑假和春节等大学生返乡时段，开展大学生座谈会，向广大的大学生宣传和介绍家乡的变化和政策，鼓励大学生返乡就业或者创业。另外，还可大力发展“乡贤经济”，各地或多或少都有部分外出人员在电子商务的发展浪潮中取得了成功，各地政府应当加强和这部分乡贤的联系，鼓励外出乡贤将学到的技术和掌握的资金带回家乡，进行投资创业，助推农村电子商务的不断发展。对于各地政府而言，还可以通过各地的中职学校，定向招收相关学员进行培训和教学，教学内容充分结合本地农村电子商务的实际状况，中职学校的培养周期较短，一般理论学习时间仅为两年，可在一定程度上缓解区域内电商人才不足的情况。另外，就是尽量做到外来人才本土化。对于外来的专业人才，不仅要做到引得进，还要做到留得住。对于企业而言，可以通过提高工资水平和福利待遇、奖励股权等途径留住优秀人才。对于政府而言，需要进一步改善所在地区的经济和人文环境，解除外来优秀人才的后顾之忧，努力让其成为“新农村人”，推动地方经济发展。

（五）“走出去”模式

研究者通过实地考察和互动交流，自发外出参观交流，学习全国优秀县域经验、参加电商研修班及各类县域电商交流论坛活动，融入圈子，更有针对性地解决问题。要充分发挥脱贫致富带头人作用，发展农村电商实现精准扶贫更要依靠领头人的带领和示范作用。以大学生、返乡青年和部分个体经营户等有潜力、能成长的创业群体为重点，积极培育一批农村电商创业带头人，带动农村居民从事电商创业和就业，同时加大加强农村电商政策引导和职业技能培育，培育一批农村电商后备力量。

（六）“请进来”模式

在人才引进方面，一是根据产业发展需求，通过提供发展平台、解决生活问题等措施，有针对性地引进产业技术人员、企业家等各类人才。二是采取多种形式的人才引进，包括聘请外地专家顾问，与外地高校等机构合作办学。三是在有条件且符合当地产业发展的情况下，推进创新创业孵化园区的建设，为外来人才和本地人才提供创新创业平台。

第四节　县域电商

一、政府驱动型案例

（一）简介

1. 背景介绍

桐庐是浙江块状经济较为发达的县。该县分水的制笔和横村的针织服装、皮件箱包、医疗器械等产业在浙江块状经济带中占有一席之地。但在 2012 年前后，受人民币升值、国际市场需求锐减等因素的影响，桐庐这些优势产业的市场空间利润受到了前所未有的挤压，许多企业面临着生死存亡的挑战。正当桐庐传统产业苦苦寻求破解困境之道时，国内电子商务犹如春风野火，势不可当。桐庐县委、县政府敏锐地意识到，借助电子商务，创新营销模式，是桐庐传统产业重获新生千载难逢的机会。

2. 辉煌业绩

目前，桐庐有 3 个县级核心电商产业园，入驻专业电商公司 99 家；建成 6 个乡镇孵化园，培育电商企业 165 家；建成 8 个本地电商支撑平台，县内应用企业（商家）达 4600 余家；建成 9 个电商仓储物流平台，日均发货量突破 5 万单；设立 6 个电商人才公共培训基地，2015 年度组织各个层面的电商培训上万人次；还有 183 个农村淘宝村级服务站投入运营，2015 年 6 月底实现了农村电商服务的全县覆盖。

2015 年 1—12 月，桐庐全县网上活跃卖家数已突破 1 万家，实现网上销售 45 亿元，1 家电商企业在新三板挂牌，另外，至少有 6 家电商企业正在进行上市培育。桐庐电商发展在全国具有广泛的影响力：位列“2014 年中国电子商务发展百佳县”排行榜第 41 位，在杭州市名列前茅；创建成功“浙江省电子商务示范县”；被评为“2014 感动浙江十大电商团队”；横村镇、方埠村、东溪村成为“淘宝村”；阿里巴巴集团在桐庐建立“农村电商全国培训中心”并举办县长电商研修班 42 期，为全国 598 个县（市、区）培训县处级以上领导干部 1600 余人。2016 年，随着“精耕计划”的启动，桐庐电商发展又迎来新的春天。

（二）发展历程

桐庐电商的发展历程，给人感受最深刻的是一步一个脚印，清晰、坚定而有力。

1. 启动阶段

2012 年 8 月至 2013 年年底，这段时间是启动阶段，桐庐实施了“启蒙计划”，针对在电子商务面前无所适从的干部和企业，想方设法给理念、给氛围、给信心。“启蒙计划”主要包含四个方面：提高认知，提升理念；借梯登高，借力发展；政府主导，政策支撑；筑巢引凤，以点带面。每一个方面都有丰富而扎实的举措。同时，桐庐积极整合各种资源，如组织资源、宣传资源、政策资源、平台资源、产品资源、人才资源，特别是依托阿里巴巴的专业资源，为企业创造无风险触网的机会。

2. 全面发展阶段

2014 年，随着电商的起步，各类发展需求摆在政府面前，比如人才、平台、政策等。电商发展呼唤支撑、配套和服务。桐庐在谋划 2014 年工作时，决定把重点放在构建长远发展的支撑体系上，包括规划体系、政策体系、人才培育体系、公共服务体系等。为此，桐庐拟订并较好地实施了“1234 计划”。“1”就是编制一套规划。通过规划编制，明确桐庐电商发展的方向、模式和近远期目标，同时研究确定实现目标的路径选择、时序安排、节点设计、支撑项目和实现手段等；“2”是指推进“两大中心”建设，一个是电商公共服务中心，另一个是电子商务仓储物流中心；“3”是指加快三大核心园区建设；“4”是指突出“四大平台”建设。随着“1234 计划”的基本完成，桐庐电商发展的推进体系全面建立，发展环境更优、氛围更浓、规模更大，各种业态全面活跃，电子商务全面融入了

一、二、三产业各个领域。

3. 深化阶段

2015 年是桐庐电商的关键之年。桐庐县委、县政府清醒地意识到，前两年桐庐电商虽然走得很热闹，但走得并不远。差距究竟在哪里？桐庐人分析后得出：差距主要在于电商发展的基础面还不够广、扎得还不够深。有了这番思考之后，桐庐人决定在 2015 年实施“燎原计划”，抓扩面、抓提质、抓突破。“燎原计划”的核心是“扩面提质”，主要包括“两个突破”即向下突破发展农村电商和向外突破发展跨境电商，还包括“四力并举”，即加强推动力、巩固支撑力、提升引领力和扩大影响力，其中明确将 50 项具体工作任务纳入考核。星星之火终成燎原之势，桐庐电商亮点纷呈。

（三）经验启示

1. 转变思维

在当时的条件下，全县无论是政府机关还是企业内部，普遍对电子商务只知其名不明其实，许多企业对发展电子商务抱观望态度。面对这样的尴尬局面，桐庐县委、县政府义不容辞地担当起了主导角色。2012 年 8 月至 2013 年年底，桐庐在全县范围内实施了电子商务“启蒙计划”，该计划的核心是传播电子商务的理念，营造电子商务的氛围，增强电子商务的信心。县有关部门通过带企业考察、开办培训班等手段，让广大企业真正了解电子商务，提升发展电子商务的紧迫感。

桐庐县委、县政府从 2012 年下半年开始着力推动电子商务发展。为什么会选择电子商务？可以说当初既是大势所趋，也是形势所迫。桐庐的传统产业，工业是主导，并有两个鲜明的特点：一是集聚度高，产业链全；二是外向度高，依赖性强。桐庐的外向型经济曾经是一个发展方向，产品出口比例较高，特别是针织服装产品，几乎全部出口，制笔业也有一半以上出口。但在 2012 年前后，受各种因素影响，企业的市场空间、利润空间受到挤压，生存很被动。面对这些困境，政府和企业都在思考，大家认为不能在“外贸”这一棵树上吊死，必须转换生存空间，拓展内销市场，多找一条活路。但要打开内销市场，首先要有自主品牌，其次具备适销对路的设计能力，最后建立营销网络。而这三个方面，恰恰是桐庐外向型企业的“软肋”，在艰难的摸索中，浙江省委、省政府“电商换市”的战略为桐庐指明了方向。桐庐坚定不移地把电子商务作为推动传统块状经济转型升级的“突破口”、发展县域经济的“加速器”，全力以赴加以推进。虽然桐庐一开始着眼于工业块状经济转型升级而选择了电子商务，但后来的发展表明，电子商务对桐庐的农业、旅游业、现代服务业、本地生活等，都带来了全面而深刻的影响。

2. 注重电商平台建设

凤川是桐庐下辖的一个普通街道。如果走入该街道的电子商务孵化园，就会惊奇地发现，这个占地面积只有 2400 平方米的园区内竟然集聚了包括杭州屹尚、桐庐汉纳家居在内的 15 家电商企业。与此同时，这里还是一个街道的电商产业园。近两年，桐庐在加快发展电子商务，打造电子商务强县的工作中，非常注重电商产业平台的建设。县财政每年拨出专项扶持资金，并且在土地融资等要素供给上给予优先支持。目前，全县正在全力推进电商公共服务中心和电子商务仓储物流中心“两个中心”建设，加快桐庐电子商务产业园等三大园区建设，重点建设“阿里巴巴·桐庐产业带”、淘宝网“中国特色·桐庐馆”“一马平川”公共文具电子商务运营平台、安厨鲜活农产品电商平台。由于政府扶持力度大，服务质量优，再加上各园区的配套完善，桐庐的各个电商平台“人气”不断冲高。目前3个县级核心产业园共聚集了47家专业电商企业，6个乡镇孵化园已成功培育电商企业165家，全县共有应用电商企业（商家）达4600多家，9个县乡电商仓储物流平台日均发货量突破4万单。其中，迎春商务区成功创建为国家电子商务示范拓展区；桐庐产业带获“阿里巴巴”最具活力奖。

3. 深耕农村电商

严俊瑜是一名土生土长的桐庐人，这位“80后”的年轻人对新鲜事物有一种天生的“迷恋”。他看到桐庐的农村电商如雨后春笋纷纷涌现，便也试着在瑶琳镇创办了淘宝服务站。现在他每天骑着电瓶车，亲自当快递员，把寄到服务站的包裹一一送到买家手中。目前，在桐庐农村，像瑶琳淘宝服务站这样的农村电商已有100多个。桐庐县委、县政府一开始就认为，要做强县域电商产业，没有农村电商的兴旺是不可想象的。因此，桐庐一直精心布局农村电商，深耕农村电商。县政府主动出击，与阿里巴巴建立了全面战略合作关系，较早地将阿里巴巴的电商资源引入桐庐广大农村。桐庐是阿里巴巴全国首个农村发展战略试点县，“农村淘宝”项目的第一个县级运营中心和“农村淘宝”第一单都是在桐庐产生的。

2014年10月29日启动的桐庐“农村淘宝”，是桐庐农村电商最为亮丽的景点。作为桐庐农村电商龙头，它的运营非常简单：首先在县城建立运营中心，然后在全县各行政村选择一个点作为服务站，明确代购员为村民通过网上农村淘宝平台购物。由于目前物流不能通达农村，所以农民所购物品先在县运营中心集中，再由农村淘宝送达到村。目前，桐庐全县183个行政村农村淘宝已经实现全覆盖，这在全国还是第一。

可以说，2012年前，桐庐民间自发形成的电商发展基础十分薄弱，发展氛围几乎没有。桐庐县委、县政府用三年实施三大计划，逐步走出了一条具有桐庐特色的县域电商发展之路。

二、服务驱动型案例

（一）遂昌模式的发展历程

1. 遂昌简介

遂昌县位于浙江省西南部，隶属丽水市，地处钱塘江、瓯江上游，仙霞岭山脉横贯全境，山地占总面积的88.83%，县域面积2539平方公里，总人口23万。借助当地独特的自然环境，着力发展农村电商，遂昌现已成为我国农村信息化建设和农村电商发展的样本。

2. 发展历程

（1）萌芽期。2005—2010年是遂昌模式的萌芽时期。独特的自然环境造就了遂昌优质的农特产品，当地出现通过网络销售竹炭、烤薯、菊米等地方特色农产品的电商。

（2）发展期。2010年3月，返乡创业者潘东明、遂昌团委和当地企业共同创建遂昌网店协会，遂昌电子商务进入了快速发展期。遂昌网店协会帮扶电商成长，整合供应商资源，规范服务市场和价格，开展一系列的电商培训，遂昌电商集群进入快速发展时期；2012 年 9 月，遂昌县荣获阿里巴巴第九届全球网商大会“最佳网商城镇奖”。2012 年年底，协会共有卖家会员 1200 多家，全年共完成电子商务交易约 1.5 亿元。

（3）成熟期。2013 年至今，遂昌模式逐渐完善和成熟，已成为我国最成功的农村电商模式之一。2013 年汇集了当地农特产品、景点门票和酒店等旅游产品的“特色中国·遂昌馆”上线淘宝网，初步形成了以农特产品为特色，多品类协同发展的县域电子商务中的遂昌现象。遂昌网店协会致力于通过电子商务，把遂昌打造成中国第一高品质生态农产品供应基地。为了在农村更好地植入、普及、推广电子商务，2013 年 3 月，浙江赶街电子商务有限公司应运而生。公司在搭建“赶街”线上农村购物和售物平台的同时，通过在每个村庄建立农村电子商务服务站线下网络，突破农村宽带网络基础设施、电子商务操作和物流配送等农村电商发展瓶颈，从而实现“消费品下乡”和“农产品进城”的双向流通功能，为农民提供在村购物、售物、缴费等一站式解决方案。自 2005 年以来，遂昌有近半数农产品及其加工品通过淘宝网进行销售，实现营收 3.5 亿元，拉动本地网购规模 2.26 亿元。截至 2013 年年底，遂昌网店协会已拥有 1473 家会员，提供了近 5000 个就业岗位。

（二）遂昌模式的主要特征

遂昌模式是借助“电子商务综合服务商+网商+传统产业”的相互作用，在政策环境的催化下，通过促进地方传统产业，特别是农业及农产品加工业的电子商务化发展，带动县域电子商务生态发展，形成信息时代的县域经济发展道路。因此，遂昌模式的特点可总结为：本地化电子商务综合服务商是核心，网商是基础，传统产业是动力，政策环境则是催化剂，即政府和企业由上而下推动产生了遂昌模式。

1. 网商集群式发展，县域电子商务生态初步完备

得益于当地优良的自然环境，遂昌盛产竹炭、烤薯、菊米、山茶油、高山蔬菜、土禽、食用菌等农特产品，从 2005 年开始，遂昌就有人在淘宝网上开店销售当地土特产，但比较零散。

遂昌网店协会的诞生，对遂昌网商的集群式发展起到了关键作用。2010 年 3 月 26 日，遂昌网店协会由团县委、县工商局、县经贸局、碧岩竹炭、维康竹炭、纵横遂昌网等多家机构共同发起成立，从上海回来的潘东明成为首任会长。

遂昌网店协会为非营利性组织，按社会团体法人依法登记注册。协会的定位是：服务性、互助性、自律性，是实现网店会员与供应商“信息共享、资源互补”的服务性公共联合平台。主要工作包括以下几个方面。

①帮扶网商成长，协会成立以来累计组织了 30 多场大中型培训，培训人员达 3000 余人次，同时搭建技术咨询平台，随时解答网商问题。②整合供应商资源，组织网货，让会员卖什么不再成为问题，同时协助供应商（合作社、农户等）进行产品开发，提高供应商新品开发的成功率。③规范电子商务的服务市场与价格。如网店协会通过与物流公司谈判，控制住了物流费用的上涨，同时通过努力将网商面临的仓储、资金难题纳入政府的电商扶持政策。

截至 2013 年 6 月底，遂昌网店协会共有会员 1473 家，其中网商会员 1268 家，供

应商会员 164 家，服务商会员（包括物流、快递、银行、运营商，以及摄影、网页设计等服务商）41 家。在 1268 家网商会员中，城镇人员 647 家，农村户口人员 621 家，大学生 432 人。在遂昌逐渐形成了较完备的电子商务生态体系，为城乡中青年群体提供了近 5000 个就业岗位。

在遂昌农特产品网销快速发展的带动下，当地大批年轻人开始投身于电子商务，从而使得当地电子商务业务更丰富，生态更健康。一部分年轻人致力于农产品生产，成为遂昌网店协会供应商，如有才菊米、百合夫妻等；还有更多的年轻人则通过开网店，成为网商的一员。

同时，电子商务引发的“创二代”现象也开始显现。在遂昌的不少农产品生产企业，父辈长期从事传统线下业务，积累了丰富的生产经验和一定的品牌效应，但电子商务技能不足。看到农产品电子商务的商机，部分企业主开始让大学毕业的子女回到家乡，帮助企业开展电子商务业务。这部分年轻人有计算机和网络技能，同企业的生产优势相结合，从而形成了遂昌农产品电子商务的“创二代”。

2. 农产品电子商务成特色，传统产业加快电商化进程

与江苏睢宁沙集镇、浙江义乌青岩刘村等地以家具、小商品为交易物的农村电子商务相比，“遂昌现象”最大的不同，在于其交易物以农产品为主，属于典型的农产品电子商务。

农产品正在成为淘宝上新兴的热门产品类目。2012 年淘宝网（含天猫）上农产品的交易额为 198.61 亿元，2013 年有望提升到 500 亿元。其中，传统滋补营养品、粮油米面/干货/调味品、茶叶是淘宝网 2012 年交易额最大的农产品类目，分别为 61.41 亿元、34.53 亿元和 34.16 亿元。

与一些县域农产品电子商务发展主打一两种产品不同（如安溪的茶叶、青川的山货），在遂昌，上网交易的农产品种类从 2010 年起日渐丰富，从零食坚果，到茶叶干货，再到生鲜蔬果，均占据相当的比例，并且从 2013 年开始，生鲜蔬果产品呈增强趋势，逐渐成为当地电子商务交易的主打产品。

遂昌网店协会建立的农产品分销平台，对于合作社等农产品生产企业来说，是一条“触电”的快捷渠道。当地合作社具有优质的产品资源，但缺少电子商务经验和人才，通过对接分销平台，从而能够以较低成本实现网络销售。这种方式极大地加快了传统农产品加工企业的电商化进程。截至 2013 年 6 月底，遂昌网店协会的供应商达到 164 家，其中农民专业合作社 47 家，农产品加工企业 54 家，农户 29 家，遂昌县以外有 34 家。供应商中 79.3%为遂昌本地企业。

这种分销模式极大地促进了遂昌农产品的网络销售。几家农业专业合作社和农产品加工企业，在成为遂昌网店协会供应商后，分销平台为其带来了可观的网络销售额。如九龙岳食品已经将销售全部放在了分销平台上，有才菊米、羽峰笋制品、求美木业在分销平台上的销售份额也分别达到了 40%~66.7%。

3. 遂昌馆叫响全国，县域组团整体营销

“特色中国”是淘宝网倾力培育的中国地方土特产专业市场，淘宝网从 2010 年开始，就积极与各省市政府紧密合作，精选全国各地的名优土特产以及名优企业，共同推进土特

产的网上零售市场。

遂昌馆是淘宝“特色中国”的第一个县级馆，遂昌网店协会是遂昌馆的运营方。2013年1月8日，遂昌馆正式上线，汇集了烤薯、竹炭花生、即食笋、菊米等遂昌本土美食，还包含遂昌金矿国家矿山公园、南尖岩、神龙谷等景点的门票、酒店等旅游产品。在遂昌馆，全国消费者可以将遂昌特色产品一“网”打尽。

遂昌馆的推出，是遂昌县域的一次“整体营销”。遂昌馆以遂昌网店协会为运营主体，当地县政府鼎力支持，吸收网店卖家、网货供应商、农业专业合作社、县域内涉旅机构等产销方加入，大大提升了遂昌在互联网上的知名度。

4. 政府积极营造电子商务软硬件环境

优良宽松的电子商务软硬件环境，是遂昌电子商务快速发展的重要保障。政府对电子商务的投入和支持，主要体现在以下两个方面。

（1）基础设施的投入。电子商务基础设施主要包括交通、宽带、产业园区等方面。交通方面，遂昌县政府积极完善交通建设，一方面狠抓项目，规划道路建设，开通了多条连接偏远农村和县城的交通支线；另一方面加强管理，强化科技在交通管理中的运用，进一步改善县域交通环境。2006年龙丽高速的开通，为其电子商务的快速发展奠定了基础。

宽带方面，遂昌加快发展以宽带为核心的通信基础设施建设。截至2012年，遂昌户均手机数为2.87部，户均宽带0.4M，在全国县级区域中处于领先地位。

园区方面，遂昌县已经规划出专门的电商产业园，开始投入建设。建成后，将实现网商聚合、协同发展。2013年1月淘宝网遂昌馆上线，为保证遂昌馆运营，在遂昌县政府配套资金与政策支持下，遂昌网店协会建设了3000平方米的配送中心。

（2）规则和政策的支持。2011年遂昌县政府出台“全民创业支持计划”及配套政策，每年给予300万元财政支持，其中不低于200万元的财政补助用于遂昌电子商务发展。遂昌县政府承诺将在人才、空间、财政、政策等方面加大对遂昌电子商务发展的支持。

食品安全方面，投资300万元的遂昌农产品检测中心开始建设，并被列入2013年十件实事中。而在遂昌馆上线时，一套“政府+农户+合作社+网店协会+淘宝网”的多方负责的品控机制已经开始实行。

政府为遂昌馆产品做出背书，实行多方负责的监管机制：①政府指导下的地方土特产行业生产和加工标准；②基地核查，实名认证，全程抽检和备案，源头可追溯；③联网联保，品质担保金。

通过政府、农户、合作社、网店协会、淘宝网的几方联动，遂昌实现了农产品在售前、售中和售后三个环节的全方位品质控制。

（三）遂昌电商优化建议

遂昌模式带来了以下三点启发：①做农产品电商≠农民开店。一村一店不现实，那是不了解农村的人提出的。不鼓励农民开店，专业的人做专业的事。②物流难题≠自己去建物流。生鲜运输目前靠的是泡沫箱，这只是权宜之计。如何破？遂昌与祐康的冷链和社区店合作，后端交给他们完成。③协会≠公益组织。只有盈利，才有驱动力；只有增长，才会激发能动性。用协会的心态、公司的模式去运作，平等对话，实现多赢。针对遂昌农村电商的发展，有以下五点建议。

（1）建设农村电商产业集群园区，解决资源限制，完善产业链发展。为促进农村电商集群发展的集约化，应设立电商产业园对相关产业进行集中服务和管理，可提高农村电商服务效率，使产业园内的运作更加协调。此外，发展电商产业园有助于完善行业协会、农村合作社、物流快递、电子商务平台、营销推广、培训、代运营等电子商务生态产业链；还有助于促进信息化与农业产业化的深度融合。

（2）大力推进品牌战略，应对产品同质化，减少市场风险。从集群整体利益出发，培育集群内具有相对强势的品牌企业，将领头品牌转变为集群品牌。此外，鼓励集群内农民网商加大产品创新力度，通过强化产品的异质性，进一步挖掘产品市场需求。同时，农村电商还应结合生态文明建设要求，积极发展高端生态化农业产业，实现新农村建设和农村城镇化。

（3）完善人才培养和培训体系。实施农村电子商务百万英才计划，培养或引进电子商务带头人、高端运营和设计人才，提高农村电商运营能力，扩大农产品市场，摆脱农村网商之间恶意压价、模仿抄袭的同质竞争，以实现农村电商产业升级。同时，设立电商相关的职业院校或专业第三方培训机构，为农村电商集群发展输送和培训专业化人才。

（4）探索农村电商集群的多元化融资途径。鼓励支持银行及其他金融机构深入农村，了解农村电商集群发展的融资需求，开发适合农村电商发展的供应链金融和互联网金融产品。此外，政府应加大信贷扶持力度，与银行等金融机构积极开展合作，发展政府担保贷款，以及适合农村网商的纯信用无抵押贷款业务。

（5）政府应加大扶持力度，发挥服务作用。坚持农村电商发展的战略地位，将农村电商置于农村信息化的核心位置；完善农村网络、交通、电信等基础设施，明确政府“服务者”角色，提高政府的公共服务能力，并搭建维护电商市场健康运行的公共服务平台。

三、网商驱动型案例

（一）简介

位于广东省揭阳市北部的揭东区锡场镇，镇域面积48.75平方公里，拥有123000多人口，属于典型的人口密集潮汕小镇。军埔村是2013年全国14个大型“淘宝村”之一，属于锡场镇，在20世纪90年代曾以发展食品加工业为主。但近些年来，随着地方食品加工产业逐步衰落，军埔村的集体经济发展遇到瓶颈，年轻的村民越来越多出外务工。为了探索乡镇传统产业转型升级的新路子，2012年以来，人民银行揭阳市中心支行（以下简称“揭阳中支”）积极配合地方政府，指引银行业金融机构用活政府扶持政策，创新金融服务，利用区位优势、仓储优势摸索发展电商产业，助推军埔村从“食品专业村”转型升级为“淘宝电商村”。

2013年，锡场镇紧紧抓住“互联网”发展机遇，贯彻实施揭阳市电子商务发展“8610”计划，以军埔电商村为平台，全力建设电商人才、电商服务、电商产业、电商文化、电商制度“五大高地”，打造揭阳电子商务的核心载体，并以军埔电商村作为战略支点和辐射源，创建广东省第一个省级电子商务产业园。作为锡场镇“互联网”的发源地和核心区，军埔村被阿里巴巴研究中心、中国社会科学院信息化研究中心授予“中国淘宝村”称号；2015年，被评为广东省电子商务产业示范基地；2016年，被作为中国助力世界经济转型的“良方”之一，成为入选《G20中国方案》纪录片的淘宝村，亮相G20峰会。同时在军埔村的辐射带动下，2016年锡场镇也获批成为全省首批10个“互联网电商”试点小镇之一。

作为全国最早的“淘宝村”之一，广东揭阳军埔村通过5年时间，将电商交易额从2013年的6.8亿元提高到2017年前8个月的27亿元；网店也从2013年的1000家发展到2017年的5000多家。

（二）发展历程

1. 萌芽阶段：网商自行发展

揭阳军埔村电子商务产业集群萌芽期时间为2008—2012年，从这一阶段的发展状况来看，地理优势和电子商务环境的结合直接促使军埔电商创业集群雏形的形成。军埔村位于揭阳市揭东区，靠近国道，交通方便，地理位置优越是其集群形成的基础；另外，国内电子商务环境从2008年到2012年逐渐得到改善，网络购物逐渐兴起，淘宝网逐渐成为网民选择网购的平台之一。

一直以来，揭阳军埔村是以经营传统食品加工为主的小乡村，然而近几年在全球经济下行压力的冲击下，该镇相关产业经营理念落伍、管理模式滞后和产品档次较低等问题日益凸显，很多食品加工厂经营不善，大部分村民只能靠外出打工。从2008年起，村里开始有人经营淘宝店，一个农村电商户率先发展起来，便形成涟漪效应，向周边的亲友、邻居扩散，带动大家一起从事电子商务。结果是，最初的十几个青年创业者首先选择在军埔村进行电商创业，而其创业商业模式逐渐吸引其他企业和农户进行模仿与创新，最终形成初始的产业集聚。但是在集群萌芽阶段，其创业主体都是各自分散创业，大部分的创业模式都是简单模仿和跟风状态。

2. 成长阶段：政府配套扶持

在军埔电商创业集群雏形完成以后，由于几个领军创业者的盈利效应，各种模仿、创新、配套服务的农户与企业数量急剧增加，但同时也出现产品同质化，恶性价格竞争等情况，而此时政府的支持是让军埔创业集群步入成长阶段的关键要素。与萌芽阶段依托电子商务环境和地理优势形成的区域效应不同，政府在军埔创业集群成长阶段主要起的是引导和扶持的作用，主要表现为以下三个方面。

（1）政府为军埔农村电子商务的实践提供了基础设施保障。如光纤、网络及道路美化建设，军埔村现已实现光纤到户和无线网络全覆盖。

（2）为创业者创业提供了资金支持，如青年创业贷款“快车道”。针对电商企业融资难问题，金融部门给电商提供了贴息贷款。揭阳市政府先后出台了《军埔村电子商务企业贷款风险补偿暂行办法》《军埔村电子商务企业贷款贴息暂行办法》等政策措施，以金融杠杆助力中小企业发展。军埔村还为符合资格的电商提供房租、网络等费用的补贴和减免，打造电商创业致富乐园，成功吸引了香港永盛集团等12家外地企业加盟进驻，13家快递公司在军埔设办事处。

（3）为农村电子商务培养人才。通过军埔电商大讲堂、创业培训班、引导青年创业者到外地实地考察等方式提高创业者的创业能力，使其成为创业集群成长的主导力量，为集群成长提供经验和智力保障。总的来说，由于有政府的介入扶持，使创业机制逐渐完善，创业主体也逐渐扩展到其他有创业动机的村民甚至是外地人，并且创业主体之间进行了资源优化配置，开始抱团式发展，创业集群效应显现。这里还建设了电商培训中心，开展了覆盖全市、辐射周边的“全渗入式”的免费培训，已培训电商人才达 2.5 万人次。同时，华南师范大学和揭阳职业技术学院合作，在军埔村举办电商人才精英班。北京大学光华管理学院 15 名学生、揭阳市市直优秀青年干部和军埔村青年网商也结成对子，为电商发展注入智慧与活力。

3. 成熟阶段：金融配套服务

紧贴电商需求创新金融服务。“以前我们遇到经营资金紧缺时，根本不知道怎么找到适合的银行、挑选什么样的贷款产品，自从村里设了金融服务站后，这些问题基本上都解决了。”军埔村电商张先生感慨道。为了消除信息不对称的问题，揭阳市中心支行引导邮储银行揭阳分行、揭东农商行等机构紧贴电商需求，在军埔村设立金融服务站，派员向当地群众宣传金融知识和接受业务咨询，及时收集有效信贷需求信息并反馈上级。据了解，除了活用政策放贷外，揭阳市银行业金融机构还创新推出了电子商务贷款、再就业小额担保贷款、网贷通等产品，降低军埔电商贷款准入门槛，满足电商融资需求。同时，为电商定做特殊名片：建立电商行业信用体系，良好的行业信用和秩序是军埔电商产业壮大的有力保障，也是电商获得后续特色金融服务的基本条件，为此，揭阳市中心支行与军埔电商协会共同起草《军埔电子商务征信系统信息采集暂行办法》，帮助构建和完善信用信息采集规则、评级制度、商户管理规定等行业信用体系。信息采集项目涵盖了经营资产情况、银行信贷记录、社会管理信息等 5 大模块 11 个项目，向外提供企业自我管理、金融机构授信调查、政府部门履职服务等不同层次的信用信息，为军埔电商量身定做了特殊的信用名片。

（三）经验启示

1. 通过资源支持创造创业条件

创业机会是未明确的市场需求或未得到充分利用的资源或能力。通过对创业机会的两个维度——机会营利性和可行性，进行编码发现，以淘宝网为代表的第三方电子商务平台，为农民提供了低成本的网络创业途径。较低成本的创业途径促使以淘宝村为代表的农村电子商务创业者有机会以较低的创业成本直接对接全国甚至全球大市场，并且有很大的营利机会。通过调查发现，政府支持主要给潜在创业者创造抓住创业机会的可行性条件，主要表现在两个方面：基础设施支持和降低创业门槛。揭阳市政府在网络、道路等基础设施建设上大力支持，同时通过简化企业工商登记注册、贷款手续等手段来降低创业门槛。这反映了政府为军埔村潜在的包容性创业者开发创业机会提供了基本前提和基础支持。

2. 通过能力培训提高创业者能力

军埔村创业群体的受访者有 78.5%为高中及以下学历，学历层次较低成为制约创业者自身能力的重要因素。通过案例研究发现，军埔电商村创业者的创业能力主要体现在组织能力维度上。政府主要通过培训创业者的技术管理能力和关系能力来帮助提高其整体的创业管理水平。近年来，揭阳市政府通过开设青年创业培训班、电商精英培训班等来提高创业者的技术管理能力；此外，揭阳市政府还定期组织创业者到外地进行考察参观学习，通过借鉴来提高创业者的管理能力。可见，政府支持可以提高创业者的技术管理能力和关系能力，有效提高包容性创业者的组织能力，这也符合包容性电商创业技能提升的基本要求。

3. 通过社会支持激发创业动机

创业动机有三个维度：自我实现、社会支持、生活需求。通过编码发现，案例中自我实现的条目较少，而社会支持和生活需求是军埔村大部分创业者的创业动机，尤其是社会支持。从社会支持角度分析政府对创业者创业动机的影响机制，会发现政府对军埔村创业者的社会支持型创业动机影响主要表现为两个部分：

①政府提供租金、网费、厂商对接、物流等必要的配套服务，显而易见，这些配套服务提升了电商创业的环境和条件，有效激发了潜在创业者的创业动机。②政府营造崇尚“青年创业”的社会文化，揭阳市政府通过媒体、会议和社会团体来介绍军埔村的电商创业，发扬军埔创业精神，通过对典型创业案例进行多次报道，从而在社会认知方面激发了包容性创业者的创业动机。

4. 通过政策扶持推动包容性创业活动

基于创业期望可把创业活动分为高抱负创业活动和低抱负创业活动。高抱负创业活动更多是利用主动创新的战略，采用公司制度，并面向全国或全球的市场；而低抱负创业活动则是依靠被动和模仿战略，主要以个人独资形成，并以当地市场为导向。据此，对军埔村的包容性创业活动进行编码，通过编码发现军埔电商村的案例中低抱负创业活动占85%。政府针对低抱负创业活动进行了相关政策扶持，这些创业扶持措施是保证创业成功的一个关键要素。揭阳市政府对于创业活动的扶持主要有三种类型：经济扶持、服务扶持、社会扶持。首先，融资困境是大多数军埔村具有创业动机的社会底层创业者面临的突出问题，政府为军埔创业活动的经济扶持主要方式是贴息的金融贷款。其次，政府建立专门的新创企业服务中心，军埔金融服务站对新创业者提供一站式服务进而扶持创业活动。最后，市政府加大对军埔村村容的规划力度，积极改善军埔村的社会环境，也为部分务农村民转型升级做网商开创了便利条件。在军埔电商村的发展过程中，当地政府推出了一揽子扶持措施，推动军埔村电商创业的跨越式发展。

四、产业驱动型案例

（一）简介

清河县，隶属于河北省邢台市，地处河北省中南部、邢台市东部，清河县域经济发达，特色经济为羊绒制品，有着“世界羊绒看中国，中国羊绒看清河”的美誉，被誉为“中国羊绒之都”。是邢台市东部副中心城市，被河北省列入全省首批扩权县和优先培育的中等城市之一。河北省省级经济技术开发区，2011 年被中央文明委授予“全国文明县城”荣誉称号。

2007 年，从东高庄村民刘玉国在淘宝网上卖出第一件羊绒衫算起，清河的电子商务发展已经有十年的历史。十年间，清河电子商务从淘宝网上销售羊绒衫起步，逐渐向其他产品和其他销售方式转变，呈现出渠道主流化、产品丰富化、平台多样化、业态集成化的发展格局。

2017年，清河电商业户通过第三方平台开设的店铺达到35000余个，年销售总额超过40亿元，直接从业者超过6万人；其中，清河羊绒制品的网络销售量达到2000万件以上，占全县羊绒制品产销量的60%以上，成为清河羊绒制品销售的主要渠道。其中，羊绒纱线占到全国网销市场总额的74%，羊绒衫占到全国市场的15%以上。截至2018年，清河淘宝村数量已经达到17个。全县共有不同规模的网店3.5万家，从业者6万人，电商年销售额近50亿元，“专业市场+电子商务”的“清河模式”已成为“中国电商三大模式”之一。

（二）发展历程

1. 起步阶段

清河县与电子商务结缘于2006年，全国首批13个淘宝村就有一个是清河县的东高庄村。2007年，该村刘玉国将羊绒制品拍成照片传到网上后，当天就卖出5件，成为该村吃“电商螃蟹”第一人。这也是清河县电子商务发展的开端。

2. 成长阶段

2008年，清河县委、县政府提出了“网上网下互动，有形市场与无形市场互补”的发展思路，在羊绒制品市场内大力营造适合电子商务发展的经营环境，相继建成了电子商务孵化区、电子商务聚集区和电子商务产业园，并大力引进网货供应、物流快递、人才培训、研发设计、摄影、美工等专业机构入驻市场，从而保证了电子商务经营者能够以最快的速度、最低的价格享受到最全、最好的服务，提高了网商的市场竞争力。

在政府的积极鼓励发展影响下，清河县电子商务急速成长起来。从2013年起，在阿里巴巴集团评定的“全国电子商务百佳县”中清河县相继位列第25位、第9位、第8位、第36位，并被国家有关部门评定为“中国纺织服装电子商务示范单位”“河北省电子商务示范基地”、国家电子商务示范基地等。

截至2014年年底，清河共有8个淘宝村，1个淘宝镇，全县仅阿里巴巴平台上的网点总数就超过2.3万家，从业人员达到6万人，网络年零售总额达30亿元以上，其中2014年一年羊绒制品的网络零售额就高达15亿元。清河县将实体产业与电子商务紧密结合，政府高度支持其融合发展，农民高涨的创业热情，使全县整体经济水平有了很大提高。

清河电商从一棵细小幼苗长成了参天大树。至今已经发展到3.5万余个网店，年零售总额超过40亿元，拥有3个淘宝镇、17个淘宝村。清河以羊绒制品市场为龙头，以淘宝村为基础，构建了淘宝村—淘宝镇—羊绒制品市场（国家级电子商务示范基地）为层级结构的完整电子商务发展体系，形成了“传统产业+专业市场+电子商务”的清河模式。

3. 繁荣发展阶段

2017年清河县人民政府落实《河北省人民政府办公厅关于促进跨境电子商务健康快速发展的实施意见》（冀政办发〔2015〕37号）、《河北省人民政府办公厅关于推进农村电子商务全覆盖的实施意见》（冀政办发〔2015〕45号）、《河北省人民政府办公厅关于推进线上线下互动加快商贸流通创新发展转型升级的实施意见》（冀政办字〔2015〕163

号）和《邢台市人民政府办公室关于支持电子商务加快发展的实施意见》（邢政办发〔2016〕9号）等文件精神，发布《关于支持电子商务加快发展的实施意见》。提出要充分发挥电子商务在推动清河县传统产业转型升级、拓展销售渠道、扩大消费、吸纳就业、促进对外贸易中的重要作用。建立电商人才培养和引进机制，大力实施品牌战略，积极优化电子商务发展环境，促进清河电商繁荣发展。

（三）经验启示

1. 领导重视是关键

作为“互联网+”为核心内容的电子商务的发展，是一场深刻的商业革命，是对传统思维方式和营销理念的摒弃和颠覆，必须克服来自传统习惯的阻力。发展电子商务需要动用一系列的社会（企业）资源，也需要建立与之相适应的商业生态，在领导这场商业革命中，领导的作用至关重要。大到一个省市，小到一个企业，凡是电子商务发展好的，无一不是领导高度重视的结果。清河县电子商务之所以发展成效显著，最重要的原因就是党委政府高度重视，把发展电子商务上升到战略高度，摆上议事议程，紧抓不放。并且制定的政策措施含金量高、力度大，调动各方积极性，动员各方面资源，全力推动。

2. 特色产业是基础

电子商务的本质是商务，是买卖，电子商务的核心在于“卖什么”。发展电子商务脱离了当地的产业，就是无源之水，无本之木。因此，发展电子商务，不但不能脱离当地的产业实际，而且还要按照电子商务发展的内在规律，大力培育发展特色产业，为电商发展提供源源不断的优质货源，形成电子商务与实体经济相互促进、良性互动的良好局面。

3. 人才培养是保障

电子商务作为一种新技术、新业态，它的发展需要一批具有现代管理理念和互联网思维方式、掌握各种专业技术的人才来管理运营。人才培训是政府服务经济发展的重要职能，要通过引进高端培训机构，建设电商孵化基地，普及电商知识，培养专业人才，为电子商务发展提供充足的人才保障。

4. 商业生态是支撑

同自然界一样，任何产业的成长发展都需要与之相适应的生态环境。电子商务作为一种新业态，一种集合了现代管理理念、管理方法、管理手段的新的商业模式，不仅需要传统产业做基础，更需要培育建设电商发展所必需的产业生态。在基础设施方面，要大力提升通信、交通的重载能力，尤其是要完善物流快递功能，提高速度，降低成本；建设电子商务产业园，发挥集聚效应；建设孵化中心或基地，推动大众电商创业；立足当地，建设一批电商平台，培育发展一批各种专业服务机构，为电商尤其是初始电商创业者提供全方位、一条龙服务。

5. 政策措施是助推器

电子商务发展的生态中，有一些环节和链条是起关键作用的，这些关键环节搞得好不好，决定和制约着整个电商产业发展的快慢、优劣。必须通过政策支持，把电商发展的短板补长，发挥政策的引领导向、服务成长、鼓励创新的作用。为此，设立“互联网+”（电子商务）财政专项资金是非常必要的。

五、综合发展型案例

（一）简介

丽水，位于浙江省西南部。“九山半水丰分国”，素有“中国生态第一市”“浙江绿谷”等美誉。东南与温州市接壤，西南与福建省宁德市、南平市毗邻，西北与衢州市相接，北部与金华市交界，东北与台州市相连。丽水历史悠久，在4000多年前就有人类活动。隋朝开皇九年建处州。1949年，设丽水专区。1952年，撤销专区。1963年，恢复丽水专区。1968年，改称丽水地区。1978年，设立丽水地区行政公署。2000年，撤销行署建制，设丽水市。

2003年，“淘宝网”诞生，为丽水的“山货”提供了“飞上风口”的机会，草根网上创业在丽水兴起。从2012年开始，丽水市委、市政府根据山区城市发展的实际和电子商务快速兴起的大环境，开始大力发展丽水农村电子商务建设。2013年12月，“特色中国·丽水馆”开馆和首届中国淘宝村高峰论坛的成功举办，标志着丽水农村电子商务公共服务平台的不断完善。丽水开始逐步构建起包括“政策支撑、培训见习、示范培育、平台服务、氛围营造”的五大公共服务体系，农村电子商务呈现出“星火燎原，百花齐放、百舸争流”的繁荣景象。

2016年，丽水市实现网络零售额186.33亿元，同比增长53.45%，增幅列全省第三位；居民网络消费123.16亿元，同比增长22.01%；网络零售顺差63.18亿元；跨境网络零售出口2.29亿元。丽水市活跃网店1.11万家，直接实现就业人口2.9万个，间接带动就业岗位7.7万余个。累计有2277家酒店、餐饮、景点在浙江美大、支付宝、去哪儿、携程、阿里巴巴旅行等平台上开展网络营销业务。

（二）发展历程

1. 萌芽阶段

2003年，淘宝网的诞生，刺激了人们网上创业的热情。2009年，青年就业创业培训中心响应丽水市青年对网店创业技能的培训要求，于2010年开设了多期青年网上创业培训班。丽水电商发展的萌芽由此诞生。

2. 启动阶段

2011年年初，政府启动青年网上创业行动，定位搭建平台、开展培训、举办活动、争取政策四个方面。同年12月5日，丽水市政府在云和召开农村电子商务建设现场会，推进了丽水农村电子商务的发展建设。2012年3月15日，丽水市政府印发《关于丽水市农村电子商务发展的实施意见》。同时，市政府成立了领导小组，推动农村电子商务发展的新局面形成。

3. 实施阶段

2012年年初，丽水市农村电子商务从“自发参与、单兵作战”进入到“政府引导、集团作战”的新阶段，得到迅猛发展。青年网商发展的环境不断优化，丽水市从上到下逐步形成良好的网上创业基础和热潮。

通过四年多的建设发展，丽水市农村电子商务在数据指标、服务群体、区域特色、品牌打造等各方面均呈现出良好的发展态势。数据指标稳步增长。2017 年丽水市网络零售额达 259.8 亿元，同比增长 39.4%，增幅列全省第三位。同期，丽水市居民网络消费 162.5 亿元、网络零售顺差达 97.3 亿元。此外，跨境网络零售出口也达到 4.1 亿元。其中，农村电子商务销售额 168.3 亿元，同比增长 49.6%；其中，农特产品网上销售额 92.3 亿元，同比增长 40.1%。

（三）成功经验

丽水农村电子商务发展的基础在于优质生态的农特产和创业创新的青年群体。同时，在政策支撑、示范创建、培训见习、综合活动、平台服务、内引外联、村级服务七大体系构建上进行了有效探索和突破，全力打造“商务部门主管、共青团主抓、平台支撑、两化结合”的农村电商公共服务“丽水经验”。

1. 打造政策支撑体系

在丽水市本级及 9 个县（市、区）先后成立了农村电子商务建设工作领导小组。同时，市级层面从 2012 年开始陆续出台《关于加快丽水农村电子商务发展的实施意见》《丽水市农村电子商务发展引导资金管理使用办法》等六大扶持农村青年电商创业的保障政策，不断整合资源，强化政策保障。

2. 打造示范创建体系

围绕龙头企业和区域电商的发展壮大以及示范带动效应的发挥，在全市大力推动示范模式建设，通过制定《丽水市农村电子商务示范企业、示范村镇创建办法》，以“政府推动、村企联动、能人带动、各方互动”为思路，逐步形成了“淘宝+协会+公司+农户”的“遂昌模式”和龙头企业带动农户创业的“北山模式”。

3. 打造培训见习体系

以各级农村电子商务公共服务机构为依托，根据网商的不同需求、不同层次，开展不同班次、不同类别的网上创业培训。加强电商企业的青年就业创业见习基地建设，为网创青年提供就业创业见习实习机会。

4. 打造综合活动体系

一方面，积极构建本土网创特色品牌活动，有丽水市青年网上创业周、青年网上创业季等活动，共开展网货展销会、网络购物节、技能运动会、网商沙龙等网创品牌活动。另一方面，积极对接淘宝特色网创项目，承办了两届中国淘宝村高峰论坛，率先在全国试点开展“一村一店”项目。

5. 打造平台服务体系

一是打造电商集聚平台。目前，丽水市已建立电商创业园或集聚大楼 9 个。二是打造公共服务平台。成立全国首家农村电子商务服务中心，为网创青年提供创业疑难解答、网销产品测试、专业技能指导等公共服务。三是打造电商营销平台。开通了淘宝网“特色中国·丽水馆”“遂昌馆”“龙泉馆”“松阳馆”，为创业网商拓展了产品销售渠道。

6. 打造村级服务体系

率先在全国开展“赶街”——农村电子商务服务站建设，通过在广大农村服务站点布设，提供“工业品下乡”和“农产品进城”的双流通解决方案。同时，丽水作为农村电商的先行区，成为各大公司逐鹿农村网购市场的主战场。

未来，丽水市将围绕“电子商务在农村的推广应用、农村电子商务综合服务网络、农村电子商务公共服务政策体系”等主要内容，努力打造集农村服务、配送网络、品质保障、公共服务、人才培养、电商平台聚合为一体的农村电子商务生态链和生态圈。

2017 年年底前，9 个县（市、区）实现全部建立农村电子商务服务中心，全市 2200 个以上行政村建立农村电子商务服务站，实现市域物流“村村达”；9 个县（市、区）全部建成农村电子商务集聚园、特色中国县级馆，培育农村电子商务企业（网店）10000 家，从业人员 3 万人，实现农村电子商务销售 100 亿元，把丽水建设成能示范、可复制的全国农村电子商务建设示范市。

（四）借鉴意义

丽水的实践，证明了经济欠发达地区通过互联网、借助新经济，完全有可能实现“弯道超车”。在传统工业经济时代下，决定一个区域竞争优势的因素包括交通、资本、人才、矿产资源等，而在信息经济时代，包括交通、资本、矿产资源等传统的要素不再像以前那么重要，人才、信息才是决定一个区域竞争力的根本要素，这就给予了那些落后地区重新赶超的机会。

丽水的成绩，证明“绿水青山就是金山银山”的发展思路完全是行得通的。和丽水一样，我国有许多地处偏远的地区，尤其是革命老区，由于历史原因，工业发展水平落后，导致居民相对贫困，但是在新的时代下，工业落后的短板反而可能会成为优势，正因为工业欠发达，所以生态环境得到了较好的保护，这些资源结合互联网，就能够帮助落后地区的居民获得可持续的、健康的收益，“互联网+旅游”“互联网+农业”将是这些地区起飞的翅膀。

丽水的经验，说明了政府治理“有所为，有所不为”的重要性。农村电商的发展离不开政府的扶持，但如何扶持、如何站位，则是农村电商成败的一个关键。丽水的经验表明，政府在农村电商建设中发挥了不可或缺的作用，政府应始终坚持使市场在资源配置中起决定性作用，采取因势利导、有为而治的策略，不干预不强势，做好服务和支持。如何让政府长期“站好位”“服好务”，将是农村电商可持续发展的重要保证。

参考文献

[1] 张勤，周卓．我国农村电子商务发展的影响因素研究［J］．物流工程与管理，2015（11）：181-183.

[2] 贺国杰．农村电商的物流瓶颈及应对措施［J］．物流技术，2015（14）：61-63.

[3] 范轶琳，黄灿，张紫涵．BOP 电商包容性创新案例研究——社会中介视角［J］．科学学研究，2015（11）：1740-1748.

[4] 穆燕鸿，王杜春，迟凤敏．基于结构方程模型的农村电子商务影响因素分析——以黑龙江省 15 个农村电子商务示范县为例［J］．农业技术经济，2016（8）：106-118.

[5] 郭承龙．农村电子商务模式探析——基于淘宝村的调研［J］．经济体制改革，2015（5）：110-115.

[6] 李冠艺．互联网思维对电商物流再创新与传统物流转型——基于价值连接的思考［J］．科技管理研究，2016（18）：171-175.

[7] 耿荣娜，曹丽英．基于 AHP 方法的农村电子商务发展制约因素［J］．江苏农业科学，2016（9）：535-539.

[8] 郭鸿鹏，于延良，赵杨．电商平台农产品经营主体空间分布格局及影响因素研究——基于阿里巴巴电商平台数据［J］．南京农业大学学报（社会科学版），2016（1）：42-48.

[9] 董坤祥，侯文华，丁慧平，等．创新导向的农村电商集群发展研究——基于遂昌模式和沙集模式的分析［J］．农业经济问题，2016（10）：60-69.

[10] 张潇化．农村食用菌产品电子商务与物流配送运营服务体系建设［J］．中国食用菌，2020（2）：137-138.

[11] 李博．互联网环境下农村电子商务和物流配送运营服务机制建设研究［J］．全国流通经济，2020（12）：24-25.

[12] 刘柱建．互联网环境下农村电子商务和物流配送运营服务机制［J］．农家参谋，2020（15）：36.

[13] 许敏．产业集聚、社会关系网络与农村电商创业绩效［J］．农业经济与管理，2021（2）：51-62.

[14] 杜小利．农村电商创业能力培养路径研究［J］．农村经济与科技，2019（10）：156-157.

[15] 周劲波，郑艺杰．农村电商创业胜任力模型的构建与实证研究［J］．当代经济管理，2017（10）：23-31.

[16] 李明．乡村振兴战略背景下电子商务专业学生创业路径研究［J］．河北青年管理干部学院学报，2020（3）：60-62.

[17] 朱蕾霞．F 县农村电商的自媒体运营模式研究［D］．桂林：桂林电子科技大学，2019.

[18] 黄丹丹．广西农村自媒体电商与物流配送融合模式构建［J］．农村经济与科技，2020，31（10）：93-94.

[19] 雷琼莹，李婷，杨涛．自媒体视角下咸阳市农村电商发展探索［J］．农村经济与科技，2020，31（2）：95，357.

[20] 杨刚，任友．贵州民族地区新自媒体平台+农村电商扶贫模式运行机制研究——以今日头条为例［J］．农村实用技术，2019（3）：69-70.

[21] 李岩．浅析自媒体时代下农村电商的营销模式［J］．传播力研究，2019，3（3）：73，75.